随口说美国

# 平行美利坚

自由君 著

中国出版集团公司
华文出版社

图书在版编目（CIP）数据

平行美利坚／自由君著．--北京：华文出版社，2019.1

（随口说美国）

ISBN 978－7－5075－5030－6

Ⅰ.①平… Ⅱ.①自… Ⅲ.①美国—概况 Ⅳ.①K971.2

中国版本图书馆 CIP 数据核字（2018）第 265515 号

平行美利坚

Pingxing Meilijian

| | |
|---|---|
| 作　　者： | 自由君 |
| 责任编辑： | 方昊飞 |
| 出版发行： | 华文出版社 |
| 地　　址： | 北京市西城区广外大街 305 号 8 区 2 号楼 |
| 邮政编码： | 100055 |
| 网　　址： | http：//www.hwcbs.com.cn |
| 电　　话： | 总编室 010－58336239　发行部 010－58336202 |
| | 编辑部 010－58336269 |
| 经　　销： | 新华书店 |
| 印　　刷： | 三河市国英印务有限公司 |
| 开　　本： | 710mm×1000mm　1/16 |
| 印　　张： | 20.25 |
| 字　　数： | 296 千字 |
| 版　　次： | 2019 年 1 月第 1 版 |
| 印　　次： | 2019 年 1 月第 1 次印刷 |
| 标准书号： | ISBN 978－7－5075－5030－6 |
| 定　　价： | 68.00 元 |

版权所有，侵权必究

## 互相聆听　彼此学习

中国和美国是世界上的两个大国，其"大"不仅体现在经济体方面，也体现在这两个国家都聚集着不同类型的人。这些人中的每个人又都有着各自独特的故事和视角。

Howie[①]通过他的图书和节目，与我们分享了他眼中的真实美国。他细心聆听，以一种理解、欣赏的眼光看待日常美国人的故事。如果我们都能以这样的方式来看待世界，相信这个世界会变得更加美好。

我一直认为，中、美两国在经济、文化、艺术、政府服务、体育、学术和娱乐等各个方面的亲密互动，都可以将全世界拉得更近，也可以使我们生活的社区更加强大、家庭更加美好。我们不妨以 Howie 的视角来看待这个世界，就像身处于一个幸福的大家庭，互相聆听、彼此学习。

在与 Howie 的接触中，我学到了很多东西。相信通过这本书，大家一样也会受益匪浅。

让我们在相互倾听中彼此学习，加深了解。

美国职业橄榄球名人堂主席　大卫·贝克
二〇一八年十月于美国俄亥俄州职业橄榄球名人堂

---

① Howie，本书作者的英文名。

## Listen and Learn

The two greatest Super Powers in the world, China and America, are more than super economies. They are a collection of people who each have their own special and unique stories and perspectives. In his book, Howie shares "the America I see". He takes the time to listen, to learn, to understand and to appreciate the story of important and every day Americans. If we all saw the world the way he does it would be a much better place.

Whether it's the economy, the culture, the arts, the government, sports, academics or entertainment, the exchanges between our two countries can make the world closer, or communities stronger and our families better. Howie sees the world the way we should all see it, as one big happy family listening and learning from each other.

I've learned a lot from listening to Howie and you will too. And we can also learn a lot from listening to each other.

David Baker

PRO Football Hall of Fame President

2018.10

## 身临其境　了解美国

首先祝贺自由君的新书《平行美利坚》的出版。

自由君是喜马拉雅的第一批主播，早在2014年初就开创了《随口说美国》这个栏目。如今4年多过去了，自由君的《随口说美国》已经成为喜马拉雅平台非常火的讲述美国的节目，平台点击量达3000多万次。

在《随口说美国》中，自由君将其在美生活、创业，以及孩子成长和教育等亲身实践经验总结出来和大家分享，非常具有实操性，非常接地气。

我们曾经开玩笑说，他独特的视野与分享风格，开创了一种音频节目的风格，也影响了随后的一批说海外的主播。我也曾经在举一些"内容为王"的例子时，提到自由君的案例，自由君用他那略带福建口音的普通话为大家打开了一扇非常丰富的、能够身临其境了解美国的窗。

非常感谢这么多的朋友、听友喜欢这个节目，喜欢喜马拉雅！

最后预祝自由君的新书大卖！

喜马拉雅联合创始人　余建军

# 平行美利坚

写这篇序时，我正在美国的波士顿。这趟暑假旅程，我和叶子①带着两个女儿Yuna和Lynn游走了美东的几个城市：华盛顿DC、费城、波士顿、纽约。每年的七八月份，是美东最好的季节。

很明显，美东的城市与美西的城市大不相同。从气候来说，我这次走过的这些美东城市，一年中会有将近半年的时间是雪天，波士顿一年中有7个月是被大雪笼罩的，而美西的那些城市情况就完全不同。除了西雅图冬季会下雨之外，旧金山、洛杉矶整个冬季都是暖阳高照。如果在冬季，从美国卫星地图上看，也许会看到清晰的两条平行线，东海岸是白色的雪，西海岸是金色的阳光。

其实美东与美西的文化也有很大差别，东海岸的纽约与西海岸的洛杉矶代表着美国东西海岸两种文化和生活方式，而且始终处于互相"鄙视"中，西海岸的人觉得东海岸的生活节奏太快了，而东海岸的人又觉得西海岸没有人文环境。这两种完全不同的风格，也像是两条平行线，相互看得见，又很难有交集。

美国就是这样，东西海岸已经大不相同了，但其与美国内陆特纯正的西部文化又是完全不同的。即使每个城市去比较，差异都很大，以东海岸为例，纽约是全球金融中心，而相隔几小时车程的费城、华盛顿DC又是历史文化中心，波士顿则是全球的最高学府（哈佛大学、麻省理工学院都在波士顿，耶鲁大学也离这里不远）所在地。而西海岸中，即使同在加利福尼亚州（简称"加州"）的两个

---

① 叶子是自由君的妻子，Yuna和Lynn是他们的两个女儿。

城市——旧金山与洛杉矶，风格也各自不同，旧金山的硅谷是全球 IT 的中心，而洛杉矶的好莱坞则是全球影视娱乐的中心。

我在美国这几年，穿行了无数城市，即使跑到远离美国本土的夏威夷或者阿拉斯加，当问到当地人最喜爱美国的哪个城市时，他们竟然也无一例外地会说，自己目前所在的城市是最好的。

每种风格的生活其实都像一条平行线，作为旅行者，我们的兴趣常常能够在各种风格的城市和生活之间切换，就像是在一条条的平行线之间穿行。

有些人喜欢一辈子过一种生活，而有些人则喜欢去体验不同种生活。

2018 年初我回到中国，与以往一样，很多朋友跟我问起美国的生活，我也依旧不厌其烦地细细解释。有些话题其实并不是光从表象上就能够讲清楚的，这些表象的基础，甚至基础的基础其实是与中国完全不同的，所以有时说起来比较费力。特别是聊到美国的持枪、医疗、种族歧视等问题，甚至是一些生活细节，比如美国女性产后月子内可以喝冷水的问题，解释起来就相当费力，因为这些问题其实触及表象层下的认识基础，人文的、体制的、生活习惯的不同造成了大家理解的不同。

朋友们是熟悉我的，他们知道我很熟悉中国的传统文化，不是简单的哈美一族。不过我解释的过程中，虽然他们内心是认可我的，也努力地听清楚了我说的每一句话，但是我知道，很多东西他们还是没法明白的，点头也不代表同意。只能代表我让他们看见了与中国完全不同的另一条平行线的存在。

而美国的朋友对于中国的了解也是不全面的，我所谓的"美国的朋友"除了老美、ABC（出生在美国的华人）之外，也包括移民到美国十多年的老移民们。

中国 40 年的飞速发展，除了美国中部的闭塞州之外，东西海岸大部分的美国人还是有所了解的，不过绝大多数美国人也只是知道个大概。而中国近 10 年在移动互联网领域的飞速发展，有些其实已经突破了老美们的想象力了。

记得我们刚到美国时，新朋友问我最多的一些问题是"为什么中国人现在这么有钱""这些钱都是怎么赚的"。聊到后面，我就意识到海外的朋友对于中国的误解有多深了。

我的一位听友，也是国内的一位企业家，一次来美国的洛杉矶找我喝咖啡，和他一起过来的还有他的哥哥。他的哥哥是一个出来20多年的老移民，在洛杉矶辛苦打拼，目前拥有一家规模不小的物流仓储公司。哥哥赤手空拳在异乡拼搏，现在事业有成，自己也非常引以为傲。而弟弟呢？其实也是用了这20多年的时间，在中国赤手空拳一路打拼，事业一点也不逊色。但言谈举止之间，哥哥似乎对弟弟的事业存在"歧视"，他完全不了解弟弟在中国是如何打拼的，也不了解中国近20年是如何发展的，更加不了解中国大量的民营企业靠着纯粹的市场经济是如何"熬"出来的。

因为我常年在中国做实业，也做投资，所以弟弟说到他的行业以及运作时，三言两语我就明白了，但是哥哥似乎就是无法了解，觉得自己才是拼搏出来的，而弟弟似乎是靠着投机取巧发展起来的。其实我是明白的，弟弟的事业也是在市场经济的浪潮中拼出来的，甚至比哥哥更加努力。亲兄弟之间尚且如此不了解，更何况普通民众之间呢？

因为《随口说美国》这个节目，我认识了大量的朋友，他们有些是游走在中美之间的，但也有很多单纯是在国内发展的，几乎每一位都是"创一代"，他们在各自的行业和领域奋斗发展。看到他们，我就非常肯定我的一个观点：在中国的大发展中，在好几波的大浪潮中，只要你努力，在自己擅长的领域，总会抓住至少一次机遇的。

而这40年来中国的大发展，也因为发展得太快，其间产生了不少副作用，像环境问题、食品问题、教育问题、发展模式问题等。因此在中国的高速发展和中国的发展模式让海外刮目相看的同时，对这些没有时间去解决的问题，释放的风险，也的确存在诸多质疑。

  无论是中国看美国，还是美国看中国，我觉得有些方面的确存在"当局者迷，旁观者清"这种情况的，即"外人看得更加清楚"。但更多的是基于体制的问题，发展状况的问题，了解程度的问题，外人的评价其实也并不周全。

  中国和美国，这两个完全不同的国家，需要太多的互相了解。有人把这其中的关系说成是墙内墙外，我觉得很贴切。国内的人更多地看到的是中国墙内的180度视角，而在美国的人也更多地看到了美国墙外的180度视角。华人也是如此，已经融入美国的人，渐渐看不懂中国了，而没在美国长期生活过的人，又无法深度了解现在的美国。

  中美之间，也类似两条平行线。虽然从人口规模、国土面积、经济总量上看，是很相像的两个国家，但目前则更像两条独立向前的平行线，目标一致但却很难相交。只有不断穿梭其中的人们，才能看清这一点。

  不过两条线是否相交，其实并不重要，清楚地互相看见对方，才更重要。

自由君<br>
二〇一八年夏于波士顿

# 目 录
C O N T E N T S

 **Part 1　争议在美国**

1. 千差万别的美国 /// 003

2. 大选结果其实不意外 /// 007

3. 我们可能误判了美国 /// 012

4. 美国人民为何特爱肯尼迪 /// 015

5. 种族问题，跨越美国半个世纪的沧海桑田 /// 021

6. 美国华人，想说团结不容易 /// 027

7. 城镇自治，构筑了美国行政体系的基石 /// 032

8. 美国不是没有福利，福利都是留给穷人的 /// 038

9. 严重的拉斯维加斯枪击案，也很难让美国"禁枪" /// 042

10. 华人在美国是否受到了歧视 /// 046

## Part 2　教育在美国

1. 西方教育是宽松教育吗 /// 053
2. 从"申请哈佛"谈这个时代孩子的珍贵性格 /// 060
3. 双语启蒙教育的担忧与思考 /// 068
4. 美国家庭如何为孩子选择学校 /// 072
5. 美国的学区房,你了解多少 /// 076
6. 留学美国,你做好准备了吗 /// 080
7. 美国家庭到底揍不揍孩子 /// 084
8. 聊一聊小留学生的那些辛酸 /// 088
9. 细数在美国培养一个孩子的教育成本 /// 092
10. 与加州第一学区教委主席聊美国教育 /// 098

## Part 3　文化差异在美国

1. 美国,不自由 /// 107
2. 个人主义与集体主义 /// 111
3. 无处不在的小费文化 /// 114
4. 老妈和老婆都掉水里,美国人先救哪个 /// 119
5. 给中国"剩女"们指一条明路 /// 122
6. 东西方表达爱意,有哪些不同 /// 125
7. 美国家庭的面子工程和社交文化 /// 128
8. 赴美生子,你不知道的那些事儿 /// 133
9. 环环相扣的报税体系 /// 136
10. 上帝看你的另外一只眼睛 /// 140

**Part 4　"弱势群体"在美国**

1. 美国的医疗支出到底有多"贵" /// 147

2. 美国的中低收入家庭如何承担高额医疗保险 /// 151

3. 美国为什么有那么多流浪汉 /// 155

4. 滥领福利的事情在美国多不多 /// 159

5. "令人羡慕"的残疾人 /// 162

6. 从一辆婴儿推车到一个无障碍社会 /// 165

7. 无理由退货制度：让商场继续生存 /// 169

 **Part 5　生活在美国**

1. 没有更好的生活，只有更适合的生活 /// 175

2. 美国人也讲究穿名牌吗 /// 180

3. 美国的食品，你们吃得惯吗 /// 184

4. 买房还是租房，在美国也是值得研究的问题 /// 190

5. 皮卡在美国的真正用途是什么 /// 194

6. 在美国淘旧物：从家庭资产拍卖到集中拍卖会 /// 200

7. 美国国家公园开放狩猎，居然是为了保护动物 /// 205

8. 橄榄球，美国的第一运动 /// 210

9. 与美国 NFL 名人堂主席 David Baker 聊橄榄球 /// 215

**Part 6　创投在美国**

1. 新的华人，新的"美国梦" /// 223
2. 选择美国，为什么 /// 226
3. 中美房地产行业大不相同 /// 230
4. 两笔账，看清美国房产交易的各类政策 /// 235
5. 选择美国城市，工作机会比自然环境更重要 /// 239
6. 跨境房产投资，风险到底有多大 /// 244
7. 拨开移民美国的神秘面纱 /// 248
8. 移民后，还混不混华人圈 /// 255
9. 跨境创业，你是否准备了 B 计划 /// 259
10. 跨境创业，你看不见的那片蓝海 /// 262

 **Part 7　旅行在美国**

1. 是美国，也是世界 /// 269
2. 出国旅行千万要注意的几个小习惯 /// 273
3. 美国旅行，自驾游是最合适的方式 /// 278
4. 八十美元的年票，玩转美国的国家公园 /// 284
5. 七条线路，带你走遍美国 /// 293

 **后记**

无限空间，自由连接 /// 305

PART 1　争议在美国

# 1. 千差万别的美国

偶尔和朋友聊起在美国的见闻，他会有这样的疑惑：怎么和从其他渠道了解到的美国不一样呢？这没毛病，因为每个人感受到的美国是不一样的，一万个美国人心中有一万种对美国的感知。

生活在东西海岸的美国人，比生活在中西部的美国人能够更多地接触各色人种和新移民，所以有人说来自世界各地的新移民正在把传统意义上的老美挤到中西部去，这种说法是客观的。同样，东西海岸的差别也是巨大的，我在写这篇文章时临近圣诞节，洛杉矶中午的大街上仍然是穿着短袖来来往往的人群，即使因为早晚有些温差，需要带上一件薄薄的夹克，但中午时还是只穿短袖。而此时，东海岸纽约的朋友们早已穿上羽绒服，戴上厚厚的毛线帽，与圣诞树匹配的标准画面还有厚厚的白雪。同样是在西海岸，北部的西雅图和南部的洛杉矶也是完全不同的景象，西雅图号称"雨城"，整个冬季都是阴雨连绵，全年平均降雨的天数能达到 152 天。而洛杉矶的冬季和其他季节几乎一样，四季如秋，依旧天天大太阳，依旧见不到雨水，所以洛杉矶的秋冬也是山火易发季节，而在西雅图则完全不用担心野火的问题。

同样在洛杉矶，东西南北不同的社区又呈现出不同的生活景象。西区是繁华的都市区，机场、洛杉矶市区、贝弗利、好莱坞等都集中在西部，有旅行者心中的 66 号路的终点——圣莫尼卡海滩，也有烧脑影迷心中那梦幻的穆赫兰道；东区是安静生活区，越是往东越发呈现出一派田园景象，甚至空气中都弥散着牛粪的味道；南区是富裕的海景区，这里不仅有这些年房价上涨最快的纽波特海滩（Newport Beach）、亨廷顿海滩（Huntington Beach）、长滩（Long Beach）等各类海滩私人豪宅，而且也是著名的南加州科技创业集中地"硅滩"[①]。

洛杉矶的北部,是我们冬季的滑雪圣地,大熊湖(Big Bear Lake)、剑头湖(Lake Arrowhead)都是驱车一两小时可以到达的地方,因为有了北部的雪区,所以才使洛杉矶成为天然的影视基地,无论什么布景都可以在洛杉矶周边两小时车程的地方找到。繁华的都市、浪漫的海景、安静的田园风光、大雪皑皑的山色、一望无垠的荒漠(西北就是拉斯维加斯,沙漠中著名的赌城),应有尽有。

◆ 洛杉矶北部的雪景

即使将目光缩小到某个社区,社区中的各个小生活区也都各不相同,以洛杉矶的闹市区为例是最能说明问题的。洛杉矶的市区不仅仅有以各种民族或是国家划分的区域,诸如"小东京""唐人街""韩国城"等,也有极其富裕的富豪区和各色在街边搭帐篷的流浪者区域,我们常常说到晚上千万别去洛杉矶的市区逛街,你会看到极端混乱和荒废的"鬼城",那是指市区的某几个流浪者聚集区。不仅闹市区如此,随便拉几个街区都能呈现这样的差别,以华人集中的老生活区圣盖博(San Gabriel)为例,往北5—10分钟车程就是著名的加州第一学区圣马力诺(San Marino,《北京遇上西雅图之不二情书》中的富人区)以及号称"华人的贝弗利"的阿凯迪亚(Arcadia),但圣盖博的山谷大道(Valley Blvd)上也有早年号称华人的保姆站的夏威夷超市,那是早年辛勤的华人第一代登陆洛杉矶的第一站,因为这里有着各种适合刚来美国的华人的劳务工作机会。

为什么说一万个美国人心中有一万种对美国的感知?因为每个家庭生活的城

---

① "硅滩"是一个统称,泛指南加州的创业区,也特指沿着圣莫尼卡海滩一直往东南海岸线延伸的这一片集中了人工智能、IT以及近几年出现的科技创投基金的产业区。

市、社区不同，每个在美国生活工作的人，所接受的教育不同，所处的工作环境不同，所接触的人群不同，让每个人都对这个国家、这个州，甚至这个城市和社区产生不同的感受。

◆ 洛杉矶南部的海岸

感受的不同，当然是和在美国生活的时间长短和活动范围有关。如果只是短暂在美国旅行或者参加商务活动，那么对美国的感受就像是盲人摸象了，仅仅呈现了对接触的部分美国的感知，而对于长期生活在美国的移民、甚至是二代移民，其感受其实也和他的活动范围有着直接的关系，很多老美生活在一个城市或者一个小镇，半生都没离开过，那么他们也等于是盲人摸象。读万卷书和行万里路还是有差别的。

美国社会和很多大国一样，是很复杂的，不同性格的人对这个社会的看法又是极端不同的，正如《西部世界》中女主角感悟的："有人看到这个世界的丑陋，而我选择看到这个世界的美好。"如果只是简单地看美国，也很容易陷入某一个点中，难免会以偏概全。比如由美国的枪击案问题引发的对于美国极不安全的认定，就和看到洛杉矶市区的流浪者区就推断整个洛杉矶就像贫民窟是一样的。同样，如果有人仅仅以宣传中看到的美国给予穷人的福利制度来推测美国有着类似欧洲的高福利，也是不正确的。在发达国家中，美国的全民福利是最差的，因为美国的福利是劫富济贫的，也就是说一切福利是只给到低收入者和弱势群体的。而对于低收入者的评定，也有着一整套非常严格而且相互影响、制约的机制。

　　对于美国的感知，如果放在全球范围来评价，又与评价者所在的这个国家或者地区的环境、收入水平、生活状态有关。如果是上海人第一眼看到洛杉矶，可能会给出一个评价：洛杉矶就是一个大农村。但如果你带他走进洛杉矶的山姆会员店（Sam's Club）或者好市多（Costco）这两个美国最大的连锁超市，了解完美国的物价水平后，这个印象就会有所改观。如果再让他带上孩子，以加州居民的身份购买年票进入洛杉矶的迪士尼乐园（全美最早的迪士尼乐园），看完晚上9点半的烟火表演后，他对洛杉矶的感观也许会截然不同。

　　我常常说无数个主观才能构成客观，把无数个人看到的千差万别的美国拼接起来，也许大家就可以看到一个更为真实的美国。

# 2. 大选结果其实不意外

2016年11月9日，美国大选结果出来的那天，从下午到晚上我一直在家。晚上的结局，出现剧情翻转，所以我一直深刻地记得自己当时的感受。

在那天之前的一段时间，本届美国总统大选始终是全球的新闻热点，虽然美国人在社会交往中有不问政治倾向的习俗，但这一届的总统选举好戏不断，所以朋友们在茶余饭后，根本不能克制地开始各种吐槽。

当时为了做一期关于美国大选的节目，我特意收集了身边有投票权的朋友[①]的投票倾向，结果是7 : 3，特朗普胜出。当然这种小规模的调查根本不足以证明什么，甚至与加州华人的统计数据都大相径庭，因为最后加州的华人选票，投给希拉里的其实是占到了65%，只有29%投给了特朗普。所以我当时始终觉得，虽然过程看起来势均力敌、精彩纷呈，但是结果应该还是希拉里胜出。

"主流社会"的预测，应该和我没太多差别，为什么用"主流社会"这个词呢？因为当时美国

◆ 2016年美国大选时，杂志封面上的特朗普

---

① 在美国，只有公民才有投票权，绿卡持有者是没有的。

99%的主流媒体都是倾向于希拉里的,那些读书看报的知识分子阶层虽然也反感希拉里的虚伪,但是他们绝不能允许特朗普这种哗众取宠的疯子成为美国总统,那样会让这些社会精英怀疑自己是否还是美国人。事实也是如此,特朗普当选之后,很多美国人出国自我介绍时都常常自我嘲解道:"是的,我就是来自那个把特朗普选为总统的国家。"

当时在竞选经费上,希拉里是特朗普的两倍,而各种民调也一直都显示希拉里大幅领先,所以一直到大选当天的晚上最后的翻盘,三个重要的摇摆州——俄亥俄州、佛罗里达州(简称"佛州")和北卡罗来纳州变成红色时,大家始终不敢相信最后会是由特朗普来担任美利坚合众国的总统——那个办公室有核导弹按钮的"全球领袖"。

因为我之前收集了一些倾向于特朗普当选总统的朋友的观点,所以心里能够明白这个结果的合理性。而现在再回头看,就更加清楚了,为什么会是特朗普。

时至今日,仍然有人觉得特朗普当选总统是美国历史上最大的错误,也有很多研究机构依据这个经典案例结合自己的研究领域写了很多的研究课题,诸如希拉里的支持者觉得胜券在握,大量选民没去投票等。甚至在特朗普当选后的一周时间,各地都爆发了反对特朗普的大游行。当然有些人认为就选票而言,特朗普是"少数票总统"(希拉里在普选票数上比特朗普大约多了200万张),但是后来无论从选举人票看(特朗普306票,美国各州共有538张选举人票),还是从共和党在参众两院完胜民主党看,这都是美国共和党自1929年以来首次赢得总统宝座外加参众两院的政坛格局的双赢,可以说特朗普并不是险胜,而是大胜希拉里[①]。

很多人说特朗普是靠底层平民取得的胜利,其实不太准确,社会最底层的那些领社会福利者与支持非法移民者的票实际上是给希拉里的。而社会精英阶层,

---

① 美国总统的选票先是选民直投的票,这个票希拉里是领先的。但是最后能否当选,是要看选举人票,每个州根据人口情况有不同的选举人票,如果这个州的选民票是特朗普胜出,那么整个州的选举人票都投给特朗普,这叫"赢者独得"。

这些年享受到全球化带来的空前红利的跨国企业老板和演艺界、体育界、媒体界台前幕后的获益者们，也是支持希拉里的。那么投给特朗普的票来自哪里呢？其实恰恰就是来自美国普通的中产阶级。

而我身边的朋友，恰恰大都来自这些普通的美国中产阶级家庭，所以才有了我之前收集到的 7 : 3 的比例。

从两党轮流执政的摇摆习惯看，奥巴马执政八年的失误和毫无建树，让身为民主党代表的希拉里背了不少黑锅，而且希拉里本身还担任了很长一段时间的国务卿，自身也有很多失误。所以相当一部分人并不是选择了特朗普，而是不再希望让民主党执政了，当然这里面也有痛恨希拉里本人的票，一律投给了特朗普。

民主党和奥巴马留给希拉里的"黑锅"，如果只从美国国内看，主要集中在奥巴马健保和那些过头的"政治正确"的政策和提案上。

奥巴马健保政策普遍引发中产阶级的不满，不属于健保补贴范围的家庭[①]，医疗保险的费用大大增加。这个"锅"作为民主党的"业绩"，直接背到了希拉里的身上。民主党那些做得过头的"政治正确"，如一旦白人与黑人发生冲突，一律偏向黑人，如支持同性恋，甚至提议公立学校"男女同厕"，你认为自己是女生就可以上女卫生间，也让民众感到厌烦。

不过现在从这些摇摆盘的选票来看，都只是成就特朗普的其中一部分。特朗普一直有自己明确的执政理念，也正是这些明确的、让所有人都听得懂的施政纲领，让他始终拥有自己的"铁盘"。哪怕在整个竞选的过程中，他出了多少"丑闻"，都不会影响他的这部分选票。记得在选战后期，希拉里阵营以歧视妇女等特朗普早年的"丑闻"来大力攻击他，一个评论员就说道，即使现在再出现比那些更大的丑闻，其实也不会撼动特朗普的铁盘了，该选他的人还是会选他，因为这些人赞同的是他的施政纲领，而不是对这个人的个人观感。

---

① 奥巴马健保补贴范围为年收入在联邦贫困线的 100%—400% 的家庭，如 2015 年加州四口之家的年收入范围是 24250—97000 美元。

特朗普从开始竞选起,他的口号始终没有改变过,明确的"减税计划"赢得了不少浅蓝乃至深蓝的工商业主以及中产阶级家庭的支持,这个施政纲领现在已经变成了"特朗普税改",算是说到做到了。"反对非法移民"固然会遭到非法移民及其家属的强烈反对,但是也赢得了大多数普通民众和合法移民的坚定支持,甚至赢得了希望治安得到好转的市民的支持(特朗普在竞选中不断强调非法移民的刑事犯罪问题)。

明确打击犯罪,支持白人警察,这个态度特朗普一直很明确地表达了出来,能做到这一点对于其他人来说并不容易。选战之前,整个种族氛围是极为敏感的,因为持续出现白人警察对于黑人疑犯执法过当的事件,民主党执政期间因为奥巴马和希拉里始终站在黑人的角度看待问题,造成了部分地区黑人势力抬头,使得一旦遇到黑人涉嫌违法,便一律攻击白人警察,这种状况其实已经严重到会影响整个社区治安。

我看过那段时间的新闻以及后来的纪录片,当时特朗普的态度比希拉里明确,他把该类案件明确归属为治安事件,明确维护执法者的权威,打击犯罪,甚至在公开场合对警察队伍说:"当你抓到罪犯,把他们送上车子时,你们可以不用手挡着车门上沿(这是一种民间的礼貌),你们可以把手放下来,因为他们是罪犯,他们刚刚犯下了各种罪行。"这种话绝对属于"政治不正确",但是这种明确的态度,让警察队伍能够摆脱执法过程中那种纠结的心态。相比而言,希拉里那种故作关心底层人民的言论,反而把简单的刑事犯罪变成复杂的种族问题,从而失去了包括警察队伍在内的职能部门的信任。

"制造业回归美国"这个口号我一度不能理解,因为这种思想其实是与全球化的大背景相对立的,这也是大部分跨国公司反对特朗普的原因。那么为什么在全球化的今天,来提这样一个感觉保守的、树立自由贸易壁垒的执政理念呢?很简单,为了选票。这部分的选票还非常坚定地形成了特朗普的铁盘。

美国电视台有个纪录片《弗林特小镇》(*Flint Town*),真实地记录了弗林特这个不小的镇子(人口约10万),这个密歇根州的第七大城市,这个美国通用汽车的发源地的发展现状。随着制造业在美国的外移，家庭年收入从 20 世纪 80 年代的 8 万多美元，下降到今天的 2 万多美元，大部分人口收入水平处于联邦贫困线以下，当税收下降、公共支出捉襟见肘时，犯罪率开始不断上升，整个城市都处在恶性循环之中。而一起因为经费不足而切换水源导致的大面积自来水中毒事件，才让这个城市引来了全国媒体的关注。

纪录片以一个警察局作为跟拍视角，真实地反映了整个城市的现状，由于制造业外移，大量人口失业，税收下降，正常的治安开支都难以维系。纪录片中弗林特的警察局居然靠出售收缴的犯罪枪支来购买用于巡逻的警车，而就在本次美国大选的同时，这个城市举行了千分之一税的公投①，如果不能通过，整个警局就要立刻裁减 10 多位警员。

通过美国五大湖地区一个城市的视角，其实可以看得到整个美国的制造业地区的共同窘况。对于身处西海岸的我们，如果不是看到这些城市的真实状况，根本就不能理解制造业外移对当地以及整个美国造成的严重影响。所以对于这些地区的选民来说，没有什么比提出"制造业回归"更重要的了。"制造业回归"意味着他们中的一部分人可以摆脱失业领救济金的状态，意味着整个城市能够重新往好的方向发展，生存的动力胜过一切。

其实，我只是想告诉大家美国存在的真实问题。美国的总统大选，其实就是社会各个层面问题的一种反映，每一张选票都是人民真实意愿的表达。没有人会不在意这个社会未来 4 年乃至 8 年的走向，所以特朗普的最后当选，说到底还是美国人民的选择。

特朗普政府目前在推行的反对非法移民、降低税收、制造业回归，甚至退出几个国际协定，包括跨太平洋伙伴关系协定（TPP）和巴黎气候协定，这些看上去是抛弃全球化大趋势而返回头去构筑贸易壁垒的保守做法，其实都是有着深刻的国内民意支持的。

---

① 美国常常把关于联邦、州、本市的提案放在一起投票，这样可节约市民的投票时间成本。

# 3. 我们可能误判了美国

一个朋友从中国来美国洛杉矶玩，周末午后，在我家喝下午茶，聊起了一些关于美国的事情，也许是受各类报道与评论的影响，感觉他对美国存在不少误区，其中就有对特朗普的各种误判。这位朋友在国内属于高级知识分子阶层，所以我相信国内相当一部分高阶人士对于美国的现状也是存在误判的，这些误判可能会渗透到中美关系的方方面面，至少在舆论上会有影响，所以当时我跟他很认真地说了一些自己的看法。

我的朋友是这样挑开这个话题的，他说："想当年奥巴马当选时，亚裔、西裔、非裔等激动得相互拥抱，大家都感觉种族大团结的局面来临了，可惜现在特朗普上台后，对内种族裂痕加大，对外反对移民与全球化贸易，短短几年时间，形势转变至此，感觉很遗憾。"

短短几句话，拆开看句句正确，合在一起则构筑了两大误区：第一，对于奥巴马和特朗普的政绩看法是完全颠倒了；第二，他认为目前的局面是由特朗普个人造成的。

中国国内抱持这两种误区的人，估计不在少数。所以我想浅谈一下我的感受：

先说种族问题。在奥巴马当选总统之前，其实白人与黑人之间的种族矛盾一直都存在，种族问题是可以一直追溯到美国民权运动之前的。而在奥巴马当选之前，受制造业空心化影响，"铁锈地带"[①]不断蔓延，特别是受金融危机的影响，人民渴望改变现状，所以才选出了奥巴马这个完全没有官僚背景的新人来担任总统。

说到种族问题，奥巴马被选举出来的一个因素，就是人民也希望有一位有色

---

① 铁锈地带，最初指的是美国东北部——五大湖附近，传统工业衰退的地区，现可泛指工业衰退的地区。

人种的总统，能够更好地解决当时存在的种族问题。当时很多具体的种族事件，其实本质就是纯粹的刑事案件，归根到底是经济恶化，部分地区中长期失业的非裔美国人出去抢劫，后来越来越多地出现了入室抢劫等刑事案件。当地警察介入时，反而被那些犯罪嫌疑人以种族话题为由转移舆论点，从而希望达到逃脱制裁的目的，当然也有其他的事件。总之，但凡事件双方出现白人和黑人时，种族主义的大旗就很容易被打出来。

这个传统其实一直都在，大家记得辛普森杀妻案吗？一个证据确凿的案子，最后被判无罪释放，辛普森的律师"梦之队"的一个非常重要的武器就是抬起种族主义的大旗，找出证据证明了当时查出手套、血迹等证据的白人警察带有强烈的种族迫害前科，并且有效引导社会舆论，给那位白人警察巨大的心理压力，最后将不利于辛普森的证据全部推翻。

这个世纪大案被拍成多部纪录片，几乎全部当事人（检察官、律师、证人、陪审团成员）后来都出书写了当时的情况。应该说当时的大陪审团成员（因为担心种族歧视，从而造成陪审团成员中有色人种占到多数），事后也都反应过来承认是做出了错误的决定。但就当时的舆论来说，辛普森团队就是利用了"种族歧视"这一舆论漩涡。具有讽刺意味的是，辛普森本人其实不认为自己是属于有色人种的。

基于这些矛盾和原因，奥巴马当政时是完全可以带领大家形成种族和解的局面的，因为有些话白人是不能说的，只有有色人种自己可以说。就像很多非裔脱口秀主持人可以自我取笑非裔美国人，没人会有意见，但是同样的话一旦出自白人主持人之口，百分之百会被逼到辞职谢罪的地步。

很可惜的是，奥巴马不仅没有起到这个作用，还在一些黑人参与的具体的刑事案件中，站在黑人一边批评白人警察，那些言论实际上纵容了地方的刑事犯罪，也更深地拉大了种族裂痕。所以我们现在看到的"种族裂痕"，不是特朗普造就的，而是本来就存在的，甚至在奥巴马时期因为处理不当，加深了这种裂痕。

这次特朗普能够在选举中获胜，也恰恰是因为经过奥巴马执政的八年，人民寄予希望的"种族和解"的局面并没有出现，从而白人开始了"自保"的行动，至少不能受制于"种族问题",任由治安不断恶化,进而进入一种说不清楚的"无秩序状态"。当然,事到如今,大家也都知道不可能指望特朗普来愈合这些种族裂痕,只希望他能够把复杂的"种族问题"的案件还原回刑事案件本身。而特朗普目前的行为也只是兑现了他在竞选时给到这一部分选民的承诺。

另外一个误区,就是大多数国人会从国内自上而下的社会体系去理解美国的社会,认为是特朗普个人造成了目前的对内对外政策。事实是,美国社会始终是一个自下而上的社会,这个国家要往什么方向去,大方向是在总统竞选的时候人民做出的选择。

大家应该回忆一下当初特朗普与希拉里的选战,两个人在众多的治国理念上是完全相反的,希拉里提倡征税扩大福利,特朗普提倡减税控制福利;希拉里支持奥巴马健保,特朗普反对奥巴马健保;希拉里支持现有的全球化贸易体系,而特朗普则反对现有国际贸易体系,强调保护美国国家利益;希拉里宽容非法移民,而特朗普说要遣返有罪的非法移民,等等。

大选之时,这些治国理念上的分歧,是完全摊开在人民面前的。人民在选总统的同时,其实也是在选择今后四年美国要往何处去。在史上最没有底线的总统选战的互相攻击下,两位候选人其实都已经没有什么人格魅力而言了,那么人民最后选择了"疯子"特朗普,其实是选择了他的"减税计划""废除奥巴马健保""制造业回归美国""反对非法移民"等一个个具体的治国政策。而从特朗普执政的这段时间看,他也是少有的能够最大程度兑现竞选承诺的总统。

所以当大家指责特朗普个人时,指责他对待非法移民的苛刻态度时,指责他挑起中美贸易战时,指责他的"种族歧视"时,最好返回头看看他当时的竞选纲领。他目前所做的全部,早已经在竞选的时候说清楚了,目前只是在实施这些计划而已。而这一个个具体的政策,归根到底还是美国人民的选择。

所以这两个误区,对前者只需理清一下客观事实,奥巴马的锅不该由特朗普背。而后者更为重要,大家在抨击特朗普这个总统的政策的时候,有必要弄明白,你抨击的其实是大多数的美国人民的选择。特朗普,这个"疯老头"绝对不是一个人在战斗。

# 4. 美国人民为何特爱肯尼迪

肯尼迪是被印上美国钱币的总统之一，除了开国元勋以及早期的先贤外，目前在美国广泛流通的货币中，唯一被我们经常"使用"的，恐怕就是这个印有肯尼迪侧身头像的 50 美分硬币了。当然在所有的硬币中，面额在 50 美分之上的，也曾经发行过近代的另外一位总统——艾森豪威尔的 1 美元硬币（1971—1979 年发行），那是一种块头比 50 美分还大的硬币，但是由于市场不接受（应该是因为块头太大，后期发行了块头比 50 美分更小的金质硬币，市场也不接受），这个硬币目前在市场上几乎没有流通了。

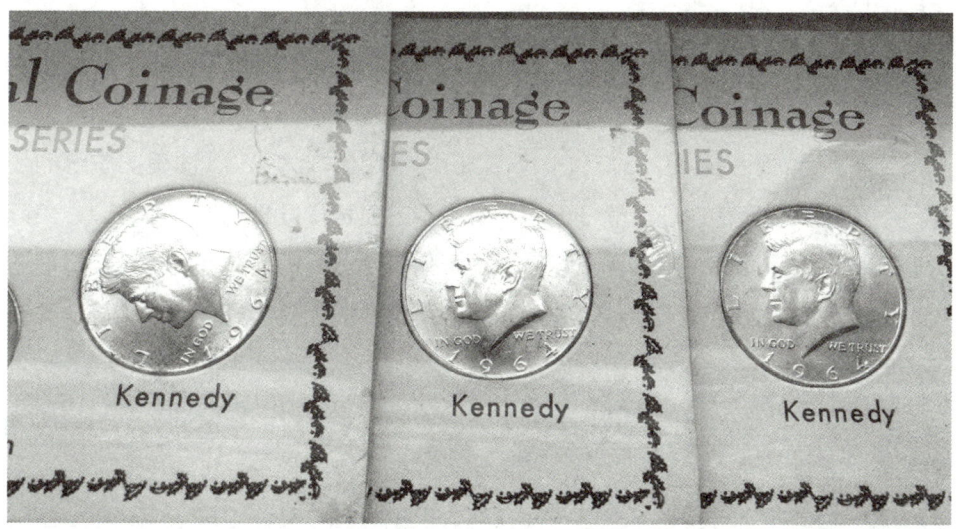

◆ 1964 年生产的印有肯尼迪头像的 50 美分硬币

当然"肯尼迪"目前在 50 美分市场上也不像 25 美分硬币那样每个人兜里都有，但偶尔还是可以在流通中收到这种硬币。关键是这种硬币在市场上偏少的缘由，竟然不是市场不接受，而是因为太受欢迎了，以至于铸造一批就被收藏家收藏一批，再铸造一批，市场上很快又没了。

肯尼迪于 1963 年 11 月 22 日遇刺身亡，1964 年 1 月这枚硬币开始生产，1964 年 3 月第一批硬币投入市场后，犹如石沉大海，后来陆续加印了好几批，但是市场上就是毫无踪迹。铸币厂一度认为是这枚硬币的含银量高，所以人民愿意收藏。于是从 1965 年开始，铸币厂便把这种硬币的含银量从 90% 大幅降至 40%。然而在供应量充足的情况下，市场上依然发现不了这种 50 美分的硬币。从 1971 年开始，普通流通的"肯尼迪"50 美分硬币中就不再包含任何白银了。但时至今日，这枚硬币在市场上真正的流通量还是极为有限的。

这个 50 美分硬币的例子，应该足以说明肯尼迪在美国人民心中的地位了。

2018 年的暑期之旅，我们陪孩子走过佛罗里达州和得克萨斯州（简称"得州"），在佛罗里达州的奥兰多和得克萨斯州的达拉斯都设有纪念肯尼迪的机构。位于奥兰多的是肯尼迪航天中心，位于达拉斯的是肯尼迪六层楼纪念馆（肯尼迪遇刺的地方）和肯尼迪广场。

肯尼迪全名是约翰·费茨杰拉德·肯尼迪，1960 年他参与总统大选时，年仅 43 岁，属于靠大选登上总统宝座的最年轻的一位总统。非常可惜的是，从 1961 年 1 月 20 日到 1963 年 11 月 22 日，肯尼迪作为第 35 届美国总统的任期是很短暂的，但在这短暂的任期内却发生了古巴导弹危机、柏林墙建立、美苏太空竞赛、越南战争、美国民权运动等一系列事件。而肯尼迪遇刺这个与肯尼迪相关的最后的事件，可能超越了前面所有的事件，成为美国历史上一个至今无法还原的谜案。

也许是巧合吧，我们 2018 年夏季的两趟旅行，去过的四个地方都与肯尼迪相关。

第一站是在亚特兰大，去了"民权与人权中心"，又称"马丁·路德·金纪念馆"。可能很多国人了解过肯尼迪在古巴导弹危机中的表现，认为这个事件是肯尼迪在人民中深受爱戴的主要原因，但其实肯尼迪在美国民权运动中的立场和观点，才是美国大众喜爱他的更深层次的原因。

我后来看过美国电视台拍摄的关于肯尼迪的纪录片,片子中留给古巴导弹危机的篇幅,远远少于肯尼迪在民权运动中的。从历史来看,美国的民权运动对于美国的深刻改变,其影响也显然高于当时突发的古巴导弹危机。当然,肯尼迪总统的立场和作为,诸如反对种族歧视、给予黑人更多公平权利,主要是通过他力排众议提拔的司法部部长——罗伯特·肯尼迪(肯尼迪总统的亲弟弟,1968年也被刺杀身亡)来实现的。

◆ 奥兰多的肯尼迪航天中心

◆ 达拉斯市肯尼迪遇刺地点

去的第二个地方是位于奥兰多附近的肯尼迪航天中心——美国国家航空航天局(NASA)最重要的发射中心,它以"肯尼迪"的名字命名,不仅仅是因为它建成时恰逢肯尼迪遇刺,以此来纪念他,更是因为这个航天中心最重要的责任——把人类送上月球这个伟大的计划是肯尼迪提出来的。这个计划提出是因为有着"美苏争霸"的背景,但是"把人类送上月球"这件事本身就是极其振奋人心的。

时隔50多年当我们在肯尼迪航天中心游览时,听到肯尼迪当初的演讲:"我们要去月球,我们要去月球,我们要去月球,不是因为它很容易,而是因为它很难。"这时候,我想这真的是人类的一大步,无论是哪个国家的人民,站在那个地方听到肯尼迪的演讲,相信即使时隔半个世纪依然会被当时的情景鼓舞到、震撼到。肯尼迪当时许下的诺言"要在20世纪60年代实现人类登上月球",也终于在1969年7月21日得以实现,"阿波罗11号"就是在这个以"肯尼迪"

命名的航天中心发射成功的。

这次去的与肯尼迪有关的第三个地方，是位于佛州迈阿密的基韦斯特（Key West），这个位于美国最南端、距离古巴只有 90 英里的美国本土，在 1962 年见证了古巴导弹危机。关于这个故事，肯尼迪作为该危机胜利方的领导人，其沉着冷静、敢于决断的风采被世人长久传唱。

美国民众喜爱的那个能够在巨大压力下获得胜利的肯尼迪，其实不仅仅有着敢于冒险对抗的一面，实际上，在危机爆发的一整段时间内，肯尼迪的弟弟罗伯特·肯尼迪与赫鲁晓夫的秘书始终是保持畅通的联系的，这才是成功避免古巴危机最终升级为全球核大战的关键所在。

这趟旅行中我到过的最后一个与肯尼迪有关的地方，也是肯尼迪生前到过的最后一个地方——位于得克萨斯州达拉斯市中心的"六层楼博物馆"。这里现在已经成为一个纪念肯尼迪的重要的纪念馆。1963 年的 11 月 22 日，就是在这栋大楼的第六层楼，一个名叫李·哈维·奥斯瓦尔德的仓库员工，用 3 颗子弹结束了正在楼下乘车路过的年轻总统的生命。

◆ 肯尼迪的亲民形象

关于这次刺杀事件的整个案情，有很多匪夷所思之处。这位用狙击步枪把肯尼迪打爆头的仓库工人，在射击后居然继续在仓库上班，甚至与之后在仓库撰写当地报道的临时记者有过面对面的交流，直到下午才消失。被警察抓获后，仅隔一天，在电视现场直播下，他又被一个赌场老板枪杀，而这位赌场老板最后被调查组认定为一个精神病患者，一年后，赌场老板也蹊跷地死于癌症。

无数的谜团与蹊跷，让这个总统遇刺案件最后不了了之。这当然是全体美国人民没法接受的事情，所以时隔50多年，各种阴谋论的故事被编写进肯尼迪的最后一场戏中。这位年轻、英俊、光芒万丈、生前深受美国人民喜爱的总统，最后离去时竟然如此悲壮。这又让美国人民怎能不纪念他！

◆ 位于达拉斯的肯尼迪纪念馆

虽然执政时间短，但是肯尼迪的很多行动和观点都对美国社会产生了重要影响，诸如支持民权运动、开展人类登月计划、与苏联强硬抗衡等都深刻地影响了美国历史。而没有做到的事情，诸如他反对越南战争（1963年就决心逐步从越南撤军），肯尼迪去世后，美国在他的副总统林登·贝恩斯·约翰逊的领导下，深深地陷入了差点让美国崩溃的十二年越南战争。

我想在后来美国深陷越战的岁月中，人民应该会更加怀念这位曾经的年轻总统吧，这就是为什么美国的50美分硬币，一版再版，从银币变成不含银的硬币，在供应充分的情况下，还是在市场上难以见到的原因。

这次的"六层楼博物馆"之行，让我更深一步感受到了人们对肯尼迪的热情。购买门票时排起的长长队伍（这里提醒一句，如果有旅友要来"六层楼博物馆"参观，请提前在网上购买好达拉斯的City Pass，这样至少在买票时是不用排队的），购买完门票后在入场口，仍然需要继续排上半个小时才能进入，但长长的队伍，竟也没有阻挡人们的参观热情。一个刺杀总统的地方，一个仅仅陈列着肯尼迪照片和影像资料（实际上所有资料都可以在网上找到）的楼层，竟然每天都挤满了要排上一个小时队才能进入参观的人们。

参观"六层楼博物馆"的人们，究竟是想探究当年阴谋重重的刺杀案的真相，还是纯粹基于对这位总统的爱戴呢？我想，应该是后者吧。

# 5. 种族问题，跨越美国半个世纪的沧海桑田

◆ 位于亚特兰大的民权与人权中心

在亚特兰大的奥林匹亚公园旁，有一栋不大的两层楼建筑，门口写着"民权与人权中心"（CENTER FOR CIVIL AND HUMAN RIGHTS），又称"马丁·路德·金纪念馆"。亚特兰大最重要的景点也多集中于此，如全美最大的水族馆"佐治亚水族馆"、可口可乐总部、美国有线电视新闻网总部等。但留给我印象最深的，就是这个"马丁·路德·金纪念馆"。

据统计，黑人在亚特兰大的人口占比高达 52.4%，这一点从下飞机那一刻就可以感受到，特别是我们从加州过来的人，感受尤其明显，因为加州的黑人占比仅为 5.9%[①]。南北战争的时候，佐治亚州是蓄奴州，而亚特兰大也属于南方重镇，整个城市曾经毁于战火之中。

黑人，美国人的称谓是"非裔美国人"（African American），如果从美国

---

① 根据 2016 年美国人口统计数据：https://factfinder.census.gov/faces/nav/jsf/pages/index.xhtml。

社会的种族角度做更大划分的话,黑人和墨西哥人(西裔美国人)、亚裔美国人等都被归入有色人种;另外一个大类,自然就是白人了。如果要在黑人中评选出一个最伟大的人,这个人不是曾经担任过美国总统的奥巴马,而是马丁·路德·金。

◆ 马丁·路德·金的著名演讲"我有一个梦想"现场

在美国,除了上帝之外,有三位历史人物是与美国法定假日有关的,当然本身美国的法定假日也不多。这三位分别是发现美洲新大陆的哥伦布、美国的国父华盛顿和马丁·路德·金。

即使放在范围更广的有色人种中,马丁·路德·金也算得上是最伟大的人了。美国的孩子也是接受历史教育的,更何况是位有假期命名的人物,所以我们家的孩子对这位金先生很熟悉,她们也了解当年的那段抗争史。站在亚特兰大的街头,小学二年级的 Yuna 脱口说了一句:"难怪马丁·路德·金在亚特兰大能够取得成功,原来这里有这么多的黑人啊!"

很多人喜欢美国的多元化,但不可否认多元化民族所带来的社会问题,以前有,现在也有。但是从马丁·路德·金被刺杀的 1968 年,到现在的 2018 年,时隔 50 年，多元民族带来的种族问题已经发生了翻天覆地的变化，这种变化不仅在法律上，也在人们的意识中。

◆ 马丁·路德·金纪念馆中的白人墙

◆ 马丁·路德·金纪念馆中的有色人种墙

马丁·路德·金纪念馆的主要展示集中在二楼，进入展馆的一段短通道后，有两面对立的墙：一面是 20 世纪五六十年代的白人的照片，大大地写着"White"；一面是相同时代的有色人种的照片，上面也大大地写着"Colored"。面对着两面对立的墙壁，有一种时空穿越的感觉。

美国人对于历史的态度是清晰严谨的，整个展馆中的资料，无一不是以撕开伤口的方式，赤裸裸地展示了当年黑人以及有色人种的境遇、抗争和社会冲突。

马丁·路德·金的成名战，就是在 1955 年以浸信会牧师的名义领导了蒙哥马利公交车抵制运动。1955 年 12 月 5 日，一位黑人妇女因为不给白人让座而被判入狱。这个事件是黑人抵制公交车的起点，因为根据当年蒙哥马利市所在的亚拉巴马州的法律，在公交车上是有种族隔离的规定的。马丁·路德·金领导的这个运动持续一年，直到 1956 年底，最高法院才宣布亚拉巴马州的种族隔离法律违反宪法，从而废除了蒙哥马利公交车上的种族隔离规定。

第二年发生在阿肯色州的"小石城事件"，更是把美国社会的种族矛盾推到了顶峰，当然也是美国社会种族隔离正式结束的标志。1957 年夏天，小石城中央中学开始招收黑人学生，但是当时包括阿肯色州在内的很多南方州，坚持种族隔离，拒不执行最高院的判决。于是在 9 月 2 日开学之际，该州的州长奥维尔·福布斯动用国民警卫队封锁了学校，禁止 9 位黑人学生入学。

当时的美国总统艾森豪威尔在对奥维尔·福布斯劝说无果的情况下，动用了美国最精锐的陆军 101 空降师，进入阿肯色州，并直接控制了 1 万名州国民警卫队。而在全国媒体的聚焦下，全副武装的精锐空降师护送 9 位黑人学生进入学校的场面，也被定格在历史画面中。

这种现在看起来完全不可想象的事情，就发生在 1957 年的美国。记住，不是 1857 年，而是一个距今年代不久的 1957 年。60 年过去了，那么关于黑人和种族问题在当今的美国又是一种什么状态呢？

我们的一位朋友说她的孩子初到美国时，曾经在学校和她的黑人同学开玩笑说："你知道你为什么这么黑吗？因为你黑巧克力吃多了。"这个事情立刻被校方严肃对待，校方请来了孩子的父母，并用"残忍"这个词来形容孩子的这个行为。当然孩子也被父亲非常严肃地教育了，孩子的父亲对她说："记住，无论是白人、亚裔，还是黑人，割开皮肤，我们里面的血都是一样的红色。"

我的一位白人朋友说他到中国时，发现大家常常提到"Nigger"①这个词，实际上是我们的口头语"那个"，他当时惊呆了，心想这个词在中国可以这样无所顾忌地随便说吗？当然这只是一个小笑话，但也充分说明现在的美国社会，不要说类似当年的公开歧视，现在连称呼都不可以随意说出口。这已经不是道德问题了，而是法律问题，因为如果你对黑人说了这个词，你大概率会成为被告，而且必然会败诉。

之前当地电台广播了一个事件：两个黑人进入星巴克，在没有任何消费的情况下，向星巴克服务员提出借用卫生间钥匙②，当时的白人女服务员拒绝了这两位黑人的要求。但是，两位黑人并没有走，而是继续向服务员理论这件事，然后女服务员报警。而警察劝退这两个黑人的过程被人拍了视频，传到了网络上。结果这个事情在美国引发了大量民众对于星巴克的抗议，导致星巴克的总裁在第一时间出来向两位黑人和公众道歉，说在这件事情上他们的服务员做出了一个错误

---

① Nigger（黑鬼），对黑人的歧视用语。
② 美国服务场所的卫生间如果是锁着的状态，就表示这里并不是面向公众开放的卫生间。

的决定。今后星巴克公司会吸取教训，更好地培训他们的员工。

是的，关于种族歧视的事件，现在还有，但是从报道出来的内容看，早已经不是当年的情况了。因为很多事件，如果当事人都是白人就只是一个普通的事件，但如果是白人和黑人之间出现问题，民众或者媒体有时就会略过事件本身，而把重点落在黑人这个身份上。所以将时间拉长来看，目前的状态较 60 年前已经产生了巨大的变化。

从 1968 年马丁·路德·金被刺杀，到 2008 年奥巴马以非裔美国人身份当选为美国第 44 任总统，40 年的时间，说短不短，但说长也不长。从马丁·路德·金被刺杀，到 1986 年美国联邦政府确定每年 1 月份的第 3 个星期一为"马丁·路德·金纪念日"，这个时间仅仅只有 18 年。

因为亚特兰大的"民权与人权中心"给我留下的深刻印象，也因为上述的这 18 年与 40 年的巨大变化，让我之后翻看了很多关于美国种族问题的资料。在这场深刻的民众心态的转变中，马丁·路德·金、之后的黑人以及全体民运组织当然起到了重要作用，但不可忽视的是，在这场转变中，也有相当多的白人参与其中，甚至是处于领导的位置的白人。特别值得一提的是，在这么多年的、为有色人种以及弱势群体争得利益而进行的抗争中，白人捐助了绝大多数的经费。

据说，一天美国全国有色人种协进会接到一个电话，电话那头开口就是："我要和黑鬼（用了 Nigger 一词）头头讲话"。面对这种充满蔑视的语气，接线员连续两次挂掉电话，但是这个电话最后直接打到了协进会主席罗伊·威尔金斯的私人手机上，开口还是那句："你是黑鬼头头吗？"罗伊·威尔金斯义愤填膺地在电话上开始还击，义正词严地说了一大段后，电话那头说："很抱歉，我的母亲刚刚去世，她一生都很宠爱黑鬼，她立下的遗嘱说要捐献 150 万美元来帮助可怜的黑鬼，所以我需要和黑鬼的头目说话，签一份协议，把钱转过来帮助黑鬼。"听到这里，罗伊·威尔金斯清了清嗓子，大声地说："我就是黑鬼头头（也用了 Nigger 这个词），请讲。"

这个故事说明了美国 20 世纪的民权运动的复杂性。很多资料也明确地反映出包括马丁·路德·金在内的不少黑人运动领袖在运动过程中的诸多问题，包括排斥白人和排斥妇女,而即便如此,白人在这场运动中还是起到了相当重要的作用。除了白人们捐献的款项占到募捐的大部分比例外,就是在历次为有色人种争取权益开展的运动中,也有近四分之一的面孔是白人。这些努力对于美国社会的改变,现在看来是非常有效的。

◆ 马丁·路德·金纪念馆内景

◆ 马丁·路德·金纪念馆内的照片墙

我联想到近年来看到的不少关于美国的文章和视频,还是大量引用了20世纪五六十年代美国种族问题(包括李敖大师曾以美国军警开枪为例来说明他的观点),或者是混淆目前存在的涉及黑人的社会治安案件,给人的感觉是现在的种族问题和60年前的问题一样矛盾重重,甚至更加突出。事实上,我相信但凡在美国生活过的民众,如果将现在的社会环境和60年前的去做个理性对比,还是能够很容易、很明确地得到真实的答案的。

时代在进步,世界在变化,无论是在经济不发达的发展中国家,还是在美国这种超级大国,变化都是存在的。我们希望西方世界正确、客观地看待中国这40年来的变化的同时,我们也需要正确、客观地看待这个世界其他地方这40年来发生的变化。

# 6. 美国华人，想说团结不容易

搬家之前，和我们交往得比较好的邻居中，有一户台湾家庭，还有一户香港家庭。搬家后，住在我们对面的一户邻居又是台湾家庭，隔壁的又恰好是香港家庭。虽然我们居住城市的华人不少（一般学区好的城市华人都不会少），但目前为止，和我们一样从中国大陆来的，在邻里中好像还没有发现。所以，虽然洛杉矶也有很多来自中国大陆的新移民，但是分散到我们身边的，还是很少。

我常常有机会去参加一些社交聚会，这些聚会大多是朋友公司或者个人支持的某一位政治人物为竞选本市、本州议员，甚至是联邦众议员而召集的募捐晚宴。洛杉矶本来就是华人聚集的大城市，所以这种机会很多，像我们这种从大陆来的，对于政治明星有着天生的合影情结，刚开始时我也不能免俗。看到赵美心（美国第一位华裔女性国会议员）、伍国庆（赵美心的丈夫、加州众议员）这些之前只能在国内新闻中看到的人物就在自己身边，也会上去合影（他们也常常过来和每桌募捐者合影）。后来机会越来越多后，当我在宴会上第三次见到赵美心时，其实就已经没有合影的冲动了。

我和赵美心第一次见面交流时，本能地亲切地用国语问好，但是我惊讶地发现她其实听不懂国语。后来才知道她的父亲其实也是在加州出生的，只有她的母亲是广东人，所以她只会说粤语。但是，这当然不会影响她目前在美国华人世界的政治地位，因为在美国能够有话语权的华裔政治人物太少了。

随着华人数量的增长和实力的增强，洛杉矶目前也有几位华人市长，比如我直接接触过的圣盖博市市长廖钦和（Chin Ho Liao）、核桃市市长苏王秀兰（Mary Su），在美国和这些政治人物接触其实是很自然的，他们也需要社会方方面面人物的支持，特别是他们的华裔身份，更需要或者说更容易得到华人的支持。

◆ 与赵美心的第一次见面　　　　　　　　　◆ 与圣盖博市市长廖钦和

  这些华裔的政治人物，他们的政治道路会比那些政治基础好的白人更加艰难。一次，廖钦和在举办完他的市政报告会后，和我们几个朋友一起去停车场取车（市长也是没有司机的，自己拎着各种资料），路上他对于目前在市政府的工作掣肘发了很多牢骚。他说本来这次的市政报告应该安排在更大的场所的（那次的场所是圣盖博大剧院的入口过道小厅，连接大剧场和外面的过道空间），但是受到市政府其他议员的掣肘（市政府由5位民选议员民主决定日常重要事务），所以这次的场地才如此拥挤。真实情况的确是座无虚席，而且挺多人想进来但没有位置了，必须用提前发邀请函的方式来控制人数。对于他的抱怨，我们也是看在眼里的，但是没有办法，我们的能力只能是提供一些竞选经费和投票，至于在市政府内部的工作，就只能在外围观看了。

  在美国当政治人物是要花钱的，不仅需要政治人物的个人魅力、口才、工作能力等，还需要筹措政治经费和各种拜票。所以如果不是真的对政治有兴趣，也很难坚持到后面。而华人就整个群体来说，其实还是缺乏政治意识的。无论是来自中国大陆还是中国台湾、中国香港的华人，更多的只是关注自己的小家庭，在社区服务、市政参与上缺乏热情，也很少投入，如参加一些市政报告会、市民集体听证会等。所以在美国，最终通过激烈的竞选能够走到台前替华人世界发声的华裔政治人物很少。

就我个人来说，是看得清这一点的。所以无论是现在还是今后，在能力许可的情况下，我会尽量去参加各种支持华人社会和政治人物的活动。就整个华人群体来看，其实大家也都很清楚华人目前在美国毕竟属于少数族裔，就过往的历史来看，华人的声音在美国社会很难听得到。而美国又是一个很现实的社会，很多政策的制定与族裔或者社会团体的选票多和"嗓门大"有着直接的关系。

这种期待团结的共识，我相信整个华人世界是一致的。但是我们在逐渐参与各种华人社会的活动时，也发现了其中的复杂性，也就是说有些理想并不是靠一种单纯的一厢情愿就能迅速建立的。

首先需要列举几个关于美国华人世界的数据，让大家有个直观的概念。美国亚裔一共有1944万人（2013年数据），占美国人口的6%，为什么列出亚裔呢？因为在我们生活中填表格的时候选择族裔时只能勾选亚裔（Asian）。在美国的华裔有452万人（2015年数据），虽然是占到亚裔人数第一，之后是菲律宾、印度、越南、韩国、日本，但华裔加在一起也仅仅占到美国人口的1.4%左右。在美国的华人中，目前有70%多是出生在美国之外的，这其中有85%来自中国大陆、中国台湾和中国香港，另外15%来自马来西亚、印度尼西亚和泰国等地[①]。

还有一组数据是把华裔分为第一代移民，占54.2%；第1.5代移民（指那些童年时跟随父母移民来美国的）占16%；第二代及以上移民占29.8%[②]，第二代移民又被称为ABC（American Born Chinese）。目前更多的华裔政治人物属于第二代移民，赵美心、朱棣文、骆家辉等都出生在美国，而且从直观的感觉看，来自中国台湾和中国香港的华裔政治人物占到多数。

加州和纽约是华裔聚居地，两地华裔占到全美华裔的57.6%，其中加州就

---

①② 数据来源：http://wemedia.ifeng.com/8831186/wemedia.shtml。

占到了 38.4%①。但是即便是在华人最具人口优势的地方，根据 2016 年的统计数据，把加州的华人人数放到加州总人口中，也仅仅占到 3.78%②。所以来自中国的游客有时候因为常常去华人聚集的地方旅行或者短暂居住，就觉得中国人快把加州占满了，其实从数据上看，华人仅占 3.78%，而中国大陆的占比就更少了。虽然目前没有具体数据，但是从我在加州社会圈子观察看，来自中国台湾、香港的人口比例恐怕还是占多数的，特别是在政界和商界。

因为语言的关系，无论生活上还是工作上，我和来自中国台湾的华人交往得比较多，至少他们说国语（香港人之间说粤语），所以有时候我会参加他们的各种社会活动。有一两次这种社交活动中会有台湾政界的人物做发言，一旦涉及海峡两岸的说法和观点时，我就显得有些尴尬了。所以有时候我的台湾朋友在拉我参加各种聚会时，也会细心地考虑到这一点，这种氛围是客观存在的，所以如果你留心的话，在大华裔圈子中，其实还是有各自的小圈子的。

除了这种大社交活动，私人的小聚会有时也会体现出自不同地区的华人的不同观点。有一次家庭聚会，大家玩到深夜，突然开始讨论"选择民主，还是选择发展"，在场的大陆人、台湾人、香港人恰好各占三分之一，现场激烈交锋，以至于过了凌晨还没结束。好玩的是，大陆的朋友温和地选择民主，香港的朋友强烈地选择民主，而台湾的朋友却是强烈地要求发展的，观点各异，演讲水平也高，各个引经据典、罗列案例，最后也是不了了之，谁也说服不了谁。

前一阵子我的朋友转给我一个信息，是关于支持杨安泽（Andrew Yang，作为 7 位民主党候选人之一，宣布有意参加美国 2020 年总统大选）的一个华人签名，发给我的人是我的听友，她说杨安泽是她朋友的女婿。又是朋友关系，又是 50 年来第一位华人参加总统选举（50 年前已经有一位美籍华人邝友良代表共和党参加过大选），在这种情况下，我肯定是非常愿意支持的，所以立刻就把消息转发到我的各个微信群内。过了一会儿，在我的美国群内有一个朋友就发信息问我：你看过杨安泽的施政观点吗？我也马上意识到了一些问题，于是迅速看了

---

① 数据来源：http://wemedia.ifeng.com/8831186/wemedia.shtml。
② 数据来源：https://factfinder.census.gov/faces/nav/jsf/pages/index.xhtml。

一些关于杨安泽的文章，明白了那位朋友问我的意思了。

杨安泽的竞选口号是"人性至上（Humanity First）"。他最吸引眼球的主张是，现在的机器越来越多地抢夺了人的工作，于是他提出的解决方案是：全民发钱。"机器人和软件抢了我们的工作，但是我们没法让他们交钱出来，我们要让他们的工厂交税！加个增值税（Value-Added Tax），所有的工厂都会被征收10%的增值税。这笔钱，就用来回馈给我们每一个美国人。"这是他的观点。这个观点明显和我的不同，这也是那位朋友提醒我注意的原因。不过我考虑了一下，作为华人，我觉得我是希望能够帮到杨安泽的，至于他的观点到底有多少人能够接受，或者今后他会不会修正他的观点，这要看他今后的努力了。

举这个例子，是想说在当今美国的华人社会，其实也不仅仅是一张华裔的脸就能够团结华裔，华人社会也分"左右"甚至"极左极右"。杨安泽的观点看起来属于民主党中相对"白左"的观点。而我也看到一个公众号，是支持特朗普的极右政策的，但凡看到左派观点，那是不留情面地打击啊。所以那些感觉在华裔社会一呼百应的政治明星，比如赵美心，在一些政治观点上也同样被华人声讨，比如她投票反对过对华人有利的STEM绿卡提案，声称对墨西哥人不公平。

这仅仅还只是政治上的观点不一致，如果再聊到宗教上，分歧就更加明显了。所以说在美国的华裔，在政治观点上的"左右"之分，宗教上的"佛与基督"之分，地域上又客观地存在着两岸三地的差异，甚至从来到美国的不同年代（30年前来美国的与5年前来美国的观点差异也很大），不同年龄段的群体，表现出来的观点和行为都是不同的。华人家庭中的第一代移民还非常有中国情结，到了第二代无论家庭给予多少中国教育，其实他们也只能是把中华文化作为他们能接受的各种文化的一部分去接纳了。

正是因为行走了多个国家，也接触了多种观点，所以我觉得"求同存异"是非常重要的。在相信自己的同时，也要尊重其他人的观点。

文绉绉地写了一整篇，最后给咖啡加些糖。其实观点就像内裤，谁都会有，但也不必逢人就急于抖出来，告诉别人自己有，更加不要觉得你穿得舒服，别人一定也舒服。"求同存异、协作发展"也许才是美国华人团结的基石。

# 7. 城镇自治，构筑了美国行政体系的基石

有一阵子，岳父大人迷上了美国这边的中文书籍，所以常常去市里的图书馆借看一些中文书籍。我们所在的核桃市的市政府和市图书馆是共用一个停车场的（美国很多城市都是这样的），于是我顺便带着他逛了一趟核桃市政府。市政府的楼比旁边的图书馆要小，因为市民跑图书馆的机会多，而去市政府的机会相对较少。

相对于其他人来说，我还算是去过几趟市政府办公楼的。刚刚搬新家的时候，恰好苏王秀兰女士第三次连任核桃市的市长，我跟着几个朋友去祝贺过。就职典礼极其朴素，就在市政府楼入户的小厅，安放了一些自助餐，用来招待前来祝贺的朋友们（印象最深的是那些二两的大白馒头在当时的场合很受欢迎）。当时我们啃着馒头、端着可乐，在市议会厅晃荡（楼小人多，工作区还在正常上班，所以只能开放议会厅来安置我们）。仪式现场唯一比较隆重的环节，是一个华人戏剧表演学校带着扮相精美的小学生们集体到现场捧场，一时成为众人拍照的热点。

另外一次是我们新家装修时，一处图纸临时需要修改[①]，装修师傅带着我进入市政府楼内的工作区。我们说明来意后，工作人员立刻去后面叫来了当初审批我们签字的那位负责人——一个很年轻的妹子。妹子态度友善，听明白我们的改动方案后，她就直接在原来的图纸上用水笔画上新的修改示意图，然后标注并签署上自己的名字，这就表示市政府批过了，前后不到 20 分钟。

---

① 核桃市管理严格，理论上讲除了刷墙和铺地板不需要审批外，其他改变室内、室外的一切装修行为都需要报批。

◆ 负责装修审批的工作人员

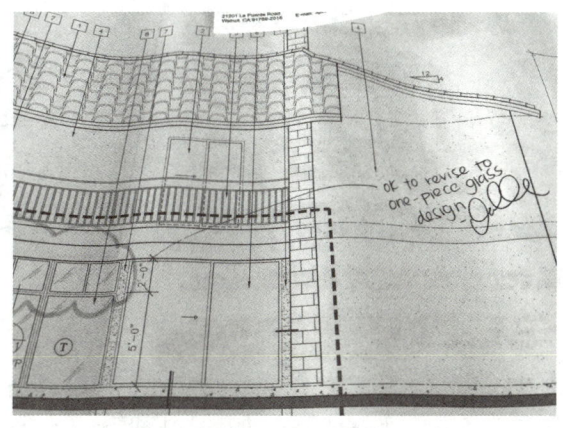
◆ 图纸修改签名，20分钟就完成了

就是这两次与市政府的接触，其实差不多已经完全逛完了整个市政府"大"楼。核桃市是隶属于洛杉矶县的小城市，人口3万，所以市政府整个楼其实就是两部分。一个是位于大楼侧面，目测容得下200人的市议会厅，各种公听会、审批预算会、新闻发布会都在这个厅；另外一个就是正面的工作区，各种市民服务都集中在这里。

岳父看到这个小楼时，一时间也没法和我提到的市政府大楼联系上。我简单地介绍了一遍，但是发现，对于初到美国的人，的确很难理解美国行政机构里复杂的关系，于是我细细地、慢慢地向他介绍了美国极为复杂的联邦、州、郡、城市的体系。

美国整个区域体系，其实是一个自下而上的行政结构，类似搭积木，而且这个积木还并不规整。比如最小的行政单位，有小镇（Town）和城市（City），其实这两者并没有很实质的区分，像一部著名的纪录片《弗林特小镇》中的弗林特，它的称谓是小镇，但是它的都市区有10多万人口，面积是88.2平方公里，而我所在的核桃市虽然被称为市，但是人口才3万，面积也不如弗林特那么大，才23平方公里。无论是人口规模、面积大小，还是人口密度，核桃市更像是个镇，所以这些镇和市我们不能从字面去理解。

另外，即使都被称为"市"，也是天差地别的。美国最大的市是纽约，这个城市像个巨人一样架构在美国整个行政体系内。如果按照纽约大都市圈算，那么大约人口有 2000 万，超过了全美 50 个州中的 47 个州[①]，即使单独以纽约市来算，它的人口是 800 多万，也超过了 50 个州中的 39 个州。纽约市下面有 5 个区，大家熟悉的皇后区（郡或者县），英文是 Queens County，所以如果按照纽约（纽约隶属于纽约州）为例，这个行政关系是：州（state）、市（City）、郡县（County），但纽约是特例。

有个熟悉的玩笑说，美国分为纽约和美国。首先从行政划分上，纽约和美国大部分的城市不同，大部分的美国城市的行政关系是：州、郡县、市。再以核桃市为例，行政关系是：加利福尼亚州（California State）、洛杉矶县（Los Angeles County）、核桃市（Walnut City），这是大部分美国的地区行政关系。这个 County 既可以翻译成郡，也可以是县、区。我讲到这里的时候，岳父大人眼光已经很迷茫了，所以我就没把更特殊的市郡一体的行政机构说出来了，如加州的"旧金山市与郡"（City and County of San Francisco）和夏威夷州的"檀香山市与郡"（City and County of Honolulu）。

很多人把美国这种行政区域关系，直接类比到中国的省、市、县（区）的三级关系。这当然也是一种方式，但其实美国很多普通的城市，从人口和面积上看，更像我们的社区。不管怎样，从美国的行政机构来说，城市属于最基础的单位。

为什么说美国的行政体系是自下而上的呢？最重要的原因是地区行政权力是"下放"在最基层的，城市的立法机构、行政长官，都是由市民投票选举出来的。当然这里面的方式比较复杂，分为市长—议会制（市民投票分别选出市长和市议员）、委员会制（市民投票只选出委员会成员，3 人以上，由委员会成员分别担任行政和议会职务）和议会—经理制（市民只选举出议会，所需的其他行政职务是需要再雇佣的）。很多城市的政府都是这几种制度混合而成的。

城市的权力是非常独立的，除了自己选举市长和议会，市民们还可以通过市议会独立开征或者废除某项税收，而很多郡、州一级行政机构确定的法令，也需要市议会的认可才可以在该地区实施。也就是说对于市民在辖区内的生活来说，

---

[①] 加利福尼亚州、得克萨斯州、佛罗里达州的人口数量是高于这个数字的。

很多情况下，不用看联邦、州、郡的法令，而最终施行的是市议会认定的法令。

比如 2018 年元旦，加州已经通过娱乐大麻合法化的法令，但是仅有 15% 的城市开始实施，其余的城市中有些不仅不实施该法令，还另外立法抵制大麻。

再比如，从 2011 年开始，美国联邦政府决定接收叙利亚难民进入美国，但是有 31 个州马上宣布拒绝接收难民，但是在某些拒绝接收难民的州内，又有城市宣布支持联邦政府，表示愿意接收叙利亚难民。

再比如有人常常问我，到底中国的驾照在美国是否可以直接开车？我只能这样回答，加州法律承认中国驾照在加州可以享受 60 天的过渡时间，但是对于其他州要分别去查询各种对于中国驾照的认可。这样回答其实也是不准确的，准确的是加州以外的不同城市对于外国驾照在本地开车的认可度是不同的，各地车辆管理局的具体规定，甚至个别警察对于这些规定的理解更是不同的。

你感觉如何？是不是够复杂，也够独立呢？但更多的独立性也就意味着更多的自负盈亏。城市的警察、消防、卫生、医疗、教育乃至公共交通和房地产等事务，都是市政府提供服务和管理的，提供这些公共服务就意味着各项行政支出。美国的各项税收都是各有归属的，如果本市的收入不够开支，那么只能削减市政服务来维持，或者提出新的税收提案来增加收入，而很少听到类似国内"地方债"的形式。

在纪录片《弗林特小镇》中，在美国总统大选当日，同时投票的还有一个本市的"千分之一税"。这项税收始终是有征收的，但是因为近年来治安恶化，所以在重新延续该税收的公听会上，有可能被市民否决掉，如果被否，那就意味着警察局内立刻会有多人要立刻失业。所以当时整个警局的警员最关心的并不是总统大选，而是这项"千分之一税"能否被投票通过。

在这部以一个小镇警局的视角来拍摄的纪录片中，甚至出现这样的事件：因为整个城市经济的恶化，没有足够的资金用来添置更新警局的装备，就把收缴上来的枪支（作案工具）进行公开拍卖，当然这要通过市议会批准。这个案例从另一个角度也说明了城市的权力和独立性是很大的。

为什么我要向岳父如此细致地介绍城市高度自治的细节？因为还是开篇提到

◆ 与美国前联邦众议员聊美国的行政体系

的，美国的整个社会是类似搭积木般的自下而上的行政体系，理解了最小的行政单位——城市的运作，就很容易理解在此之上的郡县、州的运作。无论是郡县、州，还是更高的行政机构，他们都保持着近乎独立的高度自治。

2012 年纽约市受飓风"桑迪"的袭击，总统奥巴马提出视察灾情、看望灾民，但是被纽约市市长"婉拒"，这件事情在我们看来是不可思议的，但在美国社会是很正常的。

我印象很深的是，一次我和一位原美国联邦众议员聊天时提到我节目的听友大约有 30 万人，他兴奋地说如果有 30 万人的支持，那是很厉害了。当初他也就是凭借 30 万张选票把他带到了联邦众议员的位置，所以他无论在联邦众议院上支持或者反对某项提案，都要关注他的这 30 万"铁盘"的看法（在美国，无论是基层还是联邦，各项提案中每一个议员的支持或者反对的意见都会向公众公开）。

美国的郡县、州的管辖范围虽然比市大，感觉是上级机构，但其实不是。但凡成立了市的地方都已经是自治的。而这些"上级"机构实际上只是负责管理城市与城市之间的无人管理的地带，或者是有些城市没有能力（主要是经费上）组织相应的市政机构，就托管给郡县这种上级机构。

继续往上也是如此，所以我们会发现很多森林、湖泊、矿产等是州一级的国土资源局管辖的。比较常见的是州立公园，还有我们户外打靶时所到的"自由地"，大部分是州或者联邦所有的土地，其实就是无主地，郡不要的，就给州，州也管不了的，就丢给联邦。

积木搭到州这一级，其实是搭到头了，一个州在美国其实就相当于一个国家了，州拥有除了外交权和军事权以外的一个国家所拥有的所有权利。所以，美国的全称是美利坚合众国（United States of America），也有人说美国总统更多的是管理世界（外交和军事），而不是管理内政，就是这个道理。

理解美国城镇自治这个概念，对于理解美国的多元化是很重要的，同时对于理解美国官员和市民之间的关系也是很重要的。总统与普通市民的那种互动体现出来的平等，你可以理解成作秀，也可以认为是基督教的"上帝之下，众生平等"，但最重要的是因为整个社会构建的基石，就是"自治"。各级官员的权力都直接来自选民，政客们的各种表演，各个政党的主张，归根到底都因为那张小小的选票。

# 8. 美国不是没有福利，福利都是留给穷人的

不少人冲着对发达国家高福利的美好向往移民美国，到了美国才发现其实什么福利都没有。是的，从某种角度上说，美国的福利是所有发达国家中最差的，不同于欧洲那种全民福利，美国的福利制度是专门针对特殊人群的"穷人福利"。

前段时间有一位来自西雅图的朋友来加州找我喝咖啡，感叹加州的福利政策好。她说她在华盛顿州就没看到周围的朋友谁能享受到社会福利的，所以就认为加州的福利政策要比华盛顿州的好。当然美国各个州的法律是不一样的，所以福利政策存在差异也很正常。但当我细细听完，发现两个州的福利政策差距并不像她说的那样大，因为她只是从她自己的家庭以及她能够接触到的阶层去判断华盛顿州的福利。她和她老公都是微软员工，而她的家庭交往的朋友也都是美国中产阶级，所以在他们看来，美国的福利就和他们这些中产阶级完全没有关系。

对于社会福利来说，首先会提到医疗福利。以四口之家为例，按照加州2015年的标准，家庭一年的总收入在33465美元（联邦贫困线24250美元的138%）以下才可以申请医疗白卡（Medi-Cal，拥有者由政府支付全额保险），年收入从33465美元到51654美元（联邦贫困线的213%）的家庭，可以申请奥巴马健保，其中保险费的94%—73%由政府补贴。如果是0—18岁的儿童，那么申请医疗白卡的条件可放宽到家庭收入64505美元（联邦贫困线的266%）以下，如果你的家庭年收入高于97000美元（联邦贫困线的400%），那么什么福利都将与你无关。

所以从社会福利最重要的医疗福利来看，这位来自西雅图的微软朋友就属于

美国社会常常挂在嘴边的那种"夹心饼",福利与他们是无关的,但是稍微动一动政策,往往却是会动到这些中产阶级仅有的那一点奶酪的。比如奥巴马健保改革,其实伤害最深的就是他们,由于健保改革增加了保险公司的责任,改革后整体的商业保险的保费大幅提高,对于完全不能享受到政府补贴(如果符合奥巴马健保条件会有最高达 94% 的补贴)的他们来说,负担显然加重了。

她向我吐槽,奥巴马健保之前,微软公司为员工交的医疗保险是可以完全覆盖所有医疗开支的。而奥巴马健保之后,他们的医疗保险就变成了每次门诊要自己支付 35 美元。我当然很清楚这里的原因,我说不是你们的保险被奥巴马健保政策修改了,而是健保改革之后,所有商业保险的保费都大幅提高了,因此微软公司原来的费用没法帮你们买白金计划,只能给你们买第一个档次的商业保险,所以才会出现这种状况。

如果奥巴马健保的医疗保险补贴,这些微软员工都没法享受到,那么其他需要更低收入才能获得的社会福利,就更加与他们无关了。

美国的穷人福利,除了医疗白卡还有什么呢?一个是食品券(SNAP,补充营养援助计划)。还以加州的四口之家为例,家庭每月收入低于 2498 美元,同时家庭总存款不高于 2000 美金的家庭,可以申请食品券,每月 632 美元①,这些钱每月会打入一张磁卡中,可以在绝大多数超市消费,但只能用于购买食品。

还有一个是现金券(CAPI,加州现金补助计划),这个福利仅在加州有,我那位西雅图朋友说的加州的福利比华盛顿州更好指的就是这个。但是要想拿到这项福利,除了家庭总资产不高于 3000 美金外,也是只能给到 65 岁以上老人或者残疾人的。

还有什么福利?据说如果你无家可归同时身上只有不到 100 美元,可以立即到福利局申请一处公寓赖以安身,但是这些福利是要基于你真的属于穷人的基础上。

有人问,如何才能判断出他真的属于穷人呢?不错,近年来在华人文章中总能看到华人冒领福利的事情,我们就把刚才提到的几类福利做个分析,看看冒领

---

① 按照洛杉矶的饮食标准,这个费用足够一家四口每月食品开支。

福利这件事存在哪些技术性难度。

　　首先，就是那个很重要的指标——"家庭收入"，这个收入不是你填一份表格说自己有多少收入，或者让某单位打个证明就可以验证的。美国属于个人报税的社会，也就是说除了公司需要每年做账向国税局报税之外，个人也必须完整做出一整年的账本然后在每年的 4 月份之前向国税局报税，所以美国的会计师要比中国的好赚钱，因为家家户户都需要做账报税。

　　那么隐瞒收入报个低税其结果又会如何呢？是的，有人这样做了，但是这样做是有代价的。美国的财税制度对于个人来说是环环相扣的，绝大部分的老美都是用支票或者银行转账交易的，到了第二年整理上一年银行账单流水时，每一笔进账都将作为你的收入报备，美国很少出现找人过账这类事情。我也提醒过新移民们不能像国内那样帮别人存钱什么的，不是说不可解释，但解释起来非常麻烦。当然有些进出账务是通过公司走的，或者是通过 1099 报税，最后可以以收入和费用的方式抵消，但即使通过公司也最好不要直接过账，那是需要有特别说明的，别说国税局这关难过，即使是稍微负责的会计师那里，都很难过关。

　　其次，上面提到了美国的财税体系环环相扣，每年的报税不仅仅会影响你的退休金，也直接和你的个人信用挂钩。如果你要贷款买车买房，那么贷款方能很容易查询到你的信用，有时也会要求你提供上一年度的报税情况。甚至申请父母来美国探亲时，最好也附上你比较有优势的报税收入情况。

　　如果还有人说这些我都不在乎，我就希望能拿到白卡、食品券等福利。好吧，即使这样也不是那么简单的。食品券和现金券都有个人家庭可支配资金不超过 2000 美元和 3000 美元等限制，严格的审核部门是会查你名下的所有资产和银行账户的。对于真的穷人来说，你让他们银行账户多 2000 美元不容易，但是对于伪装的穷人来说，让他们的账户一直控制在 2000 美元以下也是很不容易的。当然有些人会搞些小动作，家里存些现金什么的，但这种提心吊胆的行为往往也长久不了。

　　美国的财税体系、个人信用体系是很完善的，环环相扣。对于那些冒领政府福利的行为，可以倒追你 10 年。特朗普政府上台之后，福利方面是越卡越紧，对于违规行为当然也是越查越严。

在美国，家庭可支配的资金一定是经过合法纳税的，这一点的严格程度和其他国家是不同的。了解投资移民的朋友都知道一个词叫"验资"，验什么呢？就是这个资产的合法来源，其中最重要的就是在当地政府完整纳过税（包括个人所得税）的资产。美国个人敢放在自己名下银行账户的钱，都是经过年年报税纳税之后的资产，无论收入还是花销都经过清清楚楚的报税，资金想多放也没有，想少放也很困难。

所以有时身边会听到一些"在美国当穷人很幸福"的言论，但是还是在那个环环相扣的严密体系下。几乎所有的人都不会希望自己名下始终没有任何资产，不能买房、买车。那些领社会福利的绝大多数家庭都处于一种不幸的过渡期，他们真的需要这种社会福利作为他们在特定时期的援助。

其实人生命运起伏不定，每个人也都会担心在某个阶段成为弱势群体，你可能会面临失业，甚至意外丧失劳动能力，美国社会这种专门针对弱势群体的援助，是一种很好的社会稳定剂。

# 9. 严重的拉斯维加斯枪击案，也很难让美国"禁枪"

距离 2017 年最重大的拉斯维加斯枪击案已经过去 3 个月了①。如果你现在身处拉斯维加斯，也已经完全体会不到 3 个月前那恐怖血腥的一幕了。整个拉斯维加斯依旧霓虹闪烁，车流如水，繁华无比，2017 年的国际消费电子展（CES）的展会甚至比上一年扩大了 3 倍。

来往的人群匆匆，从他们脸上洋溢出的灿烂笑容看，似乎这里是最安全的消费天堂。

但是就在当地时间 2017 年 10 月 1 日，在拉斯维加斯发生了震惊全美的大规模枪击案，死亡 59 人，受伤至少 527 人，这是美国历史上单起伤亡最大的枪击案。当时现场正在举行乡村音乐节，露天广场上聚集了 2 万多人，进行到最后高潮阶段时，著名歌手杰森·阿尔丁（Jason Aldean）压轴演唱，这时候枪声响起，枪手躲藏在露天广场对面的曼德勒海湾酒店 32 层，从窗台上架起机枪向下扫射，整个血腥的扫射过程长达十几分钟。

枪手计划周密，射击地点隐秘，甚至在楼道和房门外都安置了监控摄像头。虽然警方在枪击案发生 12 分钟后就锁定了枪手位置，并成功拖住了枪手不再向下射击，但是到最后调集 SWAT（即特殊武器与战术）攻破枪手房间大门时，已经过去了 75 分钟。枪手只有一位，在警方攻入房间的最后一刻，他饮弹自尽，留下无数谜团。

枪手是一位来自内华达州梅斯基特市的 64 岁男性，警察在他的房间中发现了至少 23 把枪械以及大量的弹药，很明显这位枪手是经过了精心的准备和周密

---

① 本文的写作时间为 2018 年 1 月。

计划的。但是让人诧异的是，警方最后的调查结果是，这又是一起"孤狼犯案"。这是一位在拉斯维加斯拥有两套住宅，并且拥有一架小型飞机的小富翁。而且事后通过对这位枪手的亲朋好友的访谈，根本无法得出此人是危险分子的任何预兆，甚至完全没有任何心理疾病历史。邻居、女友称他"为人和善"。但就是这样一匹"不引人注意"（枪手弟弟对他的评价）的孤狼，却在最后搞不清任何原因的情况下，创造了美国历史上伤亡最重大的一起枪击案。

因为枪手已经自杀，而拉斯维加斯是靠旅游业、博彩业运转的城市，所以整个事件过去半个月后，拉斯维加斯又恢复了往日的繁华。不过，这件事情还是引起了美国社会的诸多反思。比如枪击案发生时，在做压轴演唱的歌手杰森·阿尔丁，他一直是忠实的拥枪一族，事件发生后他也开始改变他的观点，开始支持限枪。内华达州很多人也开始反思本州关于枪支过于宽松的法律，因为枪手拥有的是强大火力的枪支，而这些都是符合内华达州的法律的，这让内华达州政府以及一些拉斯维加斯的酒店开始研究枪支的管控措施。

那阵子，我连续去了拉斯维加斯两趟，看出这个城市仍然处于蓬勃的发展期。相对于洛杉矶已经处于历史高峰期的房价，拉斯维加斯的房价仅仅爬上了2007年以来的高位，不少地产开发商甚至认为其是美国目前唯一一个值得进入的城市。繁华之下，我也感受到了它微微的变化。很多酒店和赌场门口开始贴上禁止携带枪支进入的告示，这在枪击案之前是没有的，之前很多枪手把20多支轻重武器大摇大摆地带进酒店房间，也是合法的。而张贴枪支禁入的标识后，绝大部分的枪支携带者，也都开始遵守新的规定。我的一位朋友是枪不离身的，我们在进入酒店时，他反复看着周边的标识，最后还是转回车上，卸下武装进入酒店。他说有些酒店并没有要求枪支禁入，但是要逛街的话，还是卸下武装吧。

拥枪和限枪，在美国是讨论不完的话题，哪一派都说服不了对方，而且哪一派也都明白现状几乎是无法改变的。即使发生如此严重的枪击案，无论是特朗普总统还是州议员，也都没有把"限枪"这个观点提出来。这里大家需要看仔细的是，拥枪的反对派仅仅是"限枪"，而不是"禁枪"。"禁枪"在美国是根本不现实的事情，所以各个州根据自己的民意，的确可以在"限枪"的方向上或严或松，但是"禁枪"这个话题几乎是不讨论的。

◆ 美国三分之一的家庭拥有枪支　　　　　　　◆ 拥枪和限枪，在美国是讨论不完的话题

从法律上看，民众拥有枪支是被写入宪法的。每次枪击案后，都有外围舆论高呼"全民投票"来禁枪，这种呼吁只能说是对美国法律的误解。美国法律中是没有"全民公投"的，即使有志愿机构愿意出来组织，最后的结果最多也只是民意调查，而不能产生任何法律效力。如果要修改宪法，那么除了联邦参众两院三分之二的多数通过外，还要得到四分之三的州议会的多数通过。1789年以来，只有27个宪法修正案获得通过。

有人可能仅仅从自己主观上认为绝大多数人一定是希望禁枪的。事实可能恰恰相反，美国有三分之一的家庭是拥有枪支的，很多家庭持有枪支的观念是一代代传承下来的，美国人可能在很小的时候，就拿上小猎枪跟随着爷爷奶奶、爸爸妈妈一家人到郊外狩猎。像阿肯色州、得克萨斯州，到这些州的银行开个账户，银行甚至会赠送枪支给你，类似在中国开户送你一桶油。到了狩猎的季节，学校甚至是放假的。所以在美国很多地方，拥有枪支已经成为一种流淌在每个人血液中的传统了。

当然美国也是很典型的资本主义国家，利益集团也会在很大程度上左右舆论，军火生意是美国高利润行业。根据2017年数据，美国有42%以上的家庭拥有一支或多支枪①，从"每年有大约100亿子弹在美国生产"②就可以知道这个行

---

① 数据来源：https://www.statista.com/topics/1287/firearms-in-the-us/。

② 数据来源：https://www.marketplace.org/2013/02/26/business/guns-and-dollars/billions-bullets-cheap-and-unregulated。

业的利益集团有多强大。

一位联邦众议员曾经说过这样一件事。他亲历了一个拨款案的选择：一条提案是拨款给美国疾病控制与预防中心（Centers for Disease Control and Prevention，CDC），用途是研究枪支问题给社会带来的心理疾病；另一条提案是拨款给兔子做腿部放松按摩。结果最终拨款给兔子的提案成立，而研究枪支的提案没有通过。还有一个提案也很能说明问题，美国安全系统对可能的恐怖人员都列有一个观察名单，在这个名单上的人是不可以上飞机的，有个提案提出通过法律来禁止名单上的人购买枪支，结果这个提案在国会没有通过。

所以无论从法律、社会传统的角度，还是从美国利益集团的角度看，在美国"禁枪"都是一件绝无可能办到的事情。当然"限枪"这个议题，在不同的州，特别是民主党的蓝色州已经逐步越来越严格了。

加州就是民主党深蓝色的"限枪"州，加州人民在使用枪支上被诸多限制。我的很多朋友都是热爱枪械的，他们常常哭诉加州持枪的种种限制。加州的枪是不可以有连发功能的，看上去是把连发的枪，但是其连发功能却被"阉割"了。而且无论是手枪还是长枪，弹夹都只能有一半。2018年后，政策更加严格，很多枪支不能购买。所以身边有很多朋友在2017年末紧急从外州购买，但是买完也不能打啊，洛杉矶的枪只能驱车4个小时去拉斯维加斯打，而且运输也不方便。所以加州的枪械爱好者们的热情就这么被狠狠地压抑住了。

在这么严格的枪支限制制度下，加州就成为美国最安全的州了吗？也不见得，从历史的枪击案来看，加州的枪击案反而高于持枪自由度比例高的得克萨斯州、阿肯色州。所以有一种说法是，作奸犯科的人是不会守法的，法律也限制不了坏人，只能限制守法的人。而从作案者的角度看，他们是愿意去一个大部分人都拥有枪支的地方犯案呢，还是愿意到一个大部分人都没有枪支的地方作案呢？答案是显而易见的。

美国是个自由的国度，但是有些自由是需要付出代价的，枪击案频发已经让枪支问题和医疗问题一样成为美国两大顽疾了。目前来说，这个问题看不到任何解决的希望。

# 10. 华人在美国是否受到了歧视

华人在美国是否受到了歧视？这个话题是很敏感的，但也的确是很多人在追问的。这个问题如果去问在美国的华人，答案估计也不会是一致的。地域不同（中部保守州的答案与东西海岸的答案会不同）、登陆美国的年限不同（问老移民，答案都是肯定的；问新移民又觉得不会）以及在美国所从事的行业不同，答案也会各不相同。

为什么会有这样的差异呢？首先大家要界定一下"歧视"的概念。歧视分为显性歧视与隐形歧视，在美国不大可能会有显性歧视，因为公开发表歧视有色人种、同性恋以及各种弱势群体（流浪汉、行动不方便者）的言论是会被告上法庭的。现实的情况是，还没等被告到法院，只要一经媒体披露，即使你是大型上市公司的拥有者，也会被迫卖掉股份退出公司。当然这里的"有色人种"，主要指非洲裔美国人。近年来每一起涉及非洲裔美国人的"歧视"事件，口无遮拦者都是以"惨败"告终。所以有色人种，包括亚裔，是不会被人"显性歧视"的。

与显性歧视对应的，就是"隐形歧视"了。什么叫隐形歧视呢？有一个很著名的实验：当你走上一辆公交车时发现有两个位子，一个位置旁边是白人，一个位置旁边是黑人，如果你这时候选择了白人旁边的位置，你就涉及"隐形歧视"了。

所以如果是这种"隐形歧视"，应该说哪里都有，就算相同的民族，内心都可能存在地域或者行业的"鄙视链"。我的一个朋友讲过一件小事：一次他和小孩坐电梯，中途上来一个黑人，膀大腰圆，他就下意识地把孩子往身后拽了一下。结果被那个黑人看到了，那个黑人就很不满，他对孩子说："你父亲这样做是非常不对的。"我们听到这件事时，都觉得如果自己遇到这种情况，肯定也会下意识地做这个动作的。是的，这就是典型的"隐形歧视"。

关于歧视，有句话大家应该很熟悉："我最讨厌两种人，种族歧视者与黑人。"所以这种藏于内心的鄙视链，其实是跨种族、跨地域、跨行业地存在的。

在华盛顿 DC 时，我专门驱车去了一个少年时认识的大哥家。他 20 多年前登陆东海岸，混迹于各种圈子，身边几乎全是老美朋友（他住在华盛顿 DC 附近，这里华人比较少）。他现在说一口地道英文，在家里与女儿也是说英文，但是也在非常用力地督促孩子学习中文。他的孩子是个 ABC（出生在美国的华人），他非常清醒地意识到，孩子如果长着一张华人的脸，但又不会说中文，是非常吃亏的。那些在新移民面前表现出所谓"混白人圈"的人，他一眼就能看透，也是非常不耻。

他说他女儿出生在美国，因为住在马里兰，所以从入学开始，班上就始终只有她一个华人。现在已经 7 年级了，虽然他们家的条件是越来越好，现在他们住的几乎是马里兰最贵的区，上的也是马里兰排名前三的公立学校，但是他女儿身边的白人朋友却慢慢地越玩越少。这一点，他女儿很明显地感觉到了。上了新的学校后，他女儿会听到一些"Chinese girl"的字眼，她就非常生气，认为自己出生在美国，一直是在白人环境成长，怎么突然被人贴上标签？她当时觉得受到了歧视。

应该说这就是极为典型的 ABC 困局。我朋友自己混迹在美东 20 多年，手下员工、客户都是白人，因为我和他相识多年，他对我也直言不讳。他觉得老美对华人是有差别心的，但是他没有用到"歧视"这个词，而是更为准确地用了"势利眼"这个词。

他的感受也是很准确的，白人可以和你谈生意、做同事，那种十多年来与他一周见三次面的非常要好的客户、同事，他们从内心里还是不会与有着华人面孔的人去做贴心的朋友。

"势利眼"这个词他用得非常准确。这其实包含了两方面的信息，一是"隐形歧视"，他的朋友以及他女儿的少年朋友，绝对不会去明显地表达什么不尊重，但是你不能制止他们与谁玩得更好些。当然他女儿因为身边都是白人同学，所以现在也还是有几个特别要好的白人同学，但是他们都很清楚，大趋势来说，白人还是更习惯于玩自己的种族圈子的。

"势利眼"的另外一个含义,就是老美很实际。从生意上来说,如果你提供的产品或者服务性价比更高,他们一定会选择你,或者他们想进入你的商业圈,也会和你建立良好稳定的关系。但是谈到更多的贴心交流,就不像我和他这样即使五年见一次面,也能促膝长谈,掏心掏肺。

他说这些,我都是不意外的。虽然他在东海岸的华盛顿 DC,我在西海岸的洛杉矶,但是这类感受,我其实听身边很多朋友聊起过。甚至一位台湾的 ABC 朋友都会说起,他们住在洛杉矶的南帕萨迪纳(South Pasadena,白人居多的富人区)的一位邻居也是 ABC,几年前觉得自己混得不错了,就举家搬到了贝弗利山庄(全是白人的超级富人区)。结果两年后又搬回了南帕萨迪纳,聊到原因,归根结底一句话,还是因为这张面孔很难真正融入进去。

所以关于华人在美国是否受到歧视的问题,准确地回答是显性歧视不会有,但隐形歧视,你没法避免。这一点老移民又比新移民感受得更多,因为中国之前的贫穷落后,当然也因为早些年美国那种公开的显性歧视比较多。这些年中国强大之后,各个方面都有所改善,无论是宣传中的国家形象,还是老美们看见了新移民们带来的钱,以及新移民、新旅行者的一些新面貌,这些都让老美对于华人的态度改善了很多。

这也就解释了关于"歧视"这个问题,在美国中部的保守区域和现在与中国交流更多的东西海岸之间的差距,也解释了新移民与老移民对这个问题的解读存在差距的原因。

关于"歧视"这个问题,我想阐述一下我的一些个人观点。

美国社会是存在"歧视"的,即使现在不敢有公开的"显性歧视","隐形歧视"也无法避免。不过这种社会问题,也并不是针对华人的。说白了,是白人社会针对有色人种的,当然华裔是包含在内的。近年来因为非洲裔美国人领导了美国民权运动,他们在每一起具体的"歧视"事件中都团结抗争,所以黑人现在也的确为整个有色人种争取到了相当多的权益。

其实,有色人种内部也是满满的"鄙视链"。华人因为自身的努力,整体经济状况不错，所以也别不承认存在着对西裔（墨西哥人）和非洲裔（黑人）的"隐形歧视"的潜意识。再进一步说，华人内部也有"鄙视链"，当然这个问题这几年随着中国的国力强盛，现在已经不明显了。但是早 20 年来美国的老移民中部分台湾人、香港人对大陆人的"鄙视"，也是真实存在的。这几年来的中国大陆新移民，几乎每一个都是带钱来消费的，因为不看人家脸色，所以也完全不在意别人怎么想，这就是我常常说到的"内心的强大"。

"歧视"除了刚才说到的显性与隐形，其实还分为"行为性歧视"与"肤色歧视"。我们日常生活中其实很多是"行为性歧视"，新移民或者来旅行的国人朋友，因为不习惯美国的社会规则，有时会被人"皱眉头"。但是记住了，这是因为你做了某些行为导致的"行为性歧视"，不是因为你是华人。说实话，老美根本看不出来你是中国人、韩国人，还是日本人。

这里给大家的建议是，入乡随俗。先问清楚当地社会的规则，不要带着国内一些不好的习惯来美国，被纠正之后，又开始玻璃心，啥事都往"肤色歧视"上扯，然后把国家民族都"拉下水"。

美国没有二等公民，但归根到底也还是有更高阶层的"丛林法则"。

二战后的犹太人到美国时，他们留下一些经典的话可供今天的华人借鉴。他们说：**"我们如果要获得这个社会的尊重，别人能做到 10 分，我们必须做到 100 分。"** 也就是说，作为一个新到的民族，不是仅仅做到这个社会正常的 10 分就可以了，而是要做出远远超过这个社会的平均贡献，你才能够得到这个社会的认可。犹太人就是这样做的。

美国人是崇尚英雄的，你表现得好，他们就会欣赏你。无数的华裔英雄证明了这一点，像功夫巨星李小龙，电影导演李安、吴宇森，"花滑天后"关颖珊等。当然无数的黑人运动明星、歌坛巨星们也都更加证明了这一点。

所以，美国没有所谓的"二等公民"，一个少数族裔，只要有一个人成为美国的英雄，那么这个族裔就会被人关注。如果有一群人能够在各个方面交相辉映，那么这个族裔就一定能够得到美国社会的尊重。

最后说一点，美国是个小世界，这里是全球各个民族、种族、国家相互竞争的舞台。白人们以他们几百年来对世界的贡献，奠定了当今世界的秩序。中国大陆 40 年的发展固然有目共睹，但是拉到世界这个舞台竞争时，还需要再接再厉。我们不可妄自菲薄，也不宜盲目自大，更加不能有外强中干的"玻璃心"，越是真正强大的民族，就越能够坦然接受各种批评。仅仅靠要求别人施舍尊重，而自身实力不佳的民族，其实还是不能真正屹立于世界民族之林的。

在这个具有高阶层"丛林法则"的世界中，比抗议"歧视"更好的做法，就是做好自己。

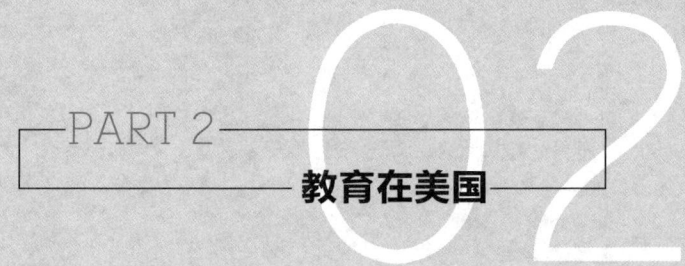

PART 2

**教育在美国**

# 1. 西方教育是宽松教育吗

我们高中同学有个群，有一次大家突然开始晒起孩子的书包。因为同学们分布在世界各地，中国、新加坡、美国、加拿大都有，所以晒孩子的书包这件事儿就显得特别有意思。中国孩子的书包不仅大而且很满，新加坡孩子的书包也不小，目测那重量不比国内孩子的轻，而北美的孩子从书包上看就轻松多了，要么是个小书包，要么书包内就没放啥东西。

的确是这样，我们家大女儿目前上 2 年级，每天早晨都是我送她上学的，所以她的书包我很清楚，的确不小，可以双肩背也可以拉杆拖。但里面日常装的东西就没什么了，唯一有重量的是她的水壶。其他和学习有关的就是一个纸皮夹，里面会放几张极为稀薄的作业（还是一周的作业）。还有就是学校发的通知有时会带回来，剩下就没有什么了。有人会问，书呢？没有书吗？

是的，Yuna 的书包里从来没出现过课本，从 K（相当于幼儿园大班）到 2 年级，学校都是发一页一页的作业纸。有些人说美国小学是有课本的，但因为太厚太重，都是放在教室里的。的确他们有这么一本很厚的书，有一次 Yuna 也带回来过，但那也不是课本，只是练习册，而且还不是属于个人的，是属于学校的。这个年级的孩子上完，要留给下个学年的孩子用，是重复使用的。

没有课本，作业又少，所以才有了美国是孩子的天堂的说法，事实也的确是这样。美国孩子的作业少、活动多，看上去美国的教育是非常宽松的。所以国内才会有很多文章，提出对西方宽松教育的质疑。而新移民家庭在刚到美国的一段时间内，也总是对孩子在学习方面与国内的反差感到非常不安。

那么，以美国为代表的西方教育到底是不是宽松的呢？实际上这是个大误区。为什么这么说？我们可以分成不同的学习阶段来细细分析一下。

国内很多文章在质疑西方教育，包括之前很热门的 BBC 的纪录片《中国老师在英国》，这些文章和视频都先把美国大学以上阶段排除在外（类似的题材都是对比中西教育下的初中生）。因为接触过美国大学生的人都很清楚，美国大学阶段的学习是极其辛苦的。与国内严进宽出的情况相反，美国的大学是非常严格的，有相当比例的美国大学生最终是没有拿到大学学位的，大学阶段的学生的毕业压力可想而知。而继续往上，硕士、博士这些学位的获取更为困难，否则也不会屡屡发生学生因为不予毕业而枪杀教授的惨案。而大学以上的教育阶段，就成果来说，以美国为代表的西方学府也囊括了绝大部分的学术成就。所以，在这个阶段，没人会说西方教育是宽松教育。宽松教育是培养不出这么多诺贝尔奖的获得者的。

我们往前推，美国的高中阶段有四年（9—12 年级）时间，这个阶段的美国孩子的辛苦程度其实和中国的孩子是有得一拼的。但差别在于，中国学生面对的高考是一考定胜负、分数定胜负，美国学生除了需要以高中四年的综合成绩来申报自己心仪的大学，分数之外的东西也占到很大比重，如才艺、社会活动以及为申请大学而撰写的申请文章等。

美国学生中学阶段的学习计划，是在初中阶段就全部完成了（美国的初中绝大部分是 6—8 年级）。所以无论公立高中还是私立高中，高中阶段他们都会花很大的时间和精力去累积分数之外的综合素质。如果你某个分项目的体育成绩在全美的排名是在 100 名之内的，那么这个优势足以让你申请到任何名校。如果你是学校的啦啦队队长，那么你申请的大学可能会看中你的组织和领导能力。所以当中国的高中生在做习题、拼分数的时候，美国的高中生不仅是简单地拼分数，还要拼才艺、拼社交，塑造自己与众不同的那块长板，整个四年时间都在为最后的申请大学做准备。这样看来，高中阶段的西方教育也绝对不能算是宽松教育。

我们继续向前推，美国的初中阶段是很明显的转折期。如果说美国从 K 到 5 年级的小学阶段属于"宽松教育"的话，初中阶段就是孩子们进入快跑的助力阶段。这个阶段不仅要学完中学期间的全部学业，还要在自己的才艺、综合能力上重新做出选择，抛弃那些最终可能不会使其长期发展的才艺和课外活动。这里提到的"长期发展"其实也就是从务实的角度看，不可能在这个项目上形成自己的优势的课外运动或者才艺。

◆ Yuna 参加的舞台剧表演

在比较重视教育的家庭中，会让孩子在很小的时候就开始广泛地接触各种各样不同的领域：绘画、钢琴、舞蹈、棒球、跆拳道、击剑、游泳、体操、歌剧、演讲……不好意思地提一下，这些项目，我的大女儿都有学过。只有让她一项一项地去接触体验之后，她才能知道自己到底擅长什么。当然很多项目我们家长也能看得出来，比如歌剧。Yuna 在 6 岁时参加过一个大型的、对外卖票的歌剧演出活动，活动第一天是在所有报名的小朋友中挑选角色。有一个和她同样年纪的白人小女孩，她一开口我就知道《灰姑娘》的主角——辛德瑞拉肯定不会是我们家 Yuna 的了。再比如 Yuna 也学过 Hip-Hop（嘻哈音乐舞蹈）。在一群小朋友中，黑人孩子的乐感和身体协调能力就是比其他孩子强，这世上有一样东西，叫作天赋，你绝对不能忽视它。

◆ Yuna 的击剑课

◆ Yuna 的体操基本功

在孩子从 K 到 5 年级的阶段，如果家庭条件允许，他们会有机会这样不断地接触和测试，最后在初中阶段完成定型。孩子往往到了高中阶段就只能保留一到两个才艺，其余的只能慢慢地放弃了。我们一个朋友的孩子正处于初中到高中的阶段，他爸爸说孩子之前有两个专长：高尔夫球和游泳，但他很快要放弃高尔夫球了。因为孩子的成绩进入了瓶颈期，总是超越不了那些白人孩子，所以现在就专攻游泳了。

除了课外的才艺，在学习方面，与中国一样，美国也有很多天才儿童。和 Yuna 一起学习舞蹈的一位女同学，她哥哥就是个少年天才，13 岁时就自学完大学的全部课程。对于这样的天才儿童，加州政府在洛杉矶专门成立了少儿大学实验班，用以安置这些天才孩子。这位天才孩子的妈妈说，等到她哥哥年满 17 岁，就会直接进入伯克利，而且直接上硕士班。这个家庭其实是个很普通的华人移民家庭，爸爸一个人工作养家，经济并不宽裕，家里甚至没有电视，但满屋子都是书。Yuna 的这位舞蹈班同学目前上 3 年级，不仅熟读英文著作，还喜欢看中国的古典小说，已经完整看完了《三国演义》和《水浒传》。

所以当我们沉浸在《中国老师在英国》或者之前网上大热的丹麦纪录片《丹麦9年级Z班VS中国初三13班》时，我们必须要知道，在西方社会，对于初高中学生的综合要求，不仅仅是简单的科目考试分数。其实国内很多文章只是节选了纪录片中检讨英国教育或者丹麦教育的部分内容，忽视了纪录片中肯定本国教育以及对于中国大班制和老师单向输出教育方式的评论。两个纪录片我都完整看过，做得很客观，既认可本国的小班制、学生主动式的教育方式，也提出了中国式的增加学习时间对于丹麦教育可能产生的影响。所以我们不能从纪录片中体现出来的部分学生的分数不如国内学生，或者英国、丹麦的班级课桌椅摆放得比较杂乱，学习时也没有保持一个端正的坐姿，就认为西方教育就是宽松的。

说到宽松教育，中西方的教育在儿童时期（3—5岁）的差异的确是巨大的。中国的孩子很早就开始学习知识，比如背诵古诗、学数学、学英文等。而美国的孩子在这个年龄段看上去玩得比较多，但这不等于完全没有学习。除了学习字母、画画和简单数学外，美国的孩子在这段时间更多地会被引导要有爱心、不能撒谎、对人要"Nice"、学会"Say Sorry"、学会排队等。

当然，在低龄阶段，美国的孩子在知识领域相对掌握得要宽松些。但是美国教育认为这个年纪的孩子，更应该塑造性格和培养规矩。像遵守游戏规则、不撒谎，代表一种秩序感；不允许推搡同学、对人有礼貌，则是建立一种对外接触的友好界面。老师在这些规则上对孩子是很严厉的，我家小女儿Lynn的性格与姐姐截然相反，她好动，所以常常被"Time out"（面对墙壁或者到室外罚站）。问了几次原因，多数是因为推搡其他小朋友。

除了学校的教育之外，我们再来看看美国的家庭教育，我们常常会觉得美国家庭对孩子很宽容，母慈子孝的样子。孩子读书时无论采取怎样的坐姿家长都无所谓，吃饭时也比较随意。在孩子很小的时候家庭就把选择权交给了他们，总是对孩子进行鼓励，孩子甚至可以对家长直呼其名。当然，这些也不代表美国家庭对孩子的放纵。

◆ 从小养成劳动习惯

在家庭内，孩子被训斥和"Time out"也是家常便饭。被训斥的原因大多数是没有遵守约定的规则，当然不同家庭对于规矩的宽严有着不同的要求。有一次我们全家出游，在一个酒店的大堂，当时 Lynn 才 1 岁多，她爬上了大堂的沙发，正在上面翻滚，她对面也站着一个和她同龄的白人小孩。那个小孩惊奇地看着 Lynn，一脸羡慕和渴望的样子，但就是不敢爬上来。很明显，他们的家教比我们严格得多。

来到美国旅行的朋友，一定会在路上遇到这样的美国孩子：他们像极了小大人，很懂礼貌，不小心碰到你的身体一定会说"对不起"，擦肩而过时也一定会打招呼，如果你在他后面出大门，他一定会用手挡住门让你出来，再艰险的路也都会自己坚持走下来。这些其实都是在孩子很小的时候，家庭严格教育的结果。在公众场合，我经常看到美国家长教训孩子的场面，当然在美国打孩子是犯法的，但是将哭闹的孩子强行带离餐厅，或者在公共场合厉声呵斥，也是时常会遇到的场景。

所以大家看到懂礼貌的美国孩子、看到出成果的美国研究生时，不应该被他们表面宽松的现象所误导，没有什么是可以"随随便便成功"的。在目前的美国社会，华人孩子不仅仅是在学习成绩上，在其他各个方面均表现出了优异的成绩，这些不仅与华人家庭重视教育有关，也是与华人"虎妈"式严格管教分不开的。

当然，美国是个千差万别的小世界。不同的家庭，不同教育方向的学校正在培养着千差万别的学生。但总体而言，美国教育是幼儿阶段立规矩，小学、初中阶段尝试发现自己的专长、训练自己的抗压能力，以便能够适应高中、大学阶段那种高强度的学习环境，这就是美国教育的主旋律。

# 2. 从"申请哈佛"谈这个时代孩子的珍贵性格

进入哈佛学习，无疑是万千父母对子女的巨大期许之一。那么哈佛大学录取学生的标准是什么呢？是品学兼优吗？以下这篇文章给出了很好的答案。文章的作者 Judith M Amory 是一位把两个孩子送入哈佛大学、一个孩子送入耶鲁大学的母亲，当然她和孩子的父亲本身也都是从哈佛大学毕业的。

申请哈佛：一个母亲的经验[①]

在美国，申请大学会是一段可怕的经历。当然并不是所有的人或者大多数的中学生都是如此，超过一半的美国中学生会继续接受某种美国高等教育。原因是本地的社区学院一般会接受所有的申请学生，而大多数的私立学院或者大学，也会接受所有或者几乎所有的申请学生。但事实上很多学生在9月的学年开始时，仍然焦急地寻找学校。

不过对于那些励志进入精英学校的学生来说，情况则大为不同。申请的关键时刻到来之前的数年里，这些学生和他们的家庭已经在梦想着获得这些大学的入学通知单了。有极端的例子是，有家长为了自己的孩子最终进入哈佛（或者耶鲁、斯坦福），而为他选择相应的幼儿园。

在这些被仰慕的大学中，哈佛是最顶尖的，并不是因为她必定比对手优秀，而是因为她是美国最古老的、最有名的和最富有的学校。所有人都听说过哈佛，

---

[①] 资料来源：https://www.thecrimson.com。

因此所有那些想让自己或者孩子获得最佳教育的人，都会把哈佛列在目标名单上，而且通常是排在第一位的。如此一来，哈佛常常每年收到 2 万份申请书，竞争她所提供的 1900 个本科学位。在这些申请者中，即使不是全部，至少也大部分都是自己高中班上的状元学生。这些学生不但体育、艺术、音乐成绩显著，社区服务的记录也非常优秀，受到老师、社区领袖甚至名人的极力推崇，而且具备许多其他的才能。那么哈佛如何决定录取谁淘汰谁呢？

哈佛，以及其他美国顶尖的大学都希望自己录取的学生具有鲜明的、多样化的性格特征，所以他们会从不同背景的申请人中挑选自己想要的学生，即不同种族、不同国籍、不同经济社会群体，如果你不属于那种典型的哈佛申请人，那么其实你已经拥有了一个优势了。下一步入学申请委员会就会挑选出那些无论对学习和生活都具有强烈兴趣和高度责任心的学生。虽然申请表中会列出所有表明该学生资格的各项活动和奖项，但是，委员会怎么判断这些不是为了进入大学而编撰出来的"纸上谈兵"式的承诺呢？他们靠的就是学生的申请文所提供的依据。

学生和家长们应该都知道这一点，所以他们往往不会指望一个 17 岁少年本身的能力。如今，在网络上或者其他地方，声称能"编写"学生申请文的机构正大行其道。我曾经发现，有一家机构以 14000 美元的价格提供全年的入学申请协助，以及以每小时 229 元到 329 美元的价格提供钟点服务（这些服务由入学审核委员会负责人提供）。

而大学这一方，他们会尽力清除掉那些找过高价代理帮忙的申请文，并且精心挑选出那些出自学生内心、由其本人撰写的申请文。虽然他们鼓励高中辅导老师或者家长和朋友透过阅读申请文为申请者提供意见，但他们同时也颇精于判断是否有申请者以外的人代笔撰写。如果你来自一个非英语国家，你得谨慎行事。委员会将会判断，你是否能够熟练地运用英语来表达自己及完成大学要求的工作。但除非他们知道你曾经在英语国家生活或者学习过，否则一份用语精确、毫无语法错误的申请文，会使他们认为那不是你写的。因此，不要刻意追求完美的英语。

我的三个儿子都申请了哈佛，而且都被录取了。下面是他们撰写申请文的一些经历。

我的大儿子高中时代沉迷于战略幻想游戏。这些游戏现今是在网络上，而那时候则要求参与游戏的一组人进行面对面的会议讨论，创造出他们自己的国家、人物以及历险故事。玩这种游戏不会有很大的收获，而且肯定会占用学习时间。假如他不那么沉迷于这种游戏，他的成绩还会更高一些。然而，这些游戏是他的热情所在，他写的也正是这些游戏。在文章中，他描写了为使自己的角色和幻想世界更真实生动而做的种种尝试，以及这些尝试是如何导致他对中世纪历史产生浓厚兴趣的，还提到了他为此所做的相关阅读和研究工作。或许那时候很多哈佛申请者都曾经玩过这些游戏，但我大儿子 Patrick 对游戏的满腔热情感动了入学审核委员。因此，尽管他被几所声望稍逊的大学拒绝了，最终却被哈佛录取。后来，他在大学里主攻历史，并继续在剑桥大学攻读中世纪历史的博士学位。

我的二儿子在写申请文时碰到的麻烦要少得多。他是一位音乐家，自然写的就是音乐。在文章里，他描写了参与勃拉姆斯弦乐四重奏的演出经历。逐步地，他描写了四个演奏者如何互相应和，领奏权如何在乐器间轮转，演奏者如何逐渐感受到他们这次演出的无与伦比，以及那一点一点积累的兴奋如何感动他们，引导他们坚持心无旁骛地努力演奏得更好，直到最后乐曲终了，大家带着狂喜会心相视的胜利时刻。这样的描述也可用于某一成功的戏剧演出或体育赛事。虽然我不是音乐家，但在看这篇文章的时候，我觉得自己平生第一次明白了与人合奏音乐的滋味。我知道他将会被任何一所他申请的大学录取。事实也是如此。他选择去耶鲁，现在是一支著名弦乐四重奏乐队里的小提琴手，并且在美国最著名的音乐学府——茱莉亚音乐学院任教。

我最小的儿子当时为自己写什么踌躇不已。不像哥哥们，他没有什么强烈的兴趣爱好。他是一名好学生，但不特别偏爱某个科目；他喜欢运动，但不是一个出色的运动员；他喜欢唱歌和演戏，但没有足够的才华使他可以二选一作为职业。最后他也决定写音乐——但不是从演奏者的角度去写，而是以聆听者的身份去写。在文章里，他比较了勃拉姆斯和柴可夫斯基，透过分析前者的作品主题和变奏手法，他认为勃拉姆斯是更胜一筹的作曲家。他也被哈佛录取了，主攻音乐。经过几年的作曲生涯，他决定投身医学院，现在很快就会成为一名医师。

对于申请哈佛的学生或者申请任何一所美国大学的学生，我能给的最好建议是：自己亲自写申请文。申请委员会会重视的是，那些真情流露、充满热情和展示奉献精神的文章。我的小儿子还让我想起了一件事，我曾经只协助他写其中一份申请文，那是一所比哈佛逊色的学校，也是唯一一所拒绝他的学校。的确，没有人比你自己更能写好一篇申请文。

Judith M Amory

这是一篇值得全文分享的文章，除了对于正在申请美国大学的家庭有指导意义外，其实我更看重作者的三个孩子在申请哈佛和耶鲁的过程中展现出来的珍贵性格。

有人说，这位母亲的三个儿子均被哈佛录取和他们出自哈佛家庭是有关系的。就像是比尔·盖茨的书不会告诉你他的外公是个银行家，母亲是美联储的高管、IBM 董事；巴菲特的书只会告诉你他 8 岁就去参观纽交所，但不会告诉你是他当国会议员的父亲带他去的，而且是高盛的董事接待的。所以很多人会认为在美国上名校其实是有钱人的游戏，很多富豪通过给名校捐款，从而将他的孩子送进名校。

不可否认，哈佛家庭对于孩子更为精致的培养、精英圈层相互之间的推荐，这些因素的确是进入哈佛的有利因素。但是正如文中叙述的，2 万份申请背后都是美国最为卓越的家庭和申请者，最后的录取只有不到 2000 人，所以如何从这么低的录取率中脱颖而出，家庭和圈层的因素并不是最终的因素。甚至如文中所说"如果你不属于那种典型的哈佛申请人，那么其实你已经拥有了一个优势了"。

哈佛的历年录取数据也很说明问题。2016 年哈佛新生中，来自公立学校的新生占到 60.5%，剩下的 30% 多由私立学校、教会学校等来瓜分[①]。这个数据否定了那种说法——美国的公立学校是留给平民和底层民众的，只有收费制的贵族私立学校才能把孩子培养进名校。另外一个数据就是哈佛新生的家庭中拥

---

① 数据来源：https://www.jianshu.com/p/582b56f6335c。

◆ 扎克伯格读哈佛期间，曾经住过的宿舍楼

有哈佛毕业生的比例只占到14%[①]，这个数据也粉碎了那种只有哈佛家庭才能培养哈佛学生的传闻。

而我本人接触到的哈佛家庭，他们的孩子也恰恰就是美国公立学校培养出来的，而且仅仅是最为普通的5分高中（公立学校最高分数是10分）。他们的家庭也是极为普通的华人家庭，父母是20世纪80年代举家移民到美国的，英文基础差，平时也基本忙于工作。按他们父亲的话说，从孩子小学5年级之后，家庭能给予孩子学习上的辅导，就完全没有了。他们的大女儿一直是高中的啦啦队队长，2016年被哈佛录取，2017年他们家儿子也正在写哈佛的申请文。

作为举世公认的名校，哈佛对于新生的录取标准，从某种程度上可以代表目前美国社会对于优秀人才的认定。而通过这位哈佛母亲的文章，我们看到，她的三个儿子并非都是那种成绩特别好的，但却是各具特色的，他们是以自身的独特性吸引了哈佛的考官们。

那么，在美国社会中大家公认的这个时代的孩子最该拥有的珍贵性格有哪些呢？

首先是对这个世界的好奇心。不要小看了好奇心，它的范畴其实是涵盖了兴趣、学习和探索等这些对成长最重要的促进因素的。

有一位居住在美国的朋友，他的儿子无人机玩得特别好，已经达到世界级水平。后来这个孩子又开始玩竞速飞行，就是那种戴着面罩控制无人机急速飞行的玩法。无人机上有摄像头，可以把飞行图像实时传到面罩上，几个玩家一起比赛，当然这个孩子又把这种玩法玩到了骨灰级别。玩到高处自然是寂寞，在美国玩这

---

① 数据来源：https://www.jianshu.com/p/582b56f6335c。

项运动而且玩到这个级别的，大多都是三四十岁的人，而这个小孩只有 13 岁，却进入了世界顶级的发烧友群体。他小小年纪已被美国的很多实验室预约为实验室助手。当然这个孩子的成功，和我的这位朋友一直很支持孩子的兴趣爱好是分不开的。

另一位朋友的小孩喜欢玩各种各样的蜘蛛，还可以自己培育蜘蛛，有一次他把用火柴盒装着的特殊小蜘蛛带到了中国，居然还卖了很高的价钱。但他的母亲很担忧，认为这个孩子不务正业。但后来我上面提到的那位朋友对她说："你的孩子是天才啊。这个大冷门被他玩得那么好，不是天才是什么？该好好培养他啊。"这时这位母亲才恍然大悟，也许她孩子的这个兴趣将来也能"玩"出一片天地。

是的，恰恰就是这种看起来像在"玩"的学习方式，就是因为孩子拥有对这个世界的好奇心，使得他们能够集中注意力在自己的兴趣上，这样就能比普通的学习更加深入钻研，从而走出"非同寻常"的一条路。所以拥有好奇心，绝对是孩子在这个时代最珍贵的性格之一。

**第二是孩子要拥有受挫的能力。**中国的家长总是过于关注孩子的成功，希望孩子从起跑线开始就一路领先。其实人生路很长，开始跑得快的人，常常不能一直领先到终点。人生路也总是会遇到磕磕碰碰，那些意外和失败或多或少，或早或迟，也一定与幸运和成功一样，伴随孩子终身。面对挫折、失败，如果有一颗平常心，明白今天得到一些、明天失去一些都是很普遍的事，那么孩子就会锻炼出面对生活的抗击打能力。父母毕竟不能保护孩子一辈子，对于年轻人来说，失败并不可怕。

美国的一位首席大法官——约翰·罗伯茨，应邀在一所中学的毕业典礼上致辞，这篇《儿子，我祝你不幸且痛苦》的致辞[①]，可以说是金玉良言：

我希望你能时不时遭受点不公平对待，
只有这样，
你才能体会到公平的价值所在；

---

① 文章来源：https://zazhi.qunba.com/wenzhang/212039，有中英文对照。

我希望你能品尝几次遭背叛的滋味,

你才能领悟到真诚的重要;

我希望你时常体会到孤独,

你才能知道,朋友对你好,并不是理所应当的,人家并不欠你的;

我希望你能倒霉几次,

你才能知道机遇、运气的意义,

你才能知道,你的成功或许只是运气,别人的失败也不是活该;

我希望当你失败的时候,

你的对手能冷嘲热讽、幸灾乐祸,

你才能知道,有风度的竞争是多么重要;

我希望你偶尔被人忽视,

你才能知道,学会尊重、倾听是多么重要;

我说的这些事情,其实早晚会在你的生活中发生,

能不能从中吸取教训、有所收获,

就看你有没有听懂我在说什么。

**第三是独立思考的能力和质疑世界的精神**。如果你到美国家庭做客,就会发现在美国成长的孩子大多很独立。这种独立首先是思想上的,即使是很小的孩子,也常常非常有主见。这和美国家庭培养中,把孩子当成普通的个体对待有着很大关系。国内的教育大多数是把孩子当成孩子对待,家长特别的保护,其实是剥夺了孩子自己选择、决定事情的能力。

每个孩子都是不一样的,他们自己有着对这个世界的认识和审美。我家两个女儿,她们每一次的选择总是不同的,姐姐喜欢明亮的色调,比如女生都爱的粉红色、紫色,但妹妹却与众不同地喜欢暗色调,比如棕色和黑色。有时我们对妹妹挑选的颜色很费解,会多问一句:"你确定吗?"她每一次的回答都非常坚定,而且在购物后也的确一直喜欢这种花色。这种情景是从小女儿2岁多就开始的。

电影《当幸福来敲门》中有这么一个桥段,男主角在天台和5岁的儿子打篮

球,当孩子说他想成为篮球明星时,爸爸习惯性地和孩子说希望他能够有些更务实的理想。话刚出口,爸爸就立刻醒悟过来,于是说出了我认为片中最为经典的那段台词:"别让别人告诉你,你成不了才,即使我也不行。如果你有梦想,就要去捍卫它,那些一事无成的人,想告诉你,你也成不了什么大器。但如果你有理想,就要努力去实现。"

很多人觉得目前这个时代变化太快了,你还没来得及适应这个崭新的复杂的世界时,它又以一个更快的速度更新为更复杂的世界了。即使为人父母,站在这个"唯一不变的就是变化"的时代,我们也真的很难帮助孩子一辈子不会遭遇挫折。但是我们也许可以通过一点点的努力去保护孩子对这个世界的好奇心,让孩子能够拥有承受生活重击的能力,培养他们独立思考的能力,以及哪怕一点点的敢于质疑这个世界的自信。

这个纷繁复杂的时代,到底是最好的时代,还是最坏的时代,取决于你是以一种进取的心态、学习的心态去融入,还是总希望借助以往的资本和成绩去保护未来。孩子的未来不是父母能够计划的,只有孩子自己才能去掌握。

那个我们都看不透的未来,也许是孩子们最好的时代。

# 3. 双语启蒙教育的担忧与思考

现在国内有一个很热的词——"双母语",这比双语教育更进了一步。

我们知道大部分人是单一母语的,比如美国孩子的母语基本是英文,中国孩子的母语基本是中文,后期通过外语学习,可以达到熟练掌握两种或者两种以上语言的程度。一些家长还会更早地让孩子去接触第二语言,这都是属于第一语言加第二语言的形式,称为"双语教育"。

什么是双母语呢?就是两种语言都是他的第一语言,不是先会一种语言再学另外一种语言,而是可以同时学习和运用这两种语言。这是双母语的解释,大部分中国家庭对此是很羡慕的。

在美国这边的华人家庭,其实大量是双母语的。比如我们家,孩子在家里说中文,但是一到上幼儿园的年龄(大概 3 岁),就开始说英文。现在我们家的这两个孩子,Yuna 和 Lynn 在听和说上,都可以做到中文和英文的自由切换,很多华人的孩子都是这样的。但就是对这种让国内非常羡慕的双母语的孩子,居然在社会上也出现了各种担忧,这是怎么回事?

首先我们通过两篇文章来了解下这个问题。第一篇文章的题目是《不恰当的双语启蒙可能毁掉孩子一生的思维和表达》,作者是一位华人,居住在德国。小孩出生在德国,这个家庭先前认为,孩子在家说中文,在外面说德语,这种方式很好,能达到很多人梦寐以求的双母语的效果。后来,这个家庭却改变了观点。

作者在文中举了几个例子,其中一个是男孩凯的故事。凯的父母来自中国,父亲是理科高才生,母亲则没什么文化,凯 2 岁时,一家人跟着父亲去日本留学,凯就进入了日本的幼儿园,于是凯在家里说中文,在幼儿园说日文。不过三年之后,父亲去了美国,凯也跟着进入美国的幼儿园,因为离开了日语环境,就不说日语改说英语了。可是三年后，父亲又去德国读博士后，于是凯的家庭不断地变换着语言环境。到了凯 10 岁的时候，给人的感觉是越来越不会说话了，问他问题时，看得出他急于表达，却表达不清，非常痛苦。他在自己支离破碎的母语语言系统中，无论如何也整理不出完整的思路，甚至表达不清想表达的意思。

这就引发了作者的思考，就是母语到底是单一母语好还是多母语好？究竟是像一个桶，有一定的容量，满了就会溢出，还是像一棵树，越多的枝杈，就越能开枝散叶？那些能够同时掌握多种语言的人，究竟是一种怎样的学习力，才能做到既不影响思维能力又能学好各门语言呢？他在这方面进行了一些思考，也接触了一些多母语的家庭，他得出了自己的推断：一是同时进入母语区的语言，不管有多少，主导思维的语言只有一种，就是你的思维语言，我们姑且称之为"强势母语"；二是对这个强势母语掌握的精深程度，决定了你思维的深度。

这篇文章引起了很多关注，当然也有很多反对的观点，我也找到了一篇反驳上述观点的文章，简单介绍一下。

这篇文章基本上从各个方面都对上篇文章进行了反驳。上篇文章的第一个推断，即同时进入母语区的语言不管有多少，主导思维的语言只有一种，下篇作者是不同意这种说法的，还列举了学术界的几种观点予以说明。对于第二个推断：对强势母语掌握的精深程度，决定了你思维的深度。下篇作者则认为，这个推断是毫无根据的，母语是否强势与思维的深度没有必然联系，也用一些论据进行了论证。他还把上篇的两个例子拿来分析，结论是两个例子不能支撑上篇的观点。

双母语会不会导致两种语言都不伦不类，都是半桶水的问题，下篇作者认为不会。他说："我们不会怀疑学数学或者学一门乐器对孩子发展的帮助；我们不会怀疑学钢琴或者学绘画会占去脑部的空间，导致孩子其他方面发育迟缓；可我们却担心多学一门语言会占掉空间。"他认为双语儿童在思维和智力上不存在劣势。当然双语儿童有短板，在于词汇量，小的时候如同样 3 岁的儿童，双语儿童的英文词汇量，比单一英文家庭的词汇量确实要少，但这个情况会随着年龄的增长而改变。

第一篇文章写出了一种担心，所有海外华人家庭都存在的一些担忧，即确实担心两种语言都没办法做到精深。之前可能没有人从这个角度去思考这个问题，所以他的文章观点还是很新颖的。

比如说在美国的华人家庭，我们也有对孩子的英文的担忧，就像美国当地电视台里面说到的，"你不得不承认，华人家庭孩子的英文词汇量要低于全英文家庭。例如捆绑收纳袋的那个小铁条，全英文家庭的孩子都能说出叫什么，它有一个专门的词。但是大部分华人家庭的孩子说不出这个词"。这就是词汇量的问题，华人孩子的词汇量，就显得不如全英文家庭的孩子。

也有华人家庭更担心中文学不好。记得前一段时间听到洛杉矶电视台的两位主播聊到这个话题。他们为了加强孩子的中文，用了很多办法，包括送孩子去中文的补习班，甚至每年暑假把孩子送到国内学习。但是他说到了很重要的一点，就是如果没有兴趣，就会变成逼孩子去学中文。这个孩子到现在，也并没有如他们所愿，能够很好地掌握中文。

我们家也有过这种担忧，那么这种担心的存在是不是代表我们都认同第一篇文章的观点呢？错了，相对来说，我更认同后一篇文章。一是强势母语并没有重要到能够影响思维的地步，二是双母语的短板完全可以用其他方式弥补。

我们的孩子 Yuna 和 Lynn 都是双语体系，典型的双母语了。虽然中文接触得早，英文接触得迟，但从 Yuna 目前的情况看，她在学校全部说英文，在家里又全部说中文，可以熟练掌握这两种语言，自由切换。我们的小女儿 Lynn，她从小在家里一直说中文，然后送她去幼儿园，之前我们还很担心，觉得她会不会英文不好，听不懂老师的话，从而跟不上大家。结果我们把她送去后老师说 Lynn 的英文很好，没有任何问题。我们想她的英文应该就是跟姐姐玩的时候，比如从小看英文动画片，姐姐在看，她也跟在旁边看，耳濡目染中学到的。到了幼儿园也不需要太多的语言交流，所以给老师的感觉是 Lynn 的英文很好。如果是这样，我们家的两个孩子，都是不用担心英文的。

那么中文是我们今后唯一担心的，不过 Yuna 在喜马拉雅开的中英文的节目《Yuna Story Time》中，她的中文表达得很清晰，完全没有问题。我说担心她们的中文，其实是担心读和写的能力。我以前去美国的成人学校学英文的时候，主要是去练口语的，但课堂上还有很多其他国家的学生是去练认字的，他们说得非常流利，但是读写不行，我则是读写还可以，口语和听力不行，语言的学习是包括听说和读写的。

身边也不乏这样的例子。一些朋友家的孩子，之前也担心孩子中文不好，后来就用讲故事的方式去培养孩子的兴趣，培养孩子看书的习惯，最后孩子能看《三国演义》、金庸的小说了。只要到这个程度，我觉得就没有问题了。

关于上篇文章提到的双母语会不会出现混乱的问题，我觉得应该不会，至少在 Yuna 身上没有发现这个问题。在 Lynn 身上会有混着说的情况，但就算她中英文混着说，也可以把意思表达清楚，我不认为会影响她今后的思维。当 Lynn 到了姐姐现在这个年龄的时候，她应该是可以区分这两个语系的。我们说话时，也有中文和英文混合说的情况，这个我认为不是混乱，只是为表达得更快捷。例如很多名词中文不好表达，比如儿童安全座椅，英文的表达就非常简单，是"Carseat"，还有去餐厅吃饭，称那个较高的儿童椅子为"Highchair"。双语混用，绝对不会影响表达，也不会影响思维的深度。

华人的家庭，无论是在中国还是在美国，大家都是极其重视孩子的教育的，甚至会为了孩子去做出一些重大的决定。所以关于双母语的担忧，是华人世界存在的一个有意思的话题。当然本篇文章重在讨论这些观点，至于强势母语和双母语的优劣，也是因人而异，因家庭而异，也看对孩子语言的重视程度。

# 4. 美国家庭如何为孩子选择学校

孩子上学，是选择公立校还是私立校？这个问题摆在美国家长的面前，是一道很严肃的选择题。

这不仅仅是孩子教育的问题，还涉及家庭所在的社区环境、家庭经济条件等，更涵盖了家长的教育观念和希望孩子将来往哪个方向发展的期许。所以这道题，孩子参与的概率并不大，主要是家长根据自身家庭条件和自己的期望而做出的决定。和中国的家长一样，这个问题在美国也不是随随便便就能解答的，往往也是在孩子没出生前，家长们便开始谋划了。

在美国，孩子在 3 岁之前基本是家庭教育。即使是私立幼儿园，大多数也是从 3 岁的 Preschool（类似国内的幼儿小班）开始招收。绝大部分的公立小学在小学 1 年级之前都开设有 Kindergarten（类似国内的幼儿大班或者学前班），招收年满 5 岁的孩子。近几年来，一些经济好、师资力量强的城市，也开始在 Kindergarten 之前一年开设 Transition Kindergarten（简称 TK，类似于国内幼儿园的中班），招收 4 岁的孩子。

美国公立校的好处是学费全免，甚至没有书本费、学杂费，唯一的费用就是每天 4.5 美元左右的午餐费。不过公立幼儿园（指 TK 阶段）的上课时间也就是上午 3 个小时，所以大部分孩子在 5 岁之前基本上是在私立幼儿园度过的。我们家孩子读过的和正在读的两家幼儿园在洛杉矶当地算是比较好的，价格分别是每个月 750 美元和 830 美元。

我们家大女儿 Yuna 就是在私立幼儿园度过了来美国的过渡期。上午 8 点到下午 6 点全天上课，让她很快度过了语言关。很多家长都会为孩子初到美国后如何适应当地的语言环境而担忧，但大女儿 Yuna 却过渡得很顺利。所以，虽然我们现在居住的学区的公立校也开设有 Kindergarten，但我们还是选择让小女儿 Lynn 在私立幼儿园读到过 4 岁。

关于入学年龄的时间点，加州是一刀切在了 9 月 1 日，之后差几天出生的孩子只能到第二年才能上学了。

孩子上公立校还是私学校，主要焦点集中在学前班（Kindergarten）到高中这几个阶段。我自己的孩子正好处于可以选择的年纪，而之前很多规划也没有完全定型，如果我们选择公立校，那么在购买房子时就必须考虑购买学区房。是的，美国也是有学区房的。与旧金山人口密度过大，即使在学区内也需要通过抽签方式来确定能否上心仪的学校不同，洛杉矶的学区基本上可以完全保证学区内的孩子（可以是房主，也可以是租客）上这个区的学校。

美国的公立校和私立校的发展其实是很平衡的。从考入排名前 10 位的大学的学生比例来看，即使类似哈佛这样的名校，其 2017 年招收的学生中也有 60.5% 来自公立高中。所以免费的公立校并不像宣传的那样，是培养平民阶层的，而收费高昂的私立校，也不是人人都能进入精英大学的，更不是人人都能成为社会精英的。也就是说，无论公立校还是私立校，都有好学校，也都有非常差的学校。

这就使得选择公立校还是私立校，对美国家庭来说也是个值得认真思考的问题。针对这个问题，我曾经请教过身边几位朋友，他们根据自身的家庭状况都有着非常明确的答案，但从理由到结果却各不相同。

第一位朋友，他是做地产的，他的职业习惯直接影响了问题的答案。他毫不犹豫地说孩子应该上公立校，买学区房。他认为学区房不贬值，就算以后小孩全部上了大学，房子拿去卖的时候，也是不愁卖的，这是刚需。因为是学区，孩子也可以上一个 10 分的公立校①，这有什么不好？他说他也不要求小孩一定要考上什么名牌大学，开开心心就很好。这位朋友的观点其实代表了大部分华人的观点。

在洛杉矶也的确有这样一种现象：华人集中的地方，学区往往就好。一方面

---

① 美国的公立校由教委评分，10 分是最高分数，8 分以上的都算不错的公立校。

华人家庭注重教育，注重成绩，带动这个社区提升了学区品质。另一方面当然也可以说是因为学区好，所以华人才会搬过来。值得一提的是，近来很多新移民家庭来到美国之后，常常是直奔满分的学区，这在一定程度上推高了目前满分学区的房价和租金。其实 8 分以上的公立校整体水平就很好了，孩子在 8 分左右公立高中上学而最终考上名牌大学的，我身边也有不少。

与第一位朋友的中产阶级家庭背景相比，第二位朋友的家庭经济状况更好些。他们家目前住在穆赫兰道（烧脑影片中排名第一的电影《穆赫兰道》就出自这里）旁边的那座山，他的工作圈和生活社区完全是白人圈，他也建议上公立校，但是他选择的角度跟第一位不一样。他认为公立校像个社会，因为公立校是只要住在这个区的孩子都是要招收的。既没有高额学费作为门槛，也不会筛选家庭背景，所以学生的情况参差不齐，有出自富裕家庭的，也有出自一般家庭的，甚至也有出自像父母吸毒或者坐牢，孩子由其他人监护这种特殊家庭的。

所以第二位朋友的观点是公立校就像个社会，让孩子早一些去接触各式各样的人，对孩子今后进入社会有好处。他认为私立校通过不同层次的学费，甚至有些热门的私立校通过筛选孩子及家庭，已经把学生比较细致地分成了不同层次，使得同一间私立校内的学生类型太过单一。另外，私立校对于学生的纯学业抓得很紧。当然私立校对小孩的保护比公立校要好得多，肯定不会存在高中吸大麻这种情况。但是，我这位朋友的观点恰恰是，不应该对孩子保护得太周到，应该让孩子早一些进入社会，那些私立校的种种保护反而会让孩子将来进入社会后产生不适应感。

第三位朋友，是我非常尊敬的一位大姐，她在美国是个大律师，2016 年曾经入选全美律师协会的十大律师。她读书时读的是私立校，所以当我问她的时候，她回答得斩钉截铁，告诉我一定要让孩子读私立校。因为她的回答和我之前问过的朋友的答案反差很大，所以我就告诉她其他人的选择，她说她其实很理解其他人的选择，但她还是不避讳地说出她的观点。她说在美国其实是有阶层的，当你把小孩送进这个学校的时候，其实不仅仅是给他选择了学习环境，还给他选定了社交圈子。如果在公立校，那么就是各种各样的孩子都有，但如果在私立校，其实你就为孩子定义了一个大致的社交圈。

前一阵子我看过一篇文章，说历任美国总统表面上都在讲如何促进公立校的教育发展，但是没有一个人是把自己的孩子送进公立校的，总统的孩子全部读的是私立校。历史上只有卡特总统在特定的历史时期，把他的女儿送进了以黑人为主的学校，显然这种做法背后包含有一定政治目的。从这一点也可以看出，美国确实是有阶层的，优势阶层的家长总希望为他们的孩子规划出一定社交圈。

不过美国还算是一个阶层不固化的社会。以哈佛为例，在 2017 年入学新生中，有 17.1% 的学生是来自家庭年收入超过 50 万美元的孩子，同时，也有 12% 的新生是来自年收入低于 4 万美元家庭中的孩子①。

关于公立校和私立校的选择，在孩子成长的不同时期会成为家庭之间讨论的话题。有的家长认为孩子 K-8 年级或者 K-5 年级，应该上公立校，这样会让孩子比较早或者说在学业不怎么紧张的情况下，能够去接触这个社会。然后在高中需要学习的时期，去读私立校以加强成绩，为考大学冲刺。这种家长认为，这样既可以考到一个比较好的大学，又不会耽误孩子接触和认识社会。

但也有家长给了一个截然相反的建议，他们认为小孩应该在 K-5 年级上私立校，把学习的基础都打好，养成良好的学习习惯，以及那种追求优秀的心态。然后到了后面高中四年再上公立校，让他们有更多机会去接触社会。

虽然答案各异，不过我也发现他们无论选择公立校还是私立校，都有自己十分充足的理由。毕竟这种选择要受到家庭教育、经济现状以及所在社区等一系列因素的影响。所以，看似很多选择，可真到选了才发现选择性也并不大。正如一位资深教育人士对我一语道破："公立校其实是一个不错的选择，因为好的私立校根本就没有名额留给中途插进来的新移民的孩子。"所以综合自己的各方面条件后，我心中有了答案。

---

① 数据来源：https://www.jianshu.com/p/582b56f6335c。

# 5. 美国的学区房，你了解多少

众所周知，中国家庭重视教育，而大部分美国家庭也重视教育，好的学校谁都想上，所以与国内一样，美国也有学区房的概念。如果你是带着孩子的新移民家庭，登陆美国后的第一时间除了买一辆车子外，应该迅速确定的就是你准备生活在哪里，而这个具体的住处应该也是围绕孩子的学校来最终确定的。

说到美国的学区，基本上是指这个城市内有很好的公立校。公立校的教育是免费的，而住在这个区内的孩子（无论是买房还是租房），都可以登记上这个区的学校。因为教育资源是免费的，又是好学校，所以这个区域的房价也就相应比其他的区域高一些。这就是美国的学区房了。

学区房的价格与周边的区域有很明显的差别。以洛杉矶为例，可以说房价的高低是按学区的归属范围来划分的，而不是按行政区域来划分。这样说是因为大部分学区和行政区并不完全重合。比如加州第一学区圣马力诺（San Marino），这个学区的范围除了圣马力诺市之外，还跨了圣盖博市（San Gabriel）一部分区域，而它覆盖的这部分房子，和旁边的房子虽属于一个城市，但是价格差别巨大，这就是学区的作用。

更准确地说，每个学校都有自己的招生区域范围，不要从感觉上去判断自己买在了这个城市，就一定是在这个学区。我们看到售卖的房子离某个著名的高中很近，也并不代表这个房子就一定是划分在这所高中的招收范围内的。

我们通常会通过"Zillow"这个手机 App 来查询每个房子的具体学校划分，甚至可以查询到房子所属学校的分数。

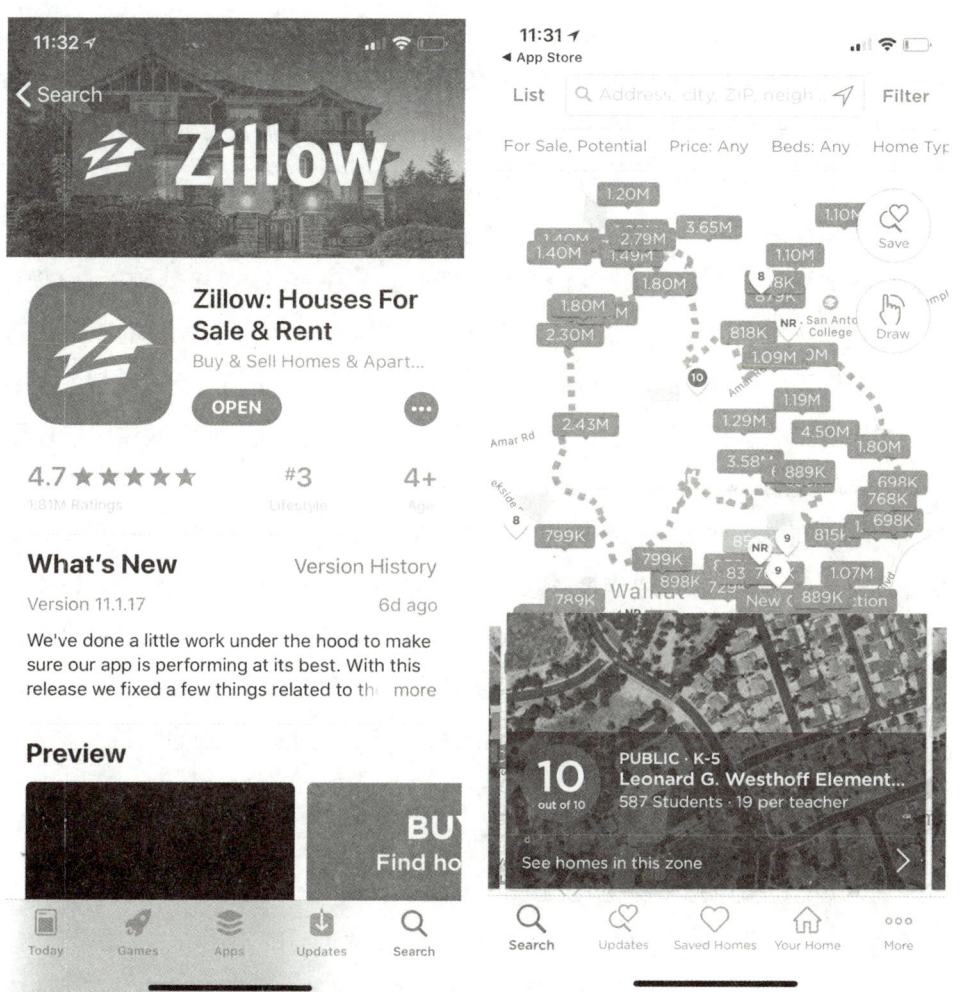

◆ Zillow 是美国西海岸最常用的买房租房的软件　　◆ 10，代表满分为 10 分的学校，虚线内是其学区

公立校是由一个统一的分数来评价的，从 1 分到 10 分，这个分数州教委根据一系列的指标每年评定一次。以加州为例，1999 年加州开始实施学区评估系统，这个系统的全称是学术表现指数，简称 API（Academic Performance Index）。这个指标不仅会参考学生的各科成绩，还会参考学校的历史背景、家长的教育程度、学区是否具有特色教育科目、家长联合会的活跃度等。

加州公立校评价体系的基础是 API，然后根据评价的分数进行排名，进入前 10% 的学校的指数就是 10 分，而排在最后 10% 的学校指数就是 1 分。我一直认为没必要一定选择 10 分的学校，8 分以上的学校综合质量其实就可以了，剩下的是要去匹配学校的教学特色与孩子的个人情况了。

如果具体来判断一个房子所在的学区价值，其实又分为小学（Elementary School，K—5 年级）、初中（Middle School，6—8 年级）、高中（High School，9—12 年级）三个阶段。这三个阶段需要分别查看其学校的评分，而一个区域是否具有更高的学区价值，往往看其高中学校的价值。所以很多人会接受小学和初中的学校比较一般，而高中分数相对理想的区域，毕竟高中阶段才是冲刺大学的最后一棒。

但是也有极少数的家庭反其道而行之，就是 K—11 年级都在很好的学校学习，但是最后一年，反而特意把孩子调到了教学极其一般的区域和学校。有些人甚至把这种方式玩到极致，直接从加州搬到了经济很差的州。这种玩法看懂了吗？

应该承认，这种玩法的家庭大部分胸怀大志，都是冲着名校去的。因为名牌大学在各个州、各个城市都有大致的名额计划。这些家庭考虑到他们的孩子在人才密集的好学区很难脱颖而出，所以换一种打法，到学分相对差的区域，他们的成绩、经历以及特长反而会更突出，从而能够选择自己更理想的大学。

绝大部分的美国孩子都是就近上学，因为美国的城市小，教育资源相对丰富，学校离家的距离基本上也就是 5 分钟车程。所以绝大部分的学区和住家是重合的，但也有极个别的情况是住家和孩子所在的学区是分开的。我所知道的，有两种情况可以到别的学区申请入学。一种情况是，父母的工作单位在该学区，当地教委会考虑家庭接送孩子的便利性，从而同意这种申请；另外一种情况是，如果你的所在地属于非常差的学区（低于 4 分），你可以向附近学区提出申请，如果这个学校还有空余的名额，那么该区域的教委也会同意你的申请（我身边有过这样的真实案例）。

以上提到的学区情况，是大部分美国城市的状况。比如上面提到的，在这个区域买房子或者租房子就可以进入这个区域的学校，但不排除个别地方比如旧金山并非如此。

刚到美国时，我到达的第一个城市就是旧金山，我们很爱这座城市，但后来还是选择搬到了洛杉矶。除了旧金山房价和生活成本高之外，还有一个原因，就是即使房子买在当地，也不能够保证进入好的公立校。我的一位高中同学住在旧金山的戴利城（Daly City），他们是自己买的房子，但是他们的孩子最后却决定去一所私立校，主要原因是他们那个区域的公立小学需要抽签入学，估计中签率不高，所以他们直接放弃了抽签，上了私立校。

在洛杉矶华人比例大的城市中，往往学区也都很好。在一次聊天中，有人提了一个问题：是因为学区好，所以华人都集中到这些区来，还是因为华人集中到了这些区，所以这些区就变成学区了？我想二者兼有吧。

值得一提的是，除了华裔家庭普遍重视教育外，其他亚裔家庭对教育的重视程度一点也不亚于华裔家庭，韩国妈妈和印度妈妈也大多是"虎妈"。而目前的学区中，大家只看到了华裔的比例，留心一下你就会发现这些学区，亚裔的比例也是很高的。

当然也有人意识到了评分高的学区，目前已经成为华裔扎堆的区（洛杉矶的几个 10 分的学区，目测都是亚裔占比超过 50% 的区），提出更加愿意去人口结构更加多元化的区，即使这些区的评分不是 9—10 分。这个观点我是赞成的，只是人口结构多元化、地理位置好、治安好、购物方便的区大多不便宜。而目前能够买得起的，又好像都是华人，所以华人的流入也非常快，伴随而来的又是新一轮的房价升值，学区更好，华人流入更快的循环。

# 6. 留学美国，你做好准备了吗

每年的 6 月份，是美国的毕业典礼季。网络上有一篇由一位伯克利毕业生的妈妈撰写的文章《妈妈在伯克利毕业典礼上却说：这四年我孩子没有适应伯克利，伯克利也没有记住他》[①]，点击率很高。

她的孩子在伯克利上学，但是准备去读医学院。可以看出孩子是很优秀的，然而结果却并不令人满意，妈妈也检讨了自己的失误。这是很值得注意的，对于国内希望把自己的孩子送到美国，培养成社会精英的那部分家庭，有非常好的学习和借鉴意义。这位妈妈说的最重要的一句话是："美国的教育的确是最先进的，而且也是美国成为世界老大的原因。然而在接受这种教育的时候，我们做好准备了吗？"

这个家庭在去伯克利之前的申请工作，做得相当不错。但出去之后的学习，他们就觉得完全处于一种失控状态。可以看出，主要问题还是出在出国前的申请阶段，也就是说，他们并没有做好留学的准备。男生在去了伯克利之后便认识到：第一他不应该去伯克利，伯克利太优秀了；第二他不适应那里的教学方式，老师不怎么讲课。

我们在洛杉矶认识的一个家庭，和伯克利妈妈遇到的情况非常相似。这个家庭是在女儿上初中的时候移民过来的，在洛杉矶开着一家餐厅。女儿已经收到了伯克利发来的录取通知书，结果她却没有选择伯克利，而是选择了加州大学圣迭戈分校。她的家人也曾劝她去读伯克利，但女儿的想法是非常明确的。她说："我不会去伯克利，像伯克利那样的学校，压力会非常大。"对此她是很了解的，所以她更希望去一个适合的地方，而不是去一个更优秀的地方。她觉得这样可以有

---

① 文章来源：https://pt-br.facebook.com/chineseindc/posts/1278514358842941。

更多的时间和精力去参加一些活动，能过得更开心，也更有信心去读她所选择的大学。反观那位伯克利妈妈，我更加认为这名女生的决定是对的。

那么是伯克利教得不好吗？恐怕主要在于教育方式的不同，造成了那名男生不适应伯克利教学的结果。中国的教育是有统一教材的，基本上是把所有的知识都讲给你，学习上更依赖于老师的讲授。美国的教育却很不一样，就像上面所说的，甚至没有教材，主要都是自己通过各种渠道去查资料。而且不是所有问题都有一个标准答案，美国这边更鼓励学生带着思辨去学习，最好能有自己独特的见解。这就需要学生拥有自学的技能和更多的阅读量。美国的学校对于小学生阅读量的要求是很大的，比较而言，国内要求会低很多。一方面是因为国内课业紧张，做完作业就已经很晚了，没有更多时间去阅读。另一方面是国内带有明确阅读等级的出版物不多。美国这边的学生书籍则更多，他们通过书籍和互联网可获取的知识也更多。

很多学生到了美国这边才知道，真实的留学是一种什么样的情况。也只能等读完之后，才把经验总结出来。事实与他们之前心中所想和所希望的，可能会有较大差距。然而孩子的青春是不可逆的，所以要把孩子送出去的家庭，真的要充分了解美国的教育、社会和文化，同时了解自己的孩子，再做出国留学的决定。

目前的留学生家庭，他们大部分是什么样的，以及这些过来留学的孩子是怎样的呢？我觉得有一段话说得非常好：" 申请到美国排名前 50 名的学校读书的孩子，并不是所谓的挥金如土的富二代，他们只是一群孤独前行，撞得头破血流也要打开一条路的十八九岁的孩子。而他们的背后也不是什么土豪，而是倾尽所有，也要给孩子一个看世界的机会的家庭。"

这段话用来定位现在来自国内的留学生家庭是非常准确的。

前一阵子，我的一名同学委托我帮忙找洛杉矶这边的一些教育资源。他的小孩今年上初三，他希望送小孩到美国来留学。这个就是那种家境一般的中产阶级家庭，但是他希望小孩子能够走出来。我和他交流后发现，他只是满腔热情地有这个想法，其他什么准备都没有，对这边的情况也完全不熟悉、不了解。

他家孩子属于比较小的留学生了，和那位伯克利妈妈讲到的大学阶段的还不太一样。他要做的准备还要更多，除了决定要不要送孩子出来留学、资金准备之外，还应该考虑一些很具体的问题。

像我的那位同学家小孩这样的小留学生，基本上只能以外国人、国际生的身份进入一些私立校，公立校是进不去的。并不是说公立校比私立校好，你只要住在这里，无论你是什么种族，什么教育程度的家庭，公立校都必须收。这些学生中就可能有坏学生，甚至有吸食大麻的现象。所以公立校和私立校孰好孰不好，可以说是仁者见仁，智者见智。私立校也是参差不齐的，好的非常之好，不好的也相当之差，所以首先就得挑学校。之前发生的女留学生虐待同学的恶性案件，后来才知道，那是所全部都是中国人的学校，社交关系还完全是国内的那一套，也是中国人办的。学校出了这件事之后，就招不到学生了。但是你去看他的网站，页面内容还是非常好，看上去很漂亮的样子。

还有一些不好的例子。如家长在不了解美国环境的情况下，就把小孩送来了，小孩自己在这边发现不对劲了，校方让他交信用卡他也没交，然后偷偷给家里打电话。家里人到学校一看，才了解到这个学校是在山里面的，总共才有60名学生，而中国人就有58人，完全不是按照美国这边的习惯来安排教学的，就是混日子的，到毕业也只给一个所谓的文凭。这种学校你把小孩扔进去，那不是坑他吗？所以第一步，就是要对学校有所了解，也对留学机构进行了解。一定要了解孩子将要去的是一个什么样的地方，避免上当受骗。不是说你交了钱，就能让小孩实现留学梦的，真实情况远非那样简单。

第二是生活上的问题，这种青少年留学生基本上都需要找寄宿家庭，在这方面暴露出的问题也很多。我就在一个群里面看到一个留学生抱怨他的寄宿家庭怎么抠，怎么不可理喻。也许他遇到的白人家庭确实很抠，但是从别的角度来看，其实双方面的原因都有。

留学生自身也有需要注意的问题，像小孩子在国内被娇惯的，形成了一种依赖的生活习惯，不够自立，不够礼貌，又不怎么会沟通和处理问题，寄宿家庭就有可能会对小孩子有意见。小孩子年纪小，又在异国他乡，容易出现一些不适应，即使不出现矛盾，也可能带来不融洽，甚至是心理等问题。

当然这其中也有寄宿家庭的问题，有些寄宿家庭表面看起来很好，是经济收入和职业都不错的白人家庭，但可能家庭本身存在问题，例如夫妻关系、家庭氛围不好。还有一些家里本来有自己孩子，对外来的孩子有排斥，或者一些家庭比较粗心，总之问题很多。

要找到一个十全十美的寄宿家庭是很困难的，有些事情则需要相互理解和沟通才能够解决。中国家庭和美国家庭生活习惯本来就有很大差异，中国的孩子从小是家庭的中心，饭来张口、衣来伸手。而在美国家庭中，孩子只是普通的一员，从小要养成自己动手的习惯。所以除了要了解寄宿家庭外，留学生家庭和小孩也要在心态上有准备，养成独立生活的能力，并且做到入乡随俗，那样情况会好很多。把生活搞好，之后才能学习好。父母也需要多多关怀孩子，懂得分析问题，不要人在千里之外，小孩子哭着打电话回来抱怨，家长也跟着慌了神。

第三是美国的教育教学。前面提到了，美国的教学方式和中国是有很大不同的，这个也需要家长充分了解。美国的小孩从小就知道如何利用移动互联网查找资料，他都会清楚地标出，哪些是参考资料，哪些是自己的观点。我们的留学生可能不注意，资料从网络上找到，把它编一编，也没有标清出处，在美国的学校，它的软件会自动比对，超过多少字是重复的，那就不算是原创，直接零分了。

第四，必须遵守这边的法律。一定不要作弊，作弊代考这些事在国内可能没那么严重，但在美国则完全不同，是件非常严重的事。还有男生在家里看黄片，这在中国算不上什么大事，但在美国就是大事。有一些家庭是有监控的，在网络上看黄片，警察如果监控到，就会直接找上门，如果发现其中分别有18岁以下和18岁以上的，18岁以上的那个，就会受到非常严重的惩罚，重到这个记录会跟随他终生。我在和一位美国的律师做访谈时，她也强调了这一点，"在美国千万不要去做那些违法的事情"。她说她接触过的一些案件，孩子非常可怜，很多是在完全不懂法律的情况下触犯的，惩罚却非常严重，所以一定要注意。

# 7. 美国家庭到底揍不揍孩子

美国家庭到底揍不揍孩子？这个问题，对于身处美国的华人家庭来说，也是很重要的。

众所周知，在美国打孩子是犯法的。孩子在学校的时候，会被老师问到在家里是否被家长动手"教训"，如果孩子说"有"，那么学校在确定孩子的态度之后，会选择报警。然后警察一定会上门了解情况，情况严重的话，责打孩子的家长可能会被警察带走起诉，孩子也有可能被带到福利院，与父母家庭隔离。

举个被广泛报道过的真实案例，来证明一下其严重性：

纽约的一个华人家庭，夫妻在佛州经营餐厅，孩子长期在纽约与奶奶生活，夫妻每过一段时间回去陪孩子。2012年的一天，母亲在一次冲突中，用筷子体罚了4岁的女儿，因为孩子的哭声惊动了白人邻居而被报警。警察进屋询问时看到女孩身上的红印，立刻逮捕了母亲，随后被指控"儿童虐待与忽视罪"（最终未被判入狱）。女儿也被市儿童服务管理局（ACS）暂交一户犹太家庭寄养。

从这里开始，这位母亲踏上了长达四年的讨回孩子的诉讼之路。2016年，这位母亲被诊断得了癌症，直到去世，也没有真正要回孩子。之后父亲继续申请接回孩子，但遭到寄养家庭的拒绝。在之后的诉讼中，父亲因为要照顾佛州的餐厅，而最终放弃了对孩子的争夺。

这是个真实的案例，在这个案例中体现了很多让读者惊诧的中美社会的差异。这件事情在中国是不可想象的，也让很多在美国的华人家庭警觉自己管教孩子的习惯可能带来严重后果。

造成这个华人家庭永久地失去女儿的抚养权的原因，主要有两个。大部分人可能只是注意到母亲体罚孩子这件事情，这当然是导火索，但主要的原因，就是这个家庭本身在抚养孩子方面存在着美国社会或者法院认为的没有尽到责任与义务的地方。像长期委托奶奶照顾孩子，以及在孩子被暂交寄养家庭的半年时间内，母亲因为语言问题，与儿童服务管理局没有很好沟通，当然寄养家庭的反对也造成这位母亲争取孩子的四年时间，事倍功半。

在 2016 年的时候，孩子的母亲其实已经放弃佛州的工作，搬回纽约，很重视与孩子一周一次的交流，以及与法院、儿童服务管理局良好的交流，并获得一周一次的将孩子带回家里过夜的初步成果。可惜因为孩子母亲的去世，孩子的父亲要照顾佛州的餐厅以及小儿子，在争取抚养权的过程中，甚至没时间出庭。这也是最后被判断成没有能力抚养孩子，进而最后丧失对孩子的抚养权的原因。

这里引申出中美社会之间一个重大差异，就是在美国，孩子是社会的，不是父母的私有物。所以对于孩子的保护和抚养，一旦被认定为"虐待与忽视"，后果就是这个孩子会被转交给社会抚养。记得我在谈教育时提过，Yuna 在上学前班的头一个月，常常上课迟到，因而收到了教委的严厉警告，警告信中就提到了，如果孩子再迟到，他们将派义工上门，如果了解到是因为父母无力照顾孩子而"忽视"了上课，那么孩子会被带走。

所以很多此类事件，看似是因为"体罚"孩子，最终造成的严重后果，但更多的生活案例中，其实是美国的法院和警方透过事件本身，去看整个家庭的状况，进而去判断这起"体罚"孩子到底是"教育过当"，还是因为家长控制不住自己的情绪而导致的，以后是否会造成更加严重的"体罚"，甚至是真正的虐待。

再举个我身边的真实案例。在洛杉矶，也是一个华人家庭，父亲与叛逆期的儿子经常争吵甚至会互相打起来。有一次母亲报警了，警察上门，立刻分开三人，单独盘问。这位母亲本身是学校老师，她很清楚应该如何描述这件事情，既能够起到对这对父子的警告，又不至于导致巨大的麻烦。

因为她是第三方，所以她的证言非常重要。在盘问中，这位母亲描述了事情经过，说明了父亲是因为教育孩子，而激起孩子的反抗，在描述具体动手过程时，她也很"专业"地指出具体的部位和次数（事实上类似的事件，警察是会根据孩子的年纪，甚至受伤的部位、面积和程度来判定案件的性质的）。

最后那位白人警官和男孩子单独谈了谈，说："如果我是你父亲，我会把你揍得更惨，你的行为是不对的。"从此这个孩子再也不敢向他的父亲动手了，父亲经过这起事件后，也很后怕，在教育孩子方面，也开始重新选择更加得当的教育方法。值得一提的是，那位警官是一位白人，我之前听过类似警官放宽对当事人的惩罚的事情，但很多是有色人种的警官。比如华人警官本身在文化上也理解华人家庭的教育习惯，大多是批评教育了事。但这起真实的案例中是一位白人警官，最后以这样的方式处理华人家庭，而且还是在加州，的确是让我感到很新奇的。

事实上，每一起涉及"儿童虐待与忽视"的案件中，警方和法院都会更多地观察这个家庭的状况。如果入户看到的是一个干净整洁的家庭环境，父母在描述事件时态度又是很理智的，这时再听孩子的口供（有些孩子一开始说被揍了，当警察告诉他后果后，孩子改口了，这其实也是警方的一种放宽处理），通常会认为是"教育"问题。警察是否会认定这就是"教育"问题，当然也会根据孩子的年纪、受罚部位和程度一并去判断的。

但是如果入户时，看到的是一个乱糟糟的家庭环境，父母在与警方描述时精神还处于十分恼怒的状态，那么这个案件大概率会进入下一个环节。这里要说到一个重点，就是父母惩戒孩子时，是基于理性的教育而动手，还是基于自己的情绪而动手，这是一个很重要的判别。因为如果是基于父母个人情绪的释放而惩戒孩子，就有下手控制不住轻重的问题。因为孩子毕竟是弱者，尤其是年纪小的孩子，在大人情绪失控时绝对会处于弱势一方。警方如果判定孩子与家长分离，很大程度是因为看到了一个没有责任和能力照顾好孩子的家庭，以及一个控制不住自己情绪的家长。这个时候，出于对弱势群体的保护，警方一定会先把孩子从父母手上分离出来。

纽约就发生过一起母亲为了教育孩子而失手打死孩子的案件，后来父亲为了隐藏真相，居然和母亲一起把孩子的尸体藏在了冰柜中。事情被曝光后，曾轰动一时。这也就是为什么相比其他国家而言,美国对于"体罚"孩子的案件特别认真,甚至是零容忍的原因。

我的一个朋友曾经很感兴趣地问过他的一帮白人同事,问他们小时候是否被父母揍过,他的同事们一个个都说小时候被揍得很惨,全公司没有一个白人是没有被家里"体罚"过的。那么为什么白人家庭很少被曝出骨肉分离的惨剧呢?我想就是因为白人家庭很清楚地知道,如何适宜地"惩戒"孩子。除了之前提到的整洁的家庭和理性的态度之外,可能事先也与孩子约法在先,孩子也清楚地知道是自己做错了。所以即使警察上门,也都明白一切都在"度"之内,而一些华人家庭就不大清楚这些,或者本身就很难做到。

以360度的全视角观察"美国家庭是否会揍孩子"的问题后,最后要说一点,身为两个孩子的父亲,我有时也会为孩子的各种不懂事而抓狂,但教育孩子的方法有很多种,动手"体罚"绝对是效果最差的一种。我们不去谈什么高深的育儿经,但至少有一点是我们常常缺失的,也是最基本的,就是对孩子的那份"耐心"。

# 8. 聊一聊小留学生的那些辛酸

这些年来，中国来美国的留学生，越来越呈现低龄化的特征。孩子们在美国学习、生活、社交等一举一动，无疑都牵动着国内家人的心。《随口说美国》有相当一部分的听友是留学生的家长，可以说他们是这个时代最勇敢、最值得敬佩的人，但有时也是最无助的人。

我记得在《随口说美国》上海听友会上，一位留学生的妈妈在分享时说到她的孩子在美国留学。第一年假期回国，在要返回学校的前一天晚上突然抱着她大哭，她虽然没有意识到孩子在外面承受了什么，但是也被孩子的突然痛哭搅得心慌意乱。于是安慰孩子说："如果你真的不想去，那我们明天就不去了。"孩子哭了一阵子慢慢平复下来说："明天我还是会去的，我只是想哭一场。"

这段分享给我留下了深刻印象，也打动了现场无数听友。这位妈妈用纤柔而坚强的语音，讲述了她孩子的故事，在讲到上述那段经历的时候，妈妈坚强的语音是略带颤抖的。其实很多事情孩子是不会说的，小留学生们的心酸，这位妈妈也只是感觉到了一小部分而已。

恰好叶子的两位闺蜜算是中国比较早的一代小留学生了，她们都是在初中时代就留学美国。一次聊天中，她们回忆了20年前刚到美国时的苦辣酸甜。"很多事情总是后来才看得清楚"，而这恰恰是因为她们已经走完了留学、工作、拿到绿卡、入籍、结婚、生子这条路的全程。所以她们以小留学生的角度吐槽的那些心酸，也许才是现在的留学生家长们应该知道的。

首先，两位过来人给小留学生的建议是尽量不要初中、高中来美国，要么是小学3年级来，要么就大学来。她们觉得初中、高中这段时光，正是塑造价值观，形成个性、自信心的阶段。这个阶段"被留学"，一方面要适应新环境，包括语言环境，另一方面要很快去面对美国的高考，而这一切，都需要他们自己独立完成。要应对这个压力，对于十几岁的孩子来说，如果之前是生活在父母温柔的呵护中的，那么就会显得很吃力。

关于在初中、高中来留学的小留学生们，这里有一些问题，可能国内的家长体会不到，就是美国的学校与中国的学校的差别。相对来说中国的学校是会"管"学生的，你把学生交给学校，学校有责任照顾孩子的学习。但是美国的学校就没有这种观念，美国的孩子从小学开始就要习惯于独立的学习方式，习惯于每节课"跑教室"的上课方式。如果你已经是一位 13 岁以上的初中生，那么没有人会认为你是需要接受"照顾"的。

叶子其中的一位朋友 S 小姐，她当时恰好就读于一所不错的公立校。刚来美国时，她说第一天因为不了解每节课都是不同教室的"跑教室"的上课方式，所以第一节课下课后，她一个人呆呆地站在操场，看着身边同学用 5 分钟的课间时间快速地游走，而她根本不知道下节课在哪里上。这个经历成为她美国初中生涯的开始。

小留学生们要过的第一关——语言问题，其实没有家长想象得那么简单。比如初中阶段，小留学生们要从国内的比较简单的英文水平，直接切换到美国初中学习莎士比亚的作品的模式，这个跨度是很大的。除了数学这种不大需要用到语言的学科外，历史、地理等一系列的科目都是需要熟练使用英文的，而相对于从小在美国长大的同班同学来说，只要 20 分钟就能写好的一篇文章，小留学生们需要用 2 个小时才能够完成。

S 小姐说她的高中阶段长期是凌晨 3 点起床，每天只能睡 3 个小时，才能完成高中阶段的学业。她之前在国内一直属于自信满满的三好学生，所以在力图努力跟上大家的同时，她度过了极为辛苦的高中生涯。但是美国的高中学业压力本就不比国内的小。美国的高中四年，每一次的考试成绩都是计入档案的，也就是说如果你在 9/10 年级的成绩不好，即使后面努力追，也很难与其他成绩正常的同学竞争。所以 S 小姐说她无论怎么努力，也一度沦为自己曾经非常讨厌的差生，这种状态对她后来的自信心其实是影响很大的。

叶子的另外一位闺蜜 C 小姐，也是 20 多年前来美国读初中。她说其实当时那批来读书的孩子，都是来自国内的富裕家庭，10 多年来一直享受独生子女"小皇帝"的被照顾的生活方式。突然来美国后一切都改变了，父母不懂英文，所以即使在美国陪伴他们的日子，也很难照顾到孩子的生活，甚至还要孩子看一些信息来协助父母在美国生活。如果父母不在身边，寄宿家庭其实也很难做到照顾好孩子，所以小留学生们需要自己快速地成长。按照她自己的话说，自己一个人住，可能要比在寄宿家庭更加舒心，一样是没有被照顾，还不用费心去处理一些与寄宿家庭之间的问题。

小留学生们几乎都痛哭过，区别是有些孩子哭一次就坚强了，有些孩子需要无数次。而这些孩子往往是不会和家长说的，说了也解决不了，不如不说。

无论是在白人区学习，还是在华人区学习，其实都有利弊。S 小姐是在白人区的公立学校读初中和高中的，班上的白人和华人 ABC 一开始都很难成为她的朋友，因为他们各自有自己的圈子。学校里没有中国大陆的孩子，她只能去学习台湾发音，进而去融入台湾学生的圈子，这个年纪的孩子是很难独处的，他们需要一个圈子。

在华人区的 C 小姐，她倒是没有艰难的学习适应期问题，但是造成的后果是，她的语言始终没学好。浑浑噩噩地度过高中之后，突然发现自己要面对在美国挑选大学的问题。这里其实还不完全是学习成绩的问题，很多高中来美国的留学生也是如此，刚刚适应环境，马上进入了挑选大学阶段。这些留学生对于美国的大学根本不了解，所以也没有办法做出合适的选择，很多学生就只能先进入社区大学去过渡。

社区大学与大学的差别是，社区大学是培养普通人的。大量的普通人的价值观在社区学校中互相传染，这样的学生即使在国内时是很棒的学生，在社区大学中也会被磨灭意志，最后迷失自己。

两位曾经的小留学生在吐槽自己当年的幼稚时，也谈到当年的学生与现在的学生的差别。她们觉得语言与生活的适应，无论哪个时代都是一样的（当年的孩子也是不缺钱的），但是当年的孩子本质都还是很棒的，即使没有挺过来成为美国精英，但也都没学坏。而现在的孩子就越来越多地出现混社群、集体霸凌的问题，甚至染上吸毒等恶习。

而这一切的根源可能就是不应该在孩子最需要自信心的年纪，把他们送到美国留学。

这个观点比起那些一直告诫留学生家长要多花时间来美国陪伴孩子的观点，要更加引人思考。她们认为即使有家长的陪伴，家长也不能陪伴小留学生们的全部生活，而且家长的英文水平有限，也无法与校方直接交流沟通，或者在适应美国生活方面给予孩子有效的帮助。所谓"家长陪伴"，对于孩子来说，最需要的是"共同学习"，而家长学习的速度其实比孩子要慢。

这个观点虽然有些偏颇，但是深入到具体事实细节，也不无道理。

这篇文章的作用，并不是希望家长干脆不送孩子在初中或高中时出来留学，而是想让家长对于自己的孩子出国留学可能要面对的困难有所了解。中国的家长始终不能掌握"爱"的尺度，有些家庭拼尽全力送孩子赴美留学，实际上也把很多的精神压力赋予了孩子。

在自己身边时，是捧在手心中的"爱"；放逐美国时，是恨铁不成钢的"爱"。这两种爱犹如冰火两重天，在 12 小时的飞行距离中去过渡，孩子要有怎样强大的内心才能容纳这两种 "爱"呢？这的确是小留学生家庭要去面对的问题。

# 9. 细数在美国培养一个孩子的教育成本

华人总是重视子女教育的，所以无论身在何处，华人家庭在教育上的投入总是不会少。遗憾的是，我们的孩子中仅仅大女儿在国内上过几个月的幼儿园，所以对于国内的教育成本没太多了解，不能与美国做比较。写这篇文章的目的是想描述一下美国孩子的日常学习和教育的成本，看看在美国培养一个孩子究竟需要多少银子。

美国和中国一样，不同的城市、不同的阶层在子女教育上的投入差别很大。我从新移民最多的东西海岸的中产阶级家庭为切入点，让大家对美国家庭支出中的子女教育这一部分有个大概的了解。其中有些具体数据，我以加州作为参照。

美国实行 K—12 年级（K：Kindergarten，指一年级之前的学前班）一共 13 年的公立义务教育。在这 13 年中如果你选择了公立校，那么除了午餐费（每顿 4.5 美元，低收入家庭政府补贴 4 美元）外，几乎没什么校内的支出。当然根据学校不同会有些不同，有些学校会组织一些捐助活动，但这些费用在整体支出内是可以忽略不计的。

我们先说公立校的支出吧，不去讨论为了上好的公立校而购买学区房的支出，只谈纯粹的教育支出。公立校校内无支出，不代表校外无费用。美国的公立小学上课时间只到下午 2 点半到 3 点，剩下的时间怎么安排？真实情况是，极少数家庭是直接让孩子回家放羊的，即使经济条件一般的家庭，也会给孩子安排一个普通的课后班（Afterschool）。

美国孩子上课后班的还是占到大多数的，因为从学校转到课后班是无缝对接的（无须家长接送，这样家长就可以工作到下班时间再来接孩子），很多课后班就是租用学校的教室。美国的课后班全部是私人办的，和公立校体系无关，也很少有公立校的老师在课后班中继续教学。这种课后班最基础的就是起到照看（Daycare）的作用，监督孩子完成作业。在照看的基础上，目前大部分课后班是关于各种专业主题的，费用也就随着教学内容的不同而拉开差距，大概是每个月200—500美元不等（更多是以周为结算单位，甚至可以计算到每天）。

◆ Yuna 与她的自画像

　　Yuna 从学前班起就没上课后班，我们选择了自己送她到其他的培训班。好处是每周可以上 3—5 种不同的兴趣班，更专业、更灵活，也更具有针对性。当然不好的地方是价格比普通的课后班贵一些，更重要的是家长要在每天下午 3 点左右开始奔忙于学校和兴趣班之间。

　　与国内不同的是，美国的各种课后班几乎与学校课内知识无关，其内容以体育、才艺为主。我们家叶子对孩子的培养算是不遗余力了，所以 Yuna 从 4 岁开始尝试各种不同兴趣培养。我印象中就有绘画、钢琴、游泳、棒球、击剑、舞蹈、

◆ 洛杉矶的很多机构也培训中国舞蹈

体操、演讲、舞台剧等，其中绘画、钢琴、舞蹈、游泳是从小坚持到现在的。

因为我们生活在洛杉矶，所以文中提到的这些课后班的具体费用，也是参照洛杉矶的物价水平的。

舞蹈是 Yuna 最早开始学习的，到目前为止她的书房墙壁上已经摆满一排奖杯了，其中包括"Showstopper（美国迄今为止最流行、最大型的舞蹈比赛）"洛杉矶站的第一名。舞蹈是她一直坚持到现在的，钱也不少花。我们现在安排她每周学习两次，一次公课（5—15 人不等）25 美元 / 小时，一次私课（一对一教学）70 美元 / 小时。我们也常常带她参加各类比赛，如果参加比赛的话，老师会加收一些编舞费什么的。最近我们家两个小姐妹要参加在迪士尼举行的一个舞蹈比赛，两个小朋友一起上私课是 50 美元 / 小时，老师的编舞费另外加收 350 美元。

◆ 民族舞比赛，唯一代表亚洲的就是 Yuna 的团队

绘画也是 Yuna 坚持很长时间的。值得一提的是，这边 8 岁之前的儿童绘画课，基本不教素描之类的模仿画，都是以自己的想象画一些儿童画。Yuna 跟着同一个老师已经学了 4 年了，费用都一样，每周一次，每次 1.5 小时是 20 美元。她的绘画也参加过一些比赛，但是没有什么太突出的奖项，倒是她的一张摄影作品得到过学校的嘉奖，是一张她拍迪士尼烟火的照片，指导老师是我。

钢琴也是她坚持了 3 年的，之前因为太小了，所以弹出来的曲子只能在家听听，不过今年突然有了较大进步，我想应该与年纪有关。教 Yuna 的钢琴老师有过两任，目前是一位俄罗斯的老太太，价格都差不多，每周一次，每次 1 小时是 60 美元。钢琴是一切乐器的基础，冲着这一点，我们始终也没敢放弃。

Yuna 的第一期游泳课，我印象深刻，就在我们当时住处的隔壁城市阿卡迪亚（Arcadia）的城市运动场内。这里每到夏季，会有很多针对孩子设置的极其优惠的运动教程（周边城市的孩子都可以来学习，完全不限制城市）。Yuna 5 岁时第一次学游泳就在这个泳池，一个夏季 10 节课，一共才 20 美元。很明显，这个价格是有阿卡迪亚城市补贴的，因为旁边的高尔夫球场还立出广告，有专门教儿童高尔夫的教程，一次才 1 美元，全部给教练都不够学费，我想背后一定有城市的补贴政策。当然游泳的价格是暑假才会有儿童优惠，我们后来在健身中心另外找了游泳老师，培训大致的价格是每节课 35 美元，一节课大致是半个小时。

除了这几项 Yuna 长期坚持的课外培训之外，目前她还在学习击剑。我们很幸运地遇到了一个原国家队的运动员（曾经进入全国前八），现在她是 Yuna 的击剑教练，因为确实能够感受到那种极为规范的系统训练，所以每次接送的距离虽然远，叶子也能够克服。因为老师是在家中授课（家中专门修了规范的击剑场地），所以价格在洛杉矶也并不算高，每周 2 次，一次 1.5 小时的私课是 50 美元，一次 1.5 小时的公课（3—5 人）费用是 30 美元。

周末 Yuna 还会参加每周一次的演讲培训，是一次 20 美元的公开课。当然这种培训有可能是阶段性的。再比如她曾经参加好几次的舞台剧培训，也仅仅是一种兴趣的培养，不过那种模式倒是很值得赞赏的。每个孩子交 300 多美元，每周一次，长达 4 个月的准备，最后有一次在大舞台的演出（卖票的那种）。

在美国，不少家庭还会送孩子去各种语言学校，比如中文班在洛杉矶也很盛行，只是大多是台湾人开设的。台湾的发音和大陆的是不一样的，我们学了一阵子就放弃了。我们还请过西班牙语的私教，每小时 20—30 美元，搬家之后没有合适的老师就暂时搁置了。

以 Yuna 为例，大致可以推出洛杉矶的华人家庭在孩子身上的教育投入。如果是以自己接送每天参加各种课外班的方式，大概每个月课外支出会达到 1000 美元，如果是课后班就相对会少一些，也省心一些，这主要看家长的时间了。值得一提的是，我们身边类似 Yuna 这种方式参报兴趣班的孩子不在少数。

除了公立校外，美国大概有 11% 的孩子是上私立校的。私立校的费用就差别很大了，每个月从 600 美元到 3000 美元不等，甚至更高的都有。比如前总统奥巴马的两个女儿的学校——西德维尔之友学校 (Sidwell Friends School)，就是一所贵格 (Quakers) 教派创办的名牌私立校，这所学校没有住宿生，一年的走读学费是 3 万美元。当然如果您孩子上了这种贵族学校，那么除了学费之外，各类课外的活动和捐款还会是一笔不小的支出。

虽然 K—12 年级是孩子教育的主要阶段，但是因为有了公立校的存在，使得这个时段并不成为家庭教育费用支出的主要阶段。除了 K—12 年级外，别忘记了还有头尾两个阶段，就是幼儿园阶段和大学阶段。这两个阶段因为大部分情况下没有公立校的存在，所以在教育经费上反而成为大头的支出，当然这主要说的是大学阶段。

美国在 K 之前的幼儿园几乎没有公立校，准确地说个别富裕的城市会在 Kindergarten 之前一年开设 Transition Kindergarten（简称 TK，类似国内幼儿园中班），招收 4 岁的孩子，但是每天也仅仅只有 3 个小时的学习时间。这个时间安排让很多家长宁可选择私立幼儿园。K 之前的私立幼儿园大致的费用是

300—1000美元，我们家两个女儿都在幼儿园度过了她们学英文的阶段，学费在800美元左右。

在这里要说一点，私立校的费用都是按月收的，暑假期间的两个月是不收费的，所以读私立校的费用，每年一律按照10个月来计算。

大学阶段的教育费用是家庭支出压力最大的。美国的大学即使是公立大学也是自费的，比如洛杉矶的UCLA（加州大学洛杉矶分校），即使是本州居民（居住一年以上）享受本州教育优惠的情况，学费也要1.3万美元每学年，这已经比非加州的居民优惠了2.4万美元，加上食宿、书籍、交通等，每个人差不多要3.3万（加州居民，非加州为5.8万）美元。所以正常来说，大学4年的费用应该在25万（大量的学生不是在本州上公立大学）美元左右。

有一次我和一位朋友聊天，他的女儿刚刚考上大学，按照中国人的习惯，我脱口而出一句话："你们的任务算是完成了。"他惊讶地说："什么已经完成了，才刚刚开始呢！"我瞬间明白了大学学费的压力在他们家才刚刚体现出来，而且他们女儿也太争气了，考进了所有华人梦寐以求的哈佛大学，就算申请了奖学金，剩下的钱对于美国家庭来说也是不小的压力。

好吧，以我家为例，看看在美国培养一个孩子到大学毕业需要多少钱：

私立幼儿园3年：800美元×10个月×3年=24000美元；

K—12年级上公立校：1000美元×12个月（暑假2个月的夏令营也按1000美元计算，其实只会多不会少）×13年=156000美元；

大学4年：25万美元。

培养一个孩子单单在教育上的支出，大概需要43万美元。

当然有的家庭还要计算一个家长舍弃工作，专职在家照顾孩子的机会成本，按4万每年乘以22年（孩子出生就要专职照顾了）来算就是88万美元。这种算法虽然有些勉强，但是也不无道理，因为美国的老人是不会帮忙照顾孙子的，如果父母都工作，的确很难支撑下来，所以每个美国家庭都会有一长段的专职妈妈（或者爸爸）的时间。

# 10. 与加州第一学区教委主席聊美国教育

▶ 与圣马力诺学区的教委主席张志坚先生

**自由君：**今天非常荣幸地向大家介绍一位嘉宾——加州圣马力诺（San Marino）学区①的教委主席张志坚先生，他15年来一直担任圣马力诺学区的教委主席。

**张主席：**大家好，今天很荣幸接受自由君的邀请，来跟大家谈一谈教育的问题。

**自由君：**关于圣马力诺学区的教育，我早有耳闻，它是今年（2016年）被评为全加州排名第一的学区。作为圣马力诺学区的教委主席，您对于该地区的教育以及这里的公立校、私立校，都非常熟悉，能不能先大致介绍一下这个学区的情况。

**张主席：**好的，我补充一下，我们不只今年是第一名，在过去的14年中，我们圣马力诺学区一直是第一名。在加州200多个学区里面，我们属于小学区，共有四个学校：两个小学，一个初中，一个高中。这四个学校，都是很有特色的。

---

① 圣马力诺（San Marino）学区，号称"11分的学区"（美国最高的学校是10分），圣马力诺学区是连续14年在加州排名第一的学区。

如果家长能够早一点移民美国，我觉得从小学开始培养会更好。

◆ 历史悠久的圣马力诺高中毕业礼

◆ 圣马力诺高中毕业礼场景布置

**自由君**：您刚才说的是公立校，那么圣马力诺有私立校吗？

**张主席**：私立校有一个，是一个非常小的天主教学校。

**自由君**：看来圣马力诺市是以公立校为主的。不像帕萨迪纳（Pasadena），那里好像是私立校比较强。

**张主席**：对的，帕萨迪纳幅员辽阔，人口比较多，所以它有很多选择，除了公立校，还有很多私立校。

**自由君**：对于圣马力诺，大部分中国听众还是比较熟悉的。电影《北京遇上西雅图之不二情书》主要场景就在圣马力诺。那它现在华人的构成有多少？

**张主席**：根据2015年的统计，圣马力诺市亚裔的比例是52%，当然这52%里面大部分都是华人，少数是日本人以及东南亚一些国家的人。

**自由君**：作为家长，我们考虑比较多的一个问题，就是如何为孩子选择学校。美国这边买房子和学生的教育也是挂钩的。我们知道圣马力诺学区比普通区的房价要高出许多，圣马力诺的房价是300万美元起步。那么，到底是多花钱买好的学区，然后上好的公立校呢，还是买一个普通区的房子，把省下的钱让孩子上好的私立校或者用作课后的补习，哪个比较好呢？这就涉及选择公立校还是选择私立校的问题了，张主席您怎么考虑？

**张主席**：这个话题事实上很有趣，我想家长可能要拿一个算盘，精打细算一下。

如果你选择好的公立校的学区，你就得买一个房子，或是租一个房子，那么你的子弟念书，从幼儿园到高中12年级，全都是免费的。但是如果你去私立校的话，一般好的私立校，一年的学费大概在3万美金。还有需要注意的是，不是每个私立校都是好的学校。

**自由君**：我也曾就此询问过几个人，大多数华人还是喜欢上公立校。这里有经济方面的考虑，他说反正买了房子，小孩上完学我可以把房子卖掉，钱还在那里。还有一个考虑是，公立校更像一个社会，不会像私立校那样把孩子保护得太周全了。

**张主席**：还有一个考量是好的私立校不太多，比如圣马力诺这边，附近大概只有一两个，维斯诺山那边也有一两个。你要进入这些学校，它的环节就像进常春藤学校一样，除了考试，可能还要看你家庭的背景。如果只是去普通的私立校，可能不用考试，但最后的结果，也许没有预期的那么好。

**自由君**：也就是说，如果能够买一套房子，然后进好的公立校，这个难度要比进非常好的私立校要来得简单。

**张主席**：是的，在南加州，除了ABC联合学区的惠特尼高中（Whitney High School）是需要考试的，其他所有的公立校都是可以自由进出的，只要你买了房子或租了房子。这也是我们的骄傲之处，因为体现了有教无类。所有的学生都可以进来，我们会尽力把他们教得更好。

有的人可能会问，为什么你们教得不一样？因为我们是小学区，我们的教育委员，在社区积累了二三十年的教育经验。虽然我们是义工，但我们全力以赴。无论从哪里来的家长，进入圣马力诺学区以后，等于是要重新体验一种新的教育和生活方式。然后和学校、老师一同努力，才能把这个水平提高上去。

**自由君**：我访问过一名大律师，她的回答是，如果有能力还是要进好的私立校。她没有明确表达出来，但我的感觉是，她认为社会还是分阶层的，好的私立校是培养精英的，那个圈子很重要。有能力的话，还是要往好的私立校努力，如果不行再到公立校，这个观点您怎么看？

**张主席**：您提到了精英的阶层，我的建议是这样，如果孩子进入好的私立校，那么家长也要融入进去，才能体验那种感觉。不然的话，新移民的小孩进去后，可能会产生一些隔阂，后面的学业也可能会比较吃力。然后是好的私立校，主流的圈子还是白人的家庭。他们有时候比较喜欢酒精饮料，他们有这个偏好，可能是在青少年时期就进入酒精饮料的生活里面。而有的私立学校是走读制的，同学之间也会相互产生影响。

**自由君**：您刚才说到一点，不是说有资金实力就能够去上私立校，家庭也要能融入美国这个主流，这对于华人家庭是有难度的。

还有一个话题，跟教育也有关系，就是阶层的固化。中国很多中产阶级在思考这个问题。他们担心如果自己这一代落入中低阶层，他的孩子甚至孩子的孩子都很难从这个阶层走出，到一个更高的阶层，因为存在阶层的固化。这个观点他们用美国来类比，说欧美现在的阶层已经固化了。

那么作为大部分的中国中产阶级，怎么办呢？要么上，要么下。他们会想，如果我这一代做得好一点，努力一点，就可以把我的孩子托到高一点的阶层。可是如果我稍微一松懈，我的后代就可能进入中下阶层了，而且会形成固化，这是很可怕的。所以我想请问张先生，关于美国阶层固化的观点，您是否认同？

**张主席**：我想就这个"迷失"给大家做个解释，其实美国是一个很有机会的国家。事实上那些贵族阶层，例如那些500强的富人，他们的子弟好像世袭一样，享受他们祖辈留下的财富，进入常春藤也比其他人更有机会。但这只占到大概1%到5%，很少。美国这个社会值得称许的是，只要你努力，你可以扭转你的人生。比如我们Facebook的创办人，他也是由普通家庭走出来的。在美国社会，除了努力之外，只要有创造力，你都有可能步入更高的位置。

**自由君**：但是这种人毕竟是少数。

**张主席**：可以的。我们再讲一下比较中层的，美国社会有很多职业可供中产阶级选择，你念一般的大学或者学习一般的技能，毕业后也可以很快找到事情，会有一个好的收入。

**自由君：** 美国的中产，还算比较好的。那么像美国的墨西哥裔家庭，或者其他中低收入家庭，他们的孩子，能不能通过努力达到中产，或者更高一级？他们走得出来吗？

**张主席：** 能的，走得出来。因为美国的立国精神，就是保护一些弱势群体，对于收入比较低的人，在就学以及就业等方面，都有一些保障。

**自由君：** 看来美国阶层固化这个说法，至少在某种程度上不能说是完全固化的，它上下的流动还是有的。

**张主席：** 是的。

**自由君：** 我了解到很多人选择移民美国，是为了孩子的教育。他们觉得小孩在国内太辛苦了，从小学一年级就背很重的书包，可能三四年级做功课就要做到很晚，根本没时间去做课外活动。他们希望能够接受美国这种快乐的教育。

然而他们到了美国，却发现那些小孩子发展好的家庭，绝不是放手去快乐学习，还必须督促小孩学习，让小孩上补习班，这不是又回到了严厉的教育方式吗？

那么张先生，您觉得他们这么辛苦来到美国，是应该继续中国式严厉的教育，把孩子培养成为精英，还是放手快乐教育？但这就有种可能，孩子将来可能会变成很普通的美国中下层。您能就这个问题给大家一些建议吗？

**张主席：** 是的，这是要走出的第二个"迷失"。首先我们应该对所有的"虎妈"，表示最诚挚的敬意，"虎妈"两个字其实包含了对小孩的关注和用心。对于新移民，把小孩带到美国接受教育，家长中一方或者双方，都要陪伴他在美国生活和成长，需要付出很多，所以我还是要肯定"虎妈"们的。但这个心态和对小孩的要求，可能要稍微改变一下。

一般来讲，美国的教育，最重要的是要让小孩快快乐乐地成长，然后进入大学，这在美国是一个普遍的观念。我们刚到美国的时候，会有一些学业上的压力，可能需要学校的辅导，或者和在这里居住时间久的华人家庭做一些了解，不要一味地认定哪种模式。每一个小孩的背景和教育程度不一样，我们都要去斟酌，好好地去寻找一种让孩子尽快适应，而且快乐的生活方式。

20年前，圣马力诺出现了一些所谓的"降落伞小孩"。那些早期的台商家庭把小孩子带来，小孩就在这边读书了，有些家长不太去注意这些孩子，所以那时候产生了像"降落伞"的小孩。一些普遍的社会调查是这样的，如果缺乏家长关心的话，小孩最后教育的结果，会比较差。

我之前接触到一位家长，感觉他蛮用心的，除了督导小孩的功课以外，还把小孩送到像童子军这样的课外活动，这会有助于小孩融入美国的社会生活。

**自由君**：那么在中国上补习班的很多，来美国这边也上很多补习班。据我观察来看，二者还是有区别的。就是美国的补习班大部分是培养你的才艺，拔高你的长板，比如说运动。但是国内的补习班好像还是主要在拔高功课上面。

**张主席**：是的，最近两年圣马力诺进入哈佛、耶鲁的学生，他们不但学业成绩是满分，在运动方面也有优秀的表现。

**自由君**：好的，非常感谢张主席接受我们的访问，希望今后还有机会在教育方面跟您做一些探讨。

**张主席**：很荣幸。感谢 Howie 提供这个机会，跟大家讨论这些问题，非常感谢！

（我和张先生私下探讨的时候，问过他关于"培养改变世界的精英"和"快乐学习"二者该如何选择的问题。他说了这样的一句话：其实快乐学习也可以培养改变世界的精英。这个观点与我的"长板理论"其实是不谋而合的。）

# PART 3 文化差异在美国

# 1. 美国，不自由

记得有一年在帕萨迪纳独立日烟火秀的现场，一位刚到美国不久的妹子看到绚烂的烟火，无比激动地说自己终于到了一个自由民主的国度了，我听后哑然失笑。初来美国的人，其实是看不到"自由"和"民主"的，这两个本来就不是一下子就能懂的东西。

相对于"自由"，我觉得初来美国的人，可能更多地会先看到美国的"不自由"。

我们到美国的第一站是旧金山，当时被当地不允许晾晒衣服的规定"雷"到了。这个规定不是法律，但确实是各个社区的禁令，称为"晾衣绳禁令"。这种禁令首先从城市开始，后来扩展到乡间，不仅管到你的前院，即使是沿街看不到的后院，也在禁令范围内。因为这个禁令在中美之间差异明显，所以新移民初来乍到，都会被特别提醒。

当然加州的这个禁令，在2015年以通过立法的方式被否决了。当时加州以"环保、省电"的名义为衣服争取到了"晾晒权"，使加州成为全美第七个拥有衣服晾晒权的州，也就是说美国大部分的州还是有这个禁令的。

我们的一位朋友花大价钱在加州第一学区圣马力诺买了个宅子，属于门口一排树、后院一座山的那种，从路边根本看不到屋子。但就是这种宅院深深的屋子，他们想在后院搞个石桌、石凳的茶空间，也被告知需要征求四邻的同意才可以。于是他们开始收集邻居签名，而那种深宅大院的社区，有些连邻居家的大门在哪里都要找上半天，他们忙了半个月才收集到足够的邻居的同意签名。

这种"不自由"是会让初来美国的移民们费解的。如果说在前院建一个景观，会影响整个社区的观瞻，那么这种需要在半空才能看到的在后院建的一个连顶都没有的茶空间，居然要得到邻居们的同意才行，这是让在国内享受惯了"我的地盘我做主"的移民们很难理解的。

美国人对邻里关系特别在意，大家很清楚地知道，整个社区需要全体的维护，这不仅仅停留在道德层面，而且几乎每一个细节都会写进城市的法律。如果你们家回国半年，前院的草皮黄了，会有邻居投诉到社区，社区会给你开罚单。如果你们家游泳池循环的水泵坏了，半个月内就必须要修好，否则游泳池的水有味道，邻居也会投诉到社区，社区也会给你家开罚单。这些罚单如果不付，积累到一定程度，就会触发另一层的法律——启动拍卖你的房子的程序，所以在美国绝对不是"我的地盘我做主"。

很多城市的法令和规定是很细致的，比如狗狗的噪音，他们能够明确规定到连续三声狗吠时，你便可以报警。再比如这个宅子即使没有其他噪音，但是人来人往，感觉很复杂，邻居也可以选择报警。我的一位朋友的亲身经历是，他们把自己的房子的一部分做了"爱彼迎"（Airbnb，空房出租），生意红火，每个月还可以赚 5000 多美元。正当他们开心数钱的时候，邻居报警了，因为他们感觉这个屋子每天都有形形色色的人来往，而屋主作为他们的邻居，又没有和他们有过交流，他们以怀疑这个屋主有不良行为为由而报警。不少"月子中心"也是这样被投诉的。

这些居家的"不自由"明确了一个概念，就是"我的地盘我不能做主"。接下来的"不自由"就是国人更加费解的了，就是"孩子不属于父母"。

早年有部电影《刮痧》，让国人第一次接触了"孩子不属于父母"的概念。当然这个故事谈的是文化差异，其实美国人对孩子管得比较多的地方主要是防止未成年人受到侵害。美国的孩子从幼儿园开始，老师就会花很大的精力教育孩子，如果遇到家庭暴力要第一时间告诉老师，或者老师发现孩子身上有伤痕，会细细询问怎么造成的，如果孩子说是父母打的，老师会迅速报警，警察会找到父母，一旦查到情况属实，父母会面临暂时失去孩子的监管权的尴尬处境，这种情况在电影《刮痧》中演绎得很清楚，事实也的确如此。

有个段子，说在上海国际机场，一位妈妈很严厉地对孩子说："你再这样，我就揍你，这里是中国了。"我相信这是个真实的场景，因为即使在美国我们有时也忍不住这样说，只是只敢动口，不敢动手。一个真实的案例是，一对过来探亲的外公、外婆在超市内，装模作样地动手拍打了不听话的小外孙，立刻被群众报警，如果解释不清楚，这对外公、外婆可能会面临牢狱之灾。

美国对于未成年人的保护是极其细致的。我们在洛杉矶就看到过这样一种广告牌，从大人的身高角度看这个广告牌是一般的广告，而从孩子的身高角度看到的则是另外一幅图画，宣传画中明确告诉孩子，如果你受到家庭暴力，你该怎么做。

这种情况下，对孩子管得过严是不成的，那好我们就对孩子溺爱吧，这也是不行的。Yuna 上学前班时，表现得很松懈，第一学期上课多次迟到，后来连续接到当地教委的严厉询问和警告："如果你的家庭的确对孩子的照顾存在客观的困难，我们将派遣义工到家来协助你。"是的，孩子在美国不是父母的，是整个社会的。

初来美国的人有时会保留国内的一些金融习惯，常常用自己的账户帮助国内的亲朋好友转账。这种"自由"随着国内移动互联网支付的便捷，人们更觉得"理所应当"，但在美国这样做就比较麻烦了。比如大家会遇到这样的场景，有时国内的亲朋好友会说，他们携带美元现金不方便，所以从国内直接转账到你在美国的账户中，然后等他们到美国时，你提取现金给他们使用。这在中国是完全没有问题的，但是在美国事后是很麻烦的。

首先如果是有美国身份的新移民，在你报税的时候，国税局会自动查阅你的银行流水，当你没有把朋友打给你的这笔钱申报成收入（你会觉得这只是转账，不是收入）时，系统就会提醒国税局，这个账户有问题。当然，这笔钱可以解释为赠予或者借款，如果你的金额不大，频次不多，日理万机的国税局一般情况下不会去搞这种没有油水的事情。但是万一你人品不佳（运气不好），被国税局调查，那么无论是赠予（只能是直系亲属才解释得通），还是借款（要有合同和每个季度或者一段时间的利息支出）都很难解释这个转账的行为。你和国税局说就是代为转账，抱歉，你要解释很长时间，这些人才能确定这不是为了逃税或者洗钱而进行的交易。

在国税局的眼里，美国人个人账户的每一笔银行进账，除了借款和赠予，都只可能是他的收入，而收入是要报税的，一旦你的报税表格和真实的银行流水存在出入，你就有可能被国税局"盯"上。在美国如果招惹上国税局，会非常麻烦，他们可能会让你回忆几年前的一笔进项，而你呢，当然最好别忘记了这笔钱的来历。

面对美国的种种"不自由"，如果你初来乍到，可能会瞠目结舌、会费解。但是几年后，你也会慢慢理解和习惯这些"不自由"的原因。

孩子不是你的"私人财产"，所以管教得过严或者过宽，社会都会纠正你；房子也不仅属于你个人，同时它也属于整个社区，如果你的前院草皮黄了，不仅仅是你家的房价贬值，而是会影响整个社区的形象；纳税是一种义务，有税收才会有各种社会福利，孩子可以上很好的公立学校，整个社区的治安、公共卫生、公园等社会公共设施的提升和维持，都来自纳税者的自觉纳税。

也因为有了这些很细致地规定了种种"不自由"的法律和条例，几年下来，我们也习惯了各种规矩。现在即使加州有了衣服的"晾晒权"，我们也习惯使用烘干机了（真心不建议在加州晒衣服，阳光太充分了，衣服晒一次就发白了）。我们在日常生活中也养成了记账的习惯，平时就把收入分得清清楚楚，公司收入、个人收入、国内个人收入、现金收入一律要记清楚，用于公司的商品用公司卡买单，用于生活的商品用个人的卡买单。这些备注和说明，不仅仅是第二年报税的时候让你写明的细账，也要求报税之后还要保留 5 年（指加州），以备国税局查账之用。

对于孩子，我们早已养成了平等对待的习惯，每个孩子都是独立的个体，他们很小就有自己的主张，我们能做到的就去帮助他们，而不是代替他们去做决定。所以很多人说，美国的孩子就像小大人，啥事都能上来评述几句，见解还都很独立，不会人云亦云。是的，我们家的那两位也一样。

## 2. 个人主义与集体主义

一天与一位朋友聊天，她早年留学日本，后来定居美国，是个丁克主义者。她聊到每次回国，都会被七大姑八大姨问到生小孩的事情。她先生是个白人老美，因为语言不通，本来也不会受啥影响，但是被说了多次之后，她先生也知道亲戚们在关心什么，奇怪地问她："我们生不生孩子，和你们家的这些亲戚们有什么关系？"

是的，老美们完全不能理解这类舆论，更难了解中国到底有多少立志做丁克的家庭，或者单身的男女，最终是因为周围舆论的影响而放弃了自己的坚持。如果只是观点的不同也就罢了，还有很多家庭是因为生理问题无法生育的，最终在过大的压力下，感情和睦的夫妻选择了离婚。也有很多优秀男女，最终因为过大的舆论压力，而没有能够等到应该属于他们的优秀伴侣，在他们真正的另一半出现之前，草草地选择了一个他们并不中意的人组建了家庭。

在美国则完全没有这种事情，即使在美国的家庭中，个体意识也是一个不可逾越的边界。就是说父母不可以将他们的意识强加于自己的孩子，孩子稍微大些，父母敲门后，必须在被允许的情况下才可以进入孩子的房间，这种个体意识在每一个孩子很小的时候，都会被灌输。

很多老美的家庭，在保护孩子的个体意识上的表现，甚至超出了大多数在美华人家庭的接受范围。比如，父母不会因为孩子体形过于肥胖，而去说"你太胖了，你应该……"他们认为这是孩子自己的事情，当然如果肥胖影响健康，那么家庭医生会提出建议。在健康的基础上，身材的胖瘦，是孩子自己的事情。

学业上也是如此，老美家庭会提供给孩子各种兴趣班，让他们去学习和尝试，但是不像华人家庭那样，过一段时间就会去审核学习的效果。所以老美家庭很少会出现类似亚洲家庭的"虎妈""狼爸",他们觉得最重要的是孩子的兴趣,学习和放弃的权利在于孩子。这也是一种个体意识。

家庭尚且如此,社会更是一样。美国人对于个人的边界是很明确的,如果不给他人添麻烦是一种美德,那么不干涉别人的个人生活甚至就是一种"法律"。美国是一个对于各种私人生活有着极高容忍度的国家,每个人都有权选择自己的生活方式。

中国则有着一套完全不同的体系。中国重视集体与家庭,这种思想是整个华人世界都有的,华人家庭对于孩子的学业是非常重视的,孩子的学习和前途,某种程度上已经不是孩子个人的事情了,而是关乎整个家庭的未来。所以华人家庭无论离开中国多久,在督促孩子学习方面,还是很难去完全学习老美家庭的。

这其实是两种文化不同造成的,之前写到的那位丁克家庭的朋友,她和她先生认为他们家生不生孩子,与她家的亲戚们是毫无关系的。因为他们本身是跨境婚姻,且不住在国内,所以那些亲戚们的舆论,对于他们来说只是一阵微风,没有半点影响。

但是我和她说,其实在国内很多丁克家庭最后没能坚持住,是社会舆论对他们形成了巨大的影响。可能中国绝大多数的丁克家庭是因为生理问题而最后坚守做"丁克"的,有些甚至直接公布自己不能生育的隐私,来堵住这些"善意关心"的嘴巴。美国的这位丁克朋友非常惊讶,问为什么这些"善意关心"要把人逼到这种程度,这与他们没有关系啊?

我说你错了,其实每一位"善意关心"的亲戚内心里都认为你们的"坚持丁克"是与他们有关系的。这就要落到底层逻辑了,美国崇尚的始终是个人主义,而以东亚儒家思想为基础的文化,一直推崇集体主义,父子夫妻,在家庭这个集体中都是各有角色、各有责任的。而几乎统一的价值观,会让社会对于美好归于同样一种状态,比如多子多福、家庭圆满。丁克家庭与高龄单身,这两种状态与社会大多数人认为的美好状态不相一致,所以在潜意识中,你的"坚持丁克"事实上挑战了他们认为的"美好"状态。这是从思想上,他们认为的"有关系"。

另外可以从大家庭的角度来考虑,一个小家庭代表大家族这棵大树上的一片叶子，他们认为这棵大树上的每一片叶子都是互相关联的。好的时候可以相互辉映，不好的时候也会相互影响，中国古代的一些荣耀与责罚都有一个大家庭共同承担的惯例。荣耀的时候是"一人得道，鸡犬升天"，败落的时候是"株连九族"。所以七大姑八大姨坚持不懈地规劝"生个孩子"的"善意关心"，反映出潜意识中他们对此是带着"责任感"的。

个人主义的问题是个体自由多元，方向各异，社会难以形成一种凝聚力和合力，而集体主义的问题是过多地以社会统一的价值观来形成对个体的"道德绑架"。个人主义会凸显个人在集体中的作用，而集体主义会觉得只有集体发展了，个人才会从中受益，古话说"皮之不存，毛将焉附"，就特别能代表这种集体主义的思想。

到底是时势造英雄，还是英雄造时势，东西方的理解本身就是完全不同的。

个人重要还是集体重要，我的看法是都重要。不过我们对于集体的观念可能要发生一些改变，以前的"集体"，最初是以血缘，后是以地域乃至国家为单位，来塑造这个"集体"。随着移动互联网浪潮席卷全球，更多"集体"的观念，最后会落到"共识"二字来。

基于相同的价值观、世界观的人，通过移动互联网的连接而形成一种特殊的组织，这种组织在某种时刻或者因为某件事情形成，瞬间聚集又瞬间消散，这就是一种"共识"社群。这种"集体"，是能够跨越时间、跨越种族、跨越国别而长期存在的。既弥补了个体的弱小，又不会对个人自由造成捆绑，在共识的基础上参与，在不认为是"共识"的时候自由退出，这是我理解的今后世界的"集体"。

# 3. 无处不在的小费文化

国人在行走世界的同时，开始意识到"小费"的存在。当然并不是所有的国家都有小费，亚洲的大部分国家，如日本、韩国、新加坡等地是没有小费文化的，但不包括印度。欧洲国家对于小费的要求是可有可无。行走欧洲的时候，我感觉小费文化也是不强的，记得当时我们的同伴中有一位美国人，他就到处给小费，服务生拿到小费时很是惊喜。

如果搜寻各国对于服务小费的要求，你会看到美国这个国家对于小费的态度是"必须给"。也就是这个"必须给"，让很多人有抵触情绪。我也常常会被国内朋友问道："在美国，小费是一定要给吗？"我的回答是："是的，必须给。"

我非常理解大家对于多出来的这部分 10%—20% 的小费的感觉。早期沃尔玛进入中国时，也采用美国的"商品价格+税"的方式，结果中国大妈们不干了："这个电视机明明就是这个价格啊，为什么后面还要再加一个价格呢？欺负我们中国人吗？"后来沃尔玛只能按照中国的商品标价方式，把商品的价格和税收的价格加起来后再标出最后的定价。数字其实还是那个数字，但这次中国大妈们就高高兴兴地放心购买了。

在美国购物、消费，心里要很明确，你看到的商标上的价格只是商品的价格。在付款的小票单上会加上两项，一项是税收（综合消费税是州固定消费税加上地方消费税。加州的平均综合消费税 2018 年是 8.54%，洛杉矶大部分的城市综合消费税超过 9%），另外一个项就是小费了。当然，购物是没有小费的，只有接受服务才有。

其实习惯了之后，你会觉得这种方式很清楚。比如去餐厅消费，菜金是给餐厅老板的，税收是交给政府的，而小费是给在你身边不停地问你 "Everything

Ok？"的"店小二"的。

几乎所有的餐厅都是需要支付小费的，除了类似麦当劳这种自助快餐。当然有些麦当劳的柜台上也放着一个标示"Tips"的玻璃小罐，那个也是放小费的，这个就看你的心情和手上的零钱了。自助餐的餐厅也是要付小费的，只要是有服务员在你身边端茶送水的餐厅，都是要给小费的。餐厅的小费大概是餐费的10%—25%，具体来说，中餐馆的小费是10%—15%，西餐厅的小费要15%以上。

一般情况下，买单的时候餐厅给你的账单上只含了餐费和税收。如果你用卡付账，服务生会拿走你的卡，刷卡之后附上卡（无论是信用卡还是储蓄卡，都无须输入密码）的签字小票。你会发现除了之前看到的餐费和消费税之外，下面还有两行空白，此时你需要在空白处的一项中写上小费的金额，然后再与上面的金额相加，算出总数后写在最后的空白处。如果你是用现金付款，向店家支付的就是账单上的金额，现金小费是放在桌面上的，可以是纸钞，也可以是找回来的纸钞或硬币。这样就完成了买单的全部。

如果你的就餐人数是超过8个人的，这就属于多人的服务，大部分的餐厅会直接在账单中加上15%—25%的小费。如果你看到账单中已经加了消费项了，你就无须另外支付小费了。如果账单中没有，你需要给出不低于15%（一般情况下要给20%）的小费。

我们会发现，相对于华人来说，老美们（甚至老墨们）在给小费方面往往很大方，有时候餐费才30多美元，小费就给了20美元，这种情况在老美身上是常常发生的。而我们身边的一些在美国的朋友也经常付出高比例的小费。我们之前也问过他们，为什么要给这么高比例的小费，得到的答案往往是一致的。他们在学生时代大部分都到过餐厅打工，很明白这些服务员就是靠小费生活的（服务员底薪不高），也很理解顾客给出多一些小费对于服务员的鼓励。我想这应该也是大部分老美们给出大额小费的原因吧。

酒店里也有很多需要服务的地方，所以要记得支付小费。从登记入住开始，如果服务生帮你推行李到房间，记得给1—2美元；每天离开房间时，记得放1—

◆ 观光游船上的讲解员

2美元在你的枕头上（不要放在桌面上或者床头柜，这些属于客人存放私人物品的地方）；如果你的酒店是代客泊车的，在服务生帮你把车子开到面前时，记得给1—2美元的小费。

大家可能经常会在拉斯维加斯的酒店门口看到金发碧眼的女郎或者非常帅气的大男孩在代客泊车。我的一个朋友，本身就是高收入阶层，但也会非常羡慕地指着这些泊车女郎、先生们说："你看，他们每5分钟就能把一辆车开到门口，每一位客人手上都抓着至少2美元给他，这一天下来至少有200—300美元的收入。如果是美女泊车，小费更多。"我说："所以才能够有这样的年轻金发美女来泊车啊。"

除了餐厅酒店，大家在旅行享受导游服务时，特别是对一些景点的讲解员，是需要支付小费的。家庭出行可以是一家人支付一笔小费，我们往往会让孩子拿着5—20美元（看讲解时间长短和精彩程度）在最后与讲解员告别时给他们，感谢他们的付出。

这次在新奥尔良，我们选择了一个热带雨林沼泽的游船观光。2个小时的时间内，那位讲解员讲得非常生动，还能拿出各种小动物给大家做示范讲解。我们下船后，就给了他20美元的小费，一船差不多有20个家庭吧，也难怪那位船夫兼讲解员那么卖力气地讲解。

如果你在旅行中打的士，或者叫Uber，也要记得额外给2—5美元的小费，美国的Uber设有小费的窗口。如果你选择了叫餐服务（无论在酒店还是在家中），请记得给出餐费的15%—20%。如果你叫餐费才10美元，那么小费至少要 2 美元。

我们这种在美国生活的家庭,会遇到更多给出服务小费的机会,比如理发,正常是 3—5 美元,如果遇到假日,就适当多给一些。叶子的理发师夫妻俩都从事服务行业,他们就专门把小费另外存一个账户,说是留给孩子上大学的费用。

现在我对于小费的看法是非常正面的了。小费的存在,会促进服务人员尽量提供超出顾客预期的服务,也能够直接增进顾客与直接服务者之间的良好关系。毕竟餐费或者酒店的住宿费是给餐厅酒店的,付出的是固定的、无差异化的金额,而与你面对面的这个服务人员,他的服务好一些或者差一些,会直接影响你今天的心情,或者说服务人员提供的服务质量其实是有很大差异的。良好的小费关系,大部分情况下会让我觉得物超所值。

◆ 这位安装钢琴的师傅提供了很多专业建议

去年搬新家时,家里买了一架三角钢琴,钢琴店家是负责送货上门并安装的。送钢琴的两位师傅在运输和安装方面都极其专业,当然这些本身也都在服务范围内。在安装之前,其中一位安装师傅问我安装的方向,我告诉他方向之后,他思考了一会儿并没有立刻动手,我立刻意识到什么(我们之前用的是立式钢琴,也没有很好地考虑新钢琴的安放位置),于是请教他对于钢琴方向的看法。显然他对于这种三角钢琴的安放已经有无数的经验了,他说出了他的想法和这样安放的原因,结合了窗户的光线,弹琴者偶尔抬头时的视觉感受,声音在整个屋子内的传播,等等。听得我都呆住了,后来我支付了他一笔不菲的小费,我觉得这笔小费付得太值得了。

也是搬新家的时候,我们要安装新的电话以及宽带网络,我记得来的是一位帅气的黑人小哥,结束后我额外付了他 20 美元的小费。他高兴之余,详细检查了我们家连接到户外的线路,然后免费帮我们更换了其中一段有些老化的电线。材料是公司的,小费是自己的。

我现在倒是经常在想,如果国内引进美国的小费文化,会不会让那些面无表情的、机械式的服务员绽放他们真正的笑容呢?其实从美国社会可以看到,这种小费文化是非常良好地促进了服务者与消费者之间的互动。我们可以在国外给出小费,也可以给老师们各种"礼品",为什么不能够主动地给辛苦为我们服务的餐厅服务生、酒店服务员、洗车小哥、搬运家具的师傅、那么晚还送货到家的大哥、准时送餐上门的小哥们一些"小费"呢?

# 4. 老妈和老婆都掉水里，美国人先救哪个

老妈和老婆都掉进水里，你会先救哪个？

这个问题大家都熟悉吧，这是摆在中国丈夫面前的一道难题。在中国的环境中，无论怎么回答都会招来非议，这个问题在中国就是一个"坑"。所以现在也没人刻意去问这个问题了。在美国，也没人会问这个问题，不是因为它难回答，而是因为它太好回答了，以至于没有人会去问。

大家想知道答案吗？这里没有脑筋急转弯，美国人 100% 的回答是："先救老婆，这还用得着问吗？"中国读者也许会追问一句："那老妈呢？"答案是："有她的丈夫去救啊。"

是的，这里就涉及美国人的家庭观念的问题了。在老美的家庭中，老婆永远是第一位的。虽然每一位家人对自己都是很重要的，但是如果要老美们排一个顺序，他们会很清楚这个排序：老婆第一，孩子第二，父母第三。我相信这个和中国的家庭顺序观念是不同的。

这里需要先把美国的"家庭"大小圈儿摆清楚。第一，如果你成年了，你的父母与你是两个家庭；第二，如果你的孩子未成年，那么他们和你可以算一个家庭，但在他们 21 岁之后，无论是否结婚，就也不属于你们的家庭了。当然这是法律意义上的"家庭"的概念。

把美国法律上的"家庭"概念搞清楚，也就基本区分出了美国广义和狭义上的家庭概念了。从一个男人成年后的完整生命时间来看，老婆是和自己伴随终生、共同组成一个法律意义上的家庭的人，所以老婆是第一位的，然后是子女。因为

在子女成年之前，他们和你组成一个狭义上的家庭。从你成年之后，法律意义上父母与你是两个家庭。这就是"老婆第一，孩子第二，父母第三"的法律依据。

美国社会是一切先定规矩，哪怕再细小的问题，都有规矩。这有些类似飞机上的安全通告：在遇到紧急情况时，自己先戴上氧气面罩，然后再协助身边的孩子戴上氧气面罩。你能做到的范围（其他人的则不用管）和顺序，一句话都交代得清清楚楚了。一旦遇到突发情况，你就按照这个规矩做，没有人能够用道德去绑架你。

顺序摆清楚了，剩下的关系就好处理了，比如中国男人最为纠结的婆媳关系，在美国就不用纠结了。

按照中国传统的观念，成年子女与父母还是一个家庭。儿媳妇是"娶进门"的，进的是夫家的门，门内原有的家庭成员除了老公之外，还有公公和婆婆。这个儿媳妇除了要和老公过好二人世界之外，还要与家庭的其他成员处理好家庭关系。这就是中国大家庭的现实情况。因为有"娶进门"这个观念的存在，所以即使有些小夫妻与父母是分开居住的，如果婆婆来到小家庭时，也不会感觉自己是外人，依然"责任心"极强。有些甚至会越过儿子、儿媳来"关心"孙子孙女的日常生活，这就造成很多责、权在两个家庭的重叠。

在美国不用纠结婆媳关系，首先是因为两个家庭的关系非常清楚。孩子成年之后大部分都搬出家门了，成立小家庭之后，老父母如果到年轻人家里，关系也是非常明确的，就是来做客的。客人不会去管主人家的事，所以就没有"婆媳关系"纠结的基础。其实美国的父母到子女家做客的情况不多，大家庭的聚会一般就是在各种节假日，更多的是子女带着孙子、孙女去爷爷奶奶家聚会。

看到这里，可能很多中国的老父母都拍手称好，说我们本就不想管年轻人那么多，我们辛辛苦苦地拉扯大孩子，他们成家之后，还要让我们去协助带孙子孙女，多关心几句还被子女嫌弃唠叨。是的，这就是中国的现实情况，两夫妻工作都忙，没有时间照顾孩子，只能依靠爷爷奶奶的协助，才能维持日常生活，这种情况大量存在。

这里我先说一下美国的情况。在美国，几乎所有的家庭，如果两夫妻都上班无法照顾孩子,夫妻中的一个就会选择放弃工作转变成全职妈妈或全职爸爸。

针对中国那种三代人住在一起的家庭给出个人建议:

如果你目前的家庭是属于公婆开明、儿媳贤惠的,那么恭喜你,拥有一个美好的大家庭。但如果你目前深陷在纠结的"婆媳关系"中,那么你最应该做出的一个决定就是,你们的家庭自己独立出来,承担自己家庭的一切事务。该其中一位放弃工作的,就要咬牙放弃,成为全职妈妈或爸爸,而不要把自己应该承担的事务推给老父母。

我看过国内一些三代人的大家庭生活在一起,各种的不和谐,搞得两个家庭都极为烦恼。在这种情况下,其实可以学习一下美国家庭,家庭成员中的一位成为全职妈妈或爸爸,一来解放了老父母,他们应该去过美好、休闲的退休生活,二来父母直接带孩子,相对来说这比隔代带孩子的教育效果要好很多。

当然在美国,也不是全部有孩子的家庭都能实现一人打工养活全家的,也有很多是双职工家庭,但他们一样是自己带孩子的。但是,美国家庭的优势是不加班,而现在的中国,哪个单位不加班呢?所以这就造成了几乎整个中国社会都是由爷爷奶奶、姥姥姥爷来带孙子的现实。

这当然是社会问题,我有时看到那些纠结在三代人各种矛盾中的家庭,会一咬牙说出这么一句话:"各个公司也许就是看准了每个家庭背后都有上一代在帮忙带孩子、帮忙做家务,才敢这么压榨员工的工作时间。"在美国,除了有劳动法、税法(要求高额加班费)来保护员工准时下班外,每个家庭下班后都要接孩子,所以也没法让员工加班。

把这些瓜葛理清楚后,大家应该已经清楚了美国的家庭关系。父母与子女固然会陪伴你走过很长的时间,但是老婆才是真正陪你走完一生的人,这就是为什么美国人始终把老婆排在第一位的原因。

# 5. 给中国"剩女"们指一条明路

中国的"剩女"分为两种：一种是"丑女"，一种是大龄女士（这里包含了离异女性以及带着孩子的单亲妈妈）。而在我们身边，这两种女性在美国找到好归宿的例子比比皆是，所以很有必要写这篇文章，告诉国内的"剩女"们，永远不要放弃自己。

这里先说大龄女性吧。我们的一位朋友在我家喝茶闲谈时，说到她20年前来美留学毕业后，嫁了一位与她年纪相当的金发碧眼的老美。现在家庭幸福，那位优秀的老公与她携手相伴10多年，至今恩爱如常。她聊起当年选择婚姻时的一段趣闻，也可以代表中美两国在婚姻观念上的一些差别。

这位朋友在日本和美国辗转完成学业时，已经30多岁了。当时摆在她面前的有两种选择：一种是回国找老公，一种是就在美国寻找婚姻。她先是选择了回国，同学聚会时，她的一位男同学直言不讳地说："你还是回美国吧，在中国，你根本没机会找到好人家了，因为你年纪太大了。"她当时是不相信的，在国内也相亲过一段时间，直到一位50多岁且离异的先生也因为年龄问题而看不上她时，她才死心塌地地回到美国，后来遇到了现在的这位先生。

现在的这位先生，应该是中国女性心中最理想的伴侣了。除了年纪相当、金发碧眼之外，这位先生与她一样也是一婚，而且因为热爱健身，所以本身一米九的身高，配上健壮的体形，让这位朋友每每与她先生回国，都引发同学、朋友的尖叫。所有人都感叹，以她当初的条件竟然能够找到这样条件的伴侣！

我们的朋友中除了上述这位朋友是跨国婚姻之外，还有不少是二婚，甚至是带着孩子嫁给老美的。从身边的例子看，也基本是同龄伴侣。这类女性，选择了跨国婚姻，绝大部分是走上了一条正确的道路。

先说国内环境吧，很多女士吐槽现在的中国男士的择偶思想：20岁时想找20岁的女生，30岁时也想找20岁的女生，到50岁了，如果有条件，还是想找20岁的女生，这就是现在中国大龄"剩女"存在的基础。

以上虽是女士们的吐槽，但不可否认目前中国社会存在这样的环境。男士们有这样的择偶标准，意味着不少优秀的大龄女青年一过30岁，就已经进入"剩女"行列了。然后按照国内的标准，二婚大龄女性、二婚且加个"拖油瓶"——带着孩子的大龄女性，那就是"齐天大剩"了。

这里，我给这些女生（女士）们指一条明路，跨国婚姻其实是你们不错的选择。那么，为什么老美们会接受这些在国内婚恋链条中处于最低端的各类"剩女"呢？

首先，老美们并没有那种50岁想找20岁的观念和环境。这里提到的环境，与国内一样是舆论环境。绝大部分的老美是接受年纪大致相当的婚姻的，所以他们完全不会顾忌伴侣的"大龄"，会让他在亲朋好友面前没"面子"。如果出现50岁找20岁的这种婚姻搭配，反而会引起大家的"关注"。

其次，绝大多数的老美男士是不染头发的，他们觉得自然就是美，白发象征着阅历和智慧。如果一位明明已经六七十岁的男士顶着满头青丝，反而会被身边人耻笑。这与中国的社会观念也有较大差异，这也能够说明他们为什么能够接受大龄女士了。

最后，老美对于伴侣从之前家庭带来的孩子，绝大部分是可以当成自己的孩子来抚养的。这一点无论是白人还是拉丁裔的老美，都是如此，他们完全没有那种"后妈""后爸"的纠结心态和差别心。

我们另外一位朋友，就是带着孩子嫁给现在的老美老公的。她曾经问过现在的这位先生，是否想再生一个孩子，她先生的回答是不需要，现在这个孩子（妻子从之前家庭带来的）就很好。用一句话说就是："她已经是上帝赐给我们的最好的礼物了。"日常生活中，她老公也是完全把这个孩子当成自己的孩子，既不会忽视孩子，也不会因为"后爸"的心理而过于溺爱孩子，"爱"和"严格"是一点都不缺的。

说完大龄"剩女"，再说说"丑女"。用"丑女"这个词，是因为国内一句调侃的话，说："美国人都娶了中国的丑八怪。"这里我要先批判一下"丑女"这个词，这个词在美国肯定是被批判的，在老美的世界中，只要是自然的就是最美的，所以其实还不是什么"中西方审美观不同"的问题。

我们来自东方的家庭还是希望女孩子又美又白的，所以叶子每天都给我们家两个女儿擦了防晒霜才让出门，后来发现美国的防晒霜只防止晒伤，不防止晒黑。我们家 Yuna 自从上了小学，户外活动课程增加，肤色就一直是小麦色，叶子本想让她上学时戴帽子，但是 Yuna 说全校就没有哪个孩子是戴着帽子的，因此加州的孩子，一个个都是黝黑的、健康的肤色。

是的，这就是自然的颜色，老美更喜欢这样的肤色，而我们东方审美中的那种白皙，会被老美认为是"苍白"、不健康的。

而且，美国男生喜欢的是健康的身材，那种东方的弱不禁风、娇滴滴的女生，在美国也不受待见。反而是那种有胸有臀，大腿粗壮，能够和他一起换轮胎的女生，在美国男人的眼中才是最性感的。

除了自然的肤色、健康的体形外，很多老美是喜欢亚裔女生的，喜欢那种带有非常明显亚洲风的长相，比如单眼皮、矮鼻梁、小翘唇的女生，这种长相在中国男生的审美中是太普通了，所以并不觉得美，但是对于老美来说，这就是东方美。

看完这篇文章，是不是国内的一些女生，开始重拾信心了呢？

是的，在我身边看到太多的这种案例了，其实大家从新闻中也可以多少了解一些。扎克伯格的妻子普莉希拉·陈，还有那位超级名模吕燕，其实她们并不是更符合老美们的审美观，而是她们健康、自然、自信的感觉吸引了西方男士。

美国男生选择伴侣大多只凭感觉、只谈感情的，而英国男士则相对会看家世背景，但是这些年也是"美国化"得厉害。前一阵子英国的哈里王子大婚，又给一群"剩女"们带来了希望。看到婚礼上的王妃——梅根·马克尔的那一刻，据说全世界的有色人种女性、二婚妈妈和大龄"剩女"们仿佛都看到了希望。

# 6. 东西方表达爱意，有哪些不同

看完《卧虎藏龙》的第二部《青冥宝剑》后，我不由得回味起年十几年前上映的电影《卧虎藏龙》。想起里面的一个经典镜头——李慕白在临终的时候，对于秀莲说："生命已经到了尽头，我只有一息尚存，我已经浪费了这一生。我要用最后一口气对你说，我一直深爱着你。"电影中播放这一段话的时候，据说在美国的电影院里，那些老美们哭得稀里哗啦的，而在中国的电影院里，这个段落被笑场了。

为什么会这样？因为中国人没有这样说"爱"的。李慕白可能最后也会表达出来，但是不会以这种方式表达，这是一种很"老美"的表达方式。

但应该说李安对于中国文化的理解是非常深刻的。他对中国文化的理解已经融入这部影片的方方面面，而且他对中国人情感的描述也是非常精准的。整部《卧虎藏龙》，其实是压抑的，只是在最后将情感释放出来。以让外国人看得懂的方式去释放——让李慕白把情感完整地说出来，这里面就有东方和西方之间关于表达爱情方式的差异了。真正的中国人，我们就是到最后也是非常含蓄的，我们习惯于把非常浓烈的感情，用非常淡的方式去释放。我想这算是中国文化的一个特点吧。

我们中国人表达情感的方式，会夹杂一些其他因素，一些传统的因素、文化的因素以及国人性格的因素等。我们说"大爱不言"，可以用其他的方式去表达，还有一句话，叫"大恩不言谢"，其实这些都是我们中国传统文化的精髓，很多情感不轻易说出来，最后变成连"对不起"也很少说了。比如，夫妻间的矛盾和谅解的过程，美国人往往比较简单，会把"Sorry"说出来，再大的恩怨，一句"Sorry"也就结束了。而我们更多地会用其他的方式去表达，即便是家庭亲人间也是如此。

前一阵子一位朋友的外婆因为脑出血离世，这让我想起了我的父亲。父亲是在《卧虎藏龙》上映的 2000 年走的，也是因为脑出血。父亲是一个非常严肃的人，小的时候对我很严厉，后来他因为很忙，也就没有时间管我。所以，在我的印象中，他和我之间没有过关于"爱"的直接表达。唯一的一次竟然是我听别人说的。那时候我还在上大学，在完成一件非常"繁重"的工作后，他认为我做得很好，还送我一件礼物，但他却没有把对我的认可和爱说出来。我当时是明白父亲的意思的。而这件事是在父亲去世之后，他的一位朋友告诉我的，他说其实你父亲始终觉得你很棒。然而遗憾的是，我始终没有得到父亲当面的认可和鼓励。

叶子经常说，恋爱结婚这么多年，我几乎没给她送过花，也没有怎么表达过爱意，其实我知道自己一直是以其他的方式在表达的。记得在我们刚到美国的前两年，因为工作两头跑，家庭在美国，我自己更多时间在中国，那个时候确实是有过分离的苦楚的。虽然可以和家人视频、打电话，但是有的时候还是会感觉孤独。有一次我参加一个读书会的活动，那时候流行三行情诗，就是写三个短句再配上一幅画表达情感。我找了一幅当年我走在峡谷地国家公园的"天空之眼"的拱门上面时的照片，配上了这样一段话："你不在，风景越美，我就显得越孤独"。后来这张照片和这段文字被读书会评为十张最好的图片之一并制成了精美的明信片。但即使这样，我那个时候也没有立刻发给叶子，因为当时觉得在我们中国的文化中，直接表达这种情感显得有些做作。之后不久我到美国，叶子在我的手机里面发现了这张配字图片，她看完很感动，也明白这是我表达给她的。

大女儿 Yuna 三岁时我们来到了美国，那时她开始接受美式教育。在这边，家长们送小孩子到学校门口的时候都会拥抱一下，然后互相说"我爱你"。开始时我一直不习惯这样表达，但女儿每一次都会很自然地说"爸爸，我爱你"。久而久之，我也慢慢地把"爱"对她说了出来。再比如睡觉的时候，她临睡前都会到我的书房来，说一句"爸爸晚安，爸爸我爱你"，说得很自然，慢慢地我也很自然地接受了这种简单、直接的表达爱的方式。这种习惯慢慢地传导到家庭中的每位成员，虽然我和妻子还是不太习惯把"爱"放在嘴边，但有时暂时分开的时候也会拥抱一下，或者每天被什么事情触动的时候，会拥抱一下。

美国人对于情感的表达也是很直率的，包括男生追求女生也是这样。叶子说，她走在路上，会有男生过来搭讪，当然看上去也不是那种街头混混的男生，他只是看到你了，然后就过来跟你搭讪。第一句话就说你非常漂亮，然后第二句话就非常直接地问你结婚了没有。叶子当然回答说自己结婚了，对方就说那你老公好幸运，这种情况至少出现过两三次。

我常常游走在中美两国，很清楚中美这两个国家的文化差异，这两种文化很不同，但同样优秀。中国这种含蓄的表达方式，在《卧虎藏龙》中被李安理解到了精髓，所以他能够借李慕白之口将它释放出来，而且还能以让老美看得懂的方式，让老美感动，这个是很难得的。我们中国人在表达情感的时候，其实都会先压抑一下，哪怕单纯如友情，往往也是大家心领神会就够了，如果有人拍着你的肩膀说兄弟如何如何，我们反而会觉得很奇怪。真正的兄弟，哪怕相交二十多年的，也从来没人说过这样的话，最多在喝醉酒的时候说："这么久的时间，大家还在一起，真的很不容易！"但是在我们清醒的时候，是很难把这些话说出来的。

这是我们民族的一种文化，含蓄的表达，意思到了就好。不过我现在也很深切地感受到，其实有的时候情感表达出来也非常好，因为有时如果一些情感不表达出来，也许可能会是一种遗憾。就像《卧虎藏龙》中李慕白说的"我们能触摸的东西没有永远"。"树欲静而风不止，子欲养而亲不待"，很多时候我们认为总有机会去表达，却不知道错过的那一次可能是"最后一次"。

# 7. 美国家庭的面子工程和社交文化

美国大部分家庭是独门独院，前院有一片草坪，自动喷水系统每到黄昏或者清晨，就会升起来，自动喷水。每户家庭都有两个门，一个是入户门，开门就直接进入室内，另一个是边门，直通后院。这个门通常是个大铁门，打开之后到后院的通道通常足够驶入一辆汽车。

说到一户家庭的房屋面积，往往有两个面积要特别说一说，一个是占地面积，就是房屋加上前后院的面积，另一个是房屋的建筑面积（如果房屋有二楼，要加上全部的使用面积）。一个房屋如果出售，在房屋说明上除了这两个面积外，还要写明有几个房间、几个卫生间[①]，当然需要体现的还有车库的车位。

每个房屋的价格除了直接受到房屋的面积、整体功能（泳池或者花园情况）、建成或者装修年份等房屋本身的硬性指标影响之外，这个区域的位置、学区情况、社区面貌也会对这个房屋的价值产生较大的影响。

很多房产经纪在带你看房子的时候，都会特别提醒你，这个社区如何美观，这个区的邻居如何不错等。不可否认，购房者对于某个房子的第一印象是来自这个社区，而不只是房屋本身。因为房屋买下来后是可以进行改造和装修的，而社区面貌就不是自己能够改变的，这就像后院的风景一样。

所以每个房屋的前院，其实是整个社区的门面，如果一户人家的门口杂草丛生，那么整个社区的价值就会下跌。所以绝大部分的美国城市，都会对屋主有维护前院草皮的要求，如果被发现草皮没有修剪，社区会先垫钱让人来修剪，工钱加罚款随后会寄上门来。我家在购买下现在的房子后进行装修时，向市政府申请

---

① 必须有完整的浴缸才算一个卫生间，如果只有淋浴池就只算半个卫生间。

了装修许可，结果市政府的工作人员上门第一件事情就是顺便检查一下我们的前院花园，如果草皮不够"美观"，估计装修申请可能就不批了。

◆ 万圣节时门口的南瓜

◆ 万圣节的前院布置

洛杉矶大部分的房屋都是直接面向大街的，所以每到万圣节和圣诞节，家家户户就开始了一年中最重要的两次前院布置。万圣节突出的是南瓜灯和蜘蛛网，要的就是那种鬼节的效果，用心的家庭会在前院的草皮和树上布置各种"鬼魂"、"吸血鬼"和"木乃伊"。而圣诞节几乎就是灯光秀了，家家户户用各种LED灯带把整个建筑勾勒出来，前院草皮上安放各种发光的圣诞造型，有圣诞老人、鹿、卡通吉祥物等。

从这两个节日中房屋前院布置水平的高低，基本上可以判断这个社区的段位。好的社区甚至会对每个家庭节日的布置进行评选，第一名会赢得高额奖金。当然这也是这些街区的传统项目了，我们在洛杉矶待久了，大致知道平安夜前应该去哪些街区去看灯。

从定居洛杉矶开始，我们每年也布置前院。超市在万圣节前会摆满南瓜，圣诞节前也是各种布景造型，孩子看到后很兴奋，于是每年买一些，几年下来，万圣节或者圣诞节时，我们屋子的各类装饰也已经很精彩了。现在也就理解了刚到美国时，为什么会看到老美家门口有那么多的节日装扮了。当然，节后要一律规整清楚收入车库中，方便第二年继续使用。

 ◆ 圣诞节的灯火秀
 ◆ 灯火秀点亮圣诞节

如果说屋子前院的作用主要是"面子工程",那么美国房屋的后院,有一项特别重要的作用,就是体现"社交文化"。

我们初到美国时发现当地人的聚会绝大部分是设在家里的,而不是我们在国内聚会时常常去的各种饭局、KTV。社交地点的变化反映的其实是社交形式的变化。国内的社交基本是以个体为主体,同事、同学等可以带上另一半的各类聚会毕竟是少数,如果你敢再带上孩子,主人可能连位置都不会给你预留。

这种以个体为主的社交场所,当然可以在各种饭局上、K歌房中,总之是不会在家里的。而国内的妻子们对丈夫常常在外应酬充满抱怨,称为"不着家"。美国的社交活动却大不相同,当然这里我所谈的是美国绝大多数的中产阶级家庭的社交活动。美国的社交场所,大部分就是在自家的后院中。因为是家庭聚会,所以美国人养成的习惯就是夫妻一起参加社交活动,已婚的参加者如果不带上自己的伴侣,又没有合理的解释,那么大家都会觉得奇怪。

因为我们有孩子,所以我们家在美国的大部分社交活动,是围绕孩子进行的,我们认识的第一批在美国的朋友,也大部分是Yuna的同学的家长。所以我们常常能够收到为庆祝孩子生日而举行的家庭聚会的邀请,这个也算是为数不多的美国社交活动(美国人下班后极少参加应酬活动)吧。

即使是家庭聚会,美国人对于礼节也是很重视的,特别是孩子的生日。孩子之间是很熟悉的,但是家长之间还是第一次接触,所以一般要至少提前一个月的

时间以正式明信片的方式发出邀请，写明聚会的时间、地点，而接受邀请的家庭也要写回函，写明是否参加，以及几个人参加（可以是父母同去，也可以是父母中的一人带孩子去）。

美国很多社交活动是围绕孩子进行的，孩子们在院子内玩耍的时候，大人们的社交活动就开始了。这种家庭聚会，如果是正式的生日 Party，那么食物饮料就全部由主人提供。房屋主人会在后院提供自助餐饮来招待来宾，宾客们自由地拿着饮料、纸盘①在后院认识新朋友，或者与老朋友重逢。

除了孩子的生日外，美国的独立日也是家庭聚会的好日子。因为是法定假日，又因为前后没什么其他节日能够连带休假旅行，所以独立日大家聚一聚，在后院组织一场烧烤，几乎成为独立日的一部分。

美国的烧烤文化和美国家庭的花园文化之间是怎样的关系呢？有一阵子这是挺有趣的话题谈资。大家争论的焦点集中在，是因为二战后兴起的户外烧烤文化促进了家庭要把自己的后院打理整齐，还是因为大家有了漂亮的后花园，才招呼朋友过来烧烤而形成的烧烤文化？不管怎样，目前美国大部分的社交活动是在每个家庭的后院完成的。

在美国，地产开发商要完成房屋的精装修后才可以销售，但是这个精装修是不包括后院的。我购房时也看过一些新房（洛杉矶绝大部分的房子是二手房，类似国内的一手期房较少），每当看到样板房精美的后院装修时，都会被提醒：交付的新房是不含后院装修的。如果你特别满意目前看到的后院，只能多加 100 万买样板间了。

我曾经说过美国的装修费是很贵的，但是相对于室内装修来说，室外的装修更贵。无论你要设计后花园，还是挖个游泳池，都是一笔不小的开支。当然之后的维护，更是要花费你大量的金钱和时间了。美国的老人不跳广场舞，后院就够消磨他们大量的时间了。

我们也一样，父母每次来美国，几乎天天是泡在后花园。与白人家庭的后院

---

① 几乎所有的家庭聚会都是使用一次性的纸盘、纸杯，美国甚至有专门为家庭聚会做的主题式一次性餐具。

稍微不同的是，华裔家庭在考虑后花园的各种鲜花景致时，大部分会务实地种上一些果树。我们前一任的房主也是亚裔，所以我们入住时正好享用了他们之前栽种的各种水果。每种水果的成熟季是不同的，所以我们足足享用了自家院子里半年的水果。从枣子开始，然后是柠檬、芭乐、柚子、柿子和龙眼，还有邻居家爬藤生长过来的石榴（长到我们院子的部分可以采摘），经过我们进一步开垦，今年估计会增加草莓、西红柿、火龙果、枇杷等。

  房子的不同的确会造成生活方式的不同。因为大部分的美国家庭有后院，所以"亚马逊"才提出用无人机送货，直接投放到每个家庭的后院，也因为有后院，才有了后院的社交文化。这种文化不仅体现在民间。近年来，中美领导人会晤地点如果是在美国，基本不会选择在白宫。比如习近平主席与奥巴马会晤的加州安纳伯格庄园、与特朗普会晤的海湖庄园，这种类似中国的"家宴"的形式，其实也就是美国家庭聚会中后院社交的延伸。

# 8. 赴美生子，你不知道的那些事儿

2013年的一部电影——《北京遇上西雅图》让国人第一次认识了"赴美生子"，而现在，"赴美生子"已经成为国内中产阶级比较熟悉的一个话题了。虽然这个话题现在还是众说纷纭，但是不可否认，这种行为已然成为这个时代一种特殊的社会现象。

在美国很多城市，赴美生子已经形成了一套极为成熟的商业链条。美国有月子中心、月嫂、妇产医院，甚至是代理办证，整套商业链条运转了好几年，各个环节也都比较成熟。不过在国内，围绕着"赴美生子"这个话题，始终是略带争议的。

因为存在利益链条包装的因素，说它好的当然说得非常好，说不好的又说得很不好，众说纷纭。那么，赴美生子的争议焦点又是什么呢？

2015年，FBI针对美国洛杉矶的一些月子中心的违法行为做了个"三月扫荡"。这次的事件是目前看到的与"赴美生子"相关的最严重的案件了，也给赴美生子是否违法这个问题蒙上了更多的阴影。

洛杉矶的罗兰岗算得上是赴美生子的"圣地"了，众多月子中心聚集于此。2015年3月，由FBI牵头对罗兰岗月子中心展开大规模的调查。事情的起因是这样的，当时的月子中心运营模式是：市场在中国大陆，而具体经营地在罗兰岗。这里存在一个关键的问题，就是如何付款。很多经营者在国内开了一个户头（也许还不是他们本人的名字），让国内的客户直接把人民币打到这个户头上，然后这些经营者在报税的时候没有申报这类在境外支付的收入，当然这就存在偷漏税的问题了。

随后，个别经营者由于同行业竞争被人举报。因为偷税漏税在美国是大事，估计又涉及境外汇款等问题，FBI就介入调查了。美国还是很讲究取证的，所以调查方先由FBI的女警化妆成客户，去月子中心洽谈赴美生子这件事。具体询问资金走向：钱从哪里打、打到什么户头、过来享受什么待遇等等。而这个月子中心居然还教这位女警"在签证的时候怎么隐瞒怀孕的事实，过海关时再怎样隐藏自己的肚子"，等等。

从一个偷税漏税的问题，又引出了教人签证欺诈的问题。然后继续往下查，又查出了福利欺诈（月子中心利用顾客的资料去申请食品券等福利）、洗钱（境外营业收入利润转成其他方式进入美国，现金消费）等问题。之前在此过程中并没有出现针对孕妇的执法问题。警察把这些问题调查清楚后，又去找那些客户（孕妇），希望她们做污点证人，这样证据就全面了。结果又冒出了一件事，这些孕妇前面答应了，同意出庭作证，但后来想想觉得很担心，就直接跑回国了。结果警方对这些孕妇申报通缉，事情也就越搞越大。

现在回头来看，这件看似是与"赴美生子"相关的事情，其实是由于个别月子中心偷漏税后引出的签证欺诈、福利欺诈、洗钱、污点证人违反约定等一系列问题。而最后这件事情的结果，是没有任何一个孕妇因为"赴美生子"而被定罪。

"赴美生子"从法律上看，在美国是合法的。美国出生地定国籍的做法沿袭了英国，1868年被明文写入宪法第14修正案。其中第一款规定：任何在合众国出生或归化并受其管辖者，均为合众国及所居住州公民（All persons born or naturalized in the United States, and subject to the jurisdiction thereof, are citizens of the United States and of the State wherein they reside）。

这个出生地原则也不是没有过争议。在19世纪美国排华运动期间，曾出现过很著名的黄金德案。一对中国夫妇在旧金山生下儿子黄金德，然后于1890年返回中国探亲，1895年黄金德返回美国时被美国海关拘留。海关认为他父母是中国人（当时还是清廷），因此黄金德属于中国公民，根据当时的《排华法案》，不得入境。这起官司一直打到美国最高法院，最后根据宪法第14修正案，以6：2的裁决结果，判定黄金德属于美国公民。

美国是个移民国家，每一户家庭往上数三代，基本都是外来的移民。而在东西海岸，自己就是第一代移民的也不在少数。相对来说美国是个地广人稀的大国，所以人口对于美国来说，是红利而不是负担。这与中国香港的情况完全不同，很多人根据香港对于赴港生子的不友好态度，来推测美国社会对于赴美生子的看法。美国整个社会是尊重弱势群体的，所以对于孕妇和婴儿是第一优先的，无论在美国哪个城市，人们对于孕妇和孩子的礼让和友好，很多到过美国的朋友都是有感触的。

另外，赴美生子也并非中国大陆首创，最早在美国的月子中心是照顾中国台湾人的，所以可以推测早期的台湾人也是在美产子的。此外韩国人、墨西哥人在更早的时间就这样做了。基本来说，中国大陆的父母赴美生子全部自费，生产之后也是规规矩矩地回国，而墨西哥人更多的是父母本身就是非法移民，然后老墨的家庭习俗又是生很多的孩子，最后只能借助社会福利来生活。

可以肯定，赴美生子，在美国是完全合法的。但是赴美生了子，然后呢？生了"美宝"的家庭的未来规划该如何选择？如果美宝回到中国，该怎么享受同等教育？如果"美宝"在美国上学，那么父母又该如何陪伴呢？……这些才是为人父母必须要考虑的关键问题啊。

# 9. 环环相扣的报税体系

对于很多回国过春节的华人华侨来说，过完正月十五回到美国的第一件事情就是报税。2018 年美国家庭报税的截止时间是 4 月 17 日，美国法律规定应该是 4 月 15 日的，但是遇到周末或者节假日，就往后顺延了。报税，绝对是美国家庭一年中最重要的家庭事务之一了，因为它不仅仅意味着你的家庭要向政府交税，而且与你和你家人的个人信用体系是关联着的。

与中国以公司为主的税收体系不同，美国的税收体系是直接关联到家庭的。中国是期间征税（每个月发薪资时直接扣除个税），美国是次年征税，在第二年的 2—4 月份缴纳上一年度的全部个人税，包含了社安税和个人所得税。当然也有按照季度的预交税，但那是根据上一年度交税情况进行的预交，最终都要在次年 4 月 15 日之前的准确报税中校正。

美国人对于报税有着虔诚的态度，除了日常的工资收入、个体协作获得的收入外，连一些诸如小费之类的现金收入都要纳入申报的范围。而绝大部分美国人的确都做到了，也就是说餐厅服务员、理发师这类服务人员，对于自己收到的税务局根本无法审查的小费等收入也都如实申报。于是有人会问，这怎么可能啊？他自己每天收的哪里能记得清楚呀，又如何在一年之后进行申报呢？回答是，他要记清楚的。收到的每笔小费，纳税人都需要每天用一个小本子记下来，然后在一年后进行汇总申报。

很多国人一定觉得这很难做到，现金不像转账，收入和支出都很难留下痕迹，如果有所隐瞒，国税局也很难追查。是的，的确难以追查，但是绝大部分美国人在现金收入方面还是如实进行了申报。一方面是他们有着良好的税收意识，由衷地觉得纳税光荣；另一方面个人报税情况又与个人消费、个人信用等体系环环相扣，如果你没有那种精密计算的会计思维，最低的成本就是你老老实实地纳税。

美国社会对于现金的流通是有限制的。银行每天每台 ATM 机的提取限制是 500 美元，而柜台对于 1 万美元以内的存取没有限制，但是如果你频繁使用这个极限额度的话，极其容易引起监管部门的注意。大家可能看到过媒体报道，某著名导演在 2011—2012 年间分 50 次向四家银行的 6 个账户存入现金 46.4 万美元。3 年后此事被追查出来，该导演因涉嫌洗钱而遭控告并被捕。最后当事人同意补交各种税金，甚至加上 2009—2011 年的罚款和利息，共计 29 万美元，而最终庭外和解。

这件事其实主要是当事人对于美国的税收体制和现金使用规则不清楚造成的。当然从案件看，当事人在 2009—2011 年的报税不实最后也被罚款了。但是作为 20 世纪 90 年代就成名的该导演来说，46.4 万美元的金额应该并不是他存心要规避的收入，更像是完全不了解美国的银行和财税体系而犯下的小错误。类似情况很多，他们往往从一开始拥有美国绿卡时就搞不清楚状况，然后不断地用一个错误去遮掩另外一个错误。如果一开始就上报清楚资产和收入，完全不用这么麻烦去处理这不到 50 万美元的现金。

作为新移民，第一年报税是极为重要的，这个报税时间其实是在你登陆美国的第二年的 4 月 15 日之前。这次报税除了要报上一年度的整体收入情况外，很重要的一点就是要报家庭资产情况。很多新移民在填这个表格时心存犹豫，因为之前接受的观念是美国征税太重太严格了，所以往往第一时间想的是如何隐瞒自己的部分资产。而绝大部分美国的会计师并不了解这些新移民的思想，你报多少他填多少，第一次的错误就这样犯下了。

这个资产申报，类似于会计账簿中的期初余额。美国的征税是收入征税，而不是资产征税，但是很多人被美国的地产税搞蒙了，认为美国人是全部资产都要征税的，所以在报这个期初余额时就有着诸多顾虑。实际上适得其反，如果你在期初余额上没有把你全部资产都申报上，那么今后你一旦要用到没有申报的那部分资产时，就没有其他办法了，只能按照当年收入的方式，才能进入你的资产体系。如果这样操作，那么你就继续纠结吧，当年收入达到

19万美元以上，就要面临35%的个人税率（按照2018年美国总统特朗普的税改要求的最新税率）。

好吧，这时候很多人往往会为了弥补第一个错误，而制造出更多的错误。比如现金存银行等五花八门的手段，自以为是八仙过海，各显神通，但最终都没法避开美国税务局这个精密规划的税收体系。

在第一年申报资产的时候，除了申报家庭的固定资产、银行存款、持有的股份之外，还要把你个人在国内的银行卡如实申报。第一年申报收入的时候，除了美国的收入之外，作为新移民肯定会有中国的收入，这是必须申报的。很多收入要配合你银行卡的收支情况来作为证据，所以有些人隐瞒申报可以产生收入的固定资产（比如店面的租金）。但是如果后来固定收入的租金在某张申报了的银行卡中不小心体现出来，且银行流水中明明确确地写着"租金收入"，这就难逃美国国税局的追踪了。

同样，新移民在美国开设的账户，虽然无须在报税表格上体现（国内的银行卡需要打印出来，登记最高余额和期末余额），但是实际上也会自动列入国税局的核查范围。有些人对于自己账户的操作还保留着在国内时的习惯，大额资金随意进出，账户随意帮他人转账，存储大额现金，等等，这些都是比较不规范的。我只提出一点大家就明白了，美国是收入征税，所以你账户多出的每一笔钱在国税局眼中都是收入，出去的钱他们也都认为是消费，因为美国没有人会帮别人去转账。即使借钱，绝大部分的美国家庭也会向银行或者小额贷款公司去借，如果真的有向朋友借钱的行为，也要在利息和还款的账户中体现。

所以如果你的资金是以转账的形式进出，并在银行流水中体现了，但是在年终个人报税中没有体现，那么你必须做好准备，时隔多年国税局上门来敲门时，你最好还记得那笔转账的前因后果，也最好把它清清楚楚地记下来备查。如果你觉得这样做非常麻烦，那么我觉得，保持记录账户进出的好习惯是每个人必须适应的。

我的一位高中同学是北美新移民，在第一年申报资产时，随意请了个会计师，做了零资产的申报。结果接下来他多年都纠结如何把中国的资产纳入报税资产中，好在他还有父母在国内，一些家族资产可以以父母赠予的方式合法地转到他的名下。

但是另外一位朋友就没有这么幸运了，他们全家都已经是美国公民了。数年前他个人在国内证券市场赚了一笔钱（实际是以原始股票的形式），当初他忽略了这笔收入（因为最终是否能够上市当时并无把握）没有进行当年申报。几年后他持有股权的公司上市成功，他纠结了好几年这钱该怎么处理。他本身是会计师出身，20年前就混熟了华尔街，也在中美之间行走多年，但就是他这样的经验和学识，汇集毕生经验也无法破解美国国税局设下的"天罗地网"。最后在2018年，借着特朗普税改新政中对于海外资产补申报的"宽恕"，还是向美国政府如实申报纳税了。

美国其他的社会体系运转也大体如此。一方面靠从小培养出来的诚信的个人习惯打基础，另一方面是靠完善的环环相扣的监督体系事后追查，然后严刑峻法，并作为典型向公众公布，这就像我们常常聊到的离地三尺有"神灵"。

# 10. 上帝看你的另外一只眼睛

刚到美国时，我一度纠结于如何在美国办理信用卡的问题。实际上即使作为一名普通游客，也是可以在美国的任何银行开通储蓄卡（Debit Card）的，但是我也明白在美国越早开始累积自己的个人信用越好，所以当时急着开通自己的信用卡（Credit Card）。

我带上自己的社会安全号（简称"社安号"，Social Security Number，SSN）去了当地最大的银行 Chase[①]，希望办理自己在美国的第一张信用卡。因为我也明白第一张信用卡的重要性[②]，所以我绕开了那些普通银行直奔心目中的 Chase 而来。

即使我已经满足了开通信用卡的全部条件，甚至已经提前拥有了 Chase 的储蓄卡，并且已经使用了一个月，银行方面还是不能给我开通信用卡。这里需要普及一下知识，Chase 的信用卡属于真正的 Credit Card，他是在查询你个人信用的情况下，给你一个信用额度的 Credit Card。其他银行就相对灵活很多，可以为你开通另外一种信用卡，但你需要存入相应的金额。比如你存入 800 美元，担保你自己的信用额度就是这 800 美元，虽然这也叫信用卡，但是这纯粹是一种灵活的方式，在华人中称这种卡为"假"信用卡，因为这个信用额度是你自己用现金担保出来的，这种卡甚至不需要社安号也能办理。

但是我要的是真正的信用卡。这一度让我很郁闷，这和国内一度追着你办信用卡（当然现在也收紧了）的情况大相径庭，关键是我觉得这不是陷入一种"鸡

---

[①] Chase，指美国大通银行，属于 JP 摩根大通的商业银行部分。

[②] 它是累积信用的起点，如果取消就会丧失累积在这张卡上的信用，所以信用卡基本上是会伴随终生的。

生蛋还是蛋生鸡"的怪圈吗？我没有信用卡，就没法累积个人信用，而 Chase 拒绝我的原因就是我目前还没有个人信用，没有个人信用就没法办信用卡。如果是在美国长大的，那么可以由父母担保办理附属卡的方式开始累积这种信用，但是作为新移民，这种循环要怎么跳出来呢？替我服务的银行人员向我摊了摊手，建议我到隔壁的 Citibank 去试试。我当然知道 Citibank 可以办，但那是"假"信用卡啊！最后没有办法，我还是先到隔壁办了一张那种自己存款担保的"信用卡"。新移民，只能靠熬时间来换取"信用"了。半年后，Chase 通知我可以办理他们家的信用卡时，我还是立刻去了。现在我在 Chase 的信用卡内的额度已经达到数万美元了。

个人信用在美国是很重要的，它有专门、独立的个人信用评级公司，通过收集你日常的消费以及信用卡还款情况，来慢慢形成你的个人信用积分。从 300 分到 850 分，分数越高表示信用评级越好。目前美国有三家机构的评估报告，是美国社会公认的可以反映个人信用的报告，他们分别是 Equifax、Experian 和 TransUnion。这三家机构对个人的信用评分是有偿向各大商家、银行、保险公司甚至是用人单位开放的，当然很多银行会和评估机构进行资源互换，提供个人数据给评估机构用以免费获取个人评级报告。作为个人，只要提供你的社会安全号，然后进入这些机构的网站也是可以付费查询的。有时候你也可以免费得到自己的评分，一种是你在办理个人贷款、保险业务，甚至购买车辆时，当你的个人信用被相关机构调取后，信用公司会寄给你一份评估报告。另外的方式是从 2008 年开始设立的 Credit Karma——在线信用分数查询公司的网站，可以免费调取自己的信用评分。

个人信用评分会直接影响你的具体利益。新移民在美国登陆后，遇到的第一件事情就是租房子，但是绝大部分的新移民都会遇到没有个人信用分数的问题，这时候就必须以很苛刻的条件进行租赁，甚至有些房源根本不租给没有信用的人。我们最初租房子的条件是一次性付清半年的房租。一年之后，我们向房东提供了我们的个人信用报告，才恢复到正常的每月初支付本月房租的条件。

对于有无个人信用，同样遇到差别对待的还有买车子，我们的第一辆车子（登陆美国的第一件事情其实是买车）就是以全额付款的方式购买的，没有个人信用的家庭，就只能一次性全额付清车款后才能从车行提车。而一年多之后，我们购买第二辆车子时，就可以申请一半的车辆贷款了。当然这还不是美国主流的购车方式，大部分的美国家庭都是以租车的方式来拥有自己的家庭用车的。他们可以零首付、以每月580美元的租金拥有一部宝马X5新车，使用期3年，之后又可以更换最新的车型。这个费用大家可能没有概念，我们家的第二辆车子也是宝马X5，2015年我们购买时以6万多价格成交（因为那时这种车子属于新款，所以价格比现在会高一些），首付3万，其余每个月以589美元进行按揭，要按揭5年时间。这样一对比，大家就知道个人信用的重要性了吧，它不仅能影响你首付的金额，还能影响利率，这样计算之后，差异就很大了。

这种与个人信用相关的消费，实际上涉及美国家庭的方方面面。我们使用的手机也都习惯了以办理套餐的方式从电信公司租用，办理套餐时电信公司也要考察我们的信用情况。我们在办理山姆会员店、梅西百货、百思买等信用卡时，也都必须核查我们的信用评分，然后给出该信用卡的额度。所以有人说，如果在美国没有个人信用，就只能算"半个民事行为人"。

那么有人就会问，如果个人信用如此重要，大家都很重视，怎么会出现那种"半个民事行为人"呢？比较常见的是，因为家庭没有控制好自己的预算，过度透支自己的收入，造成资金链断裂导致家庭财务情况恶化，也有因忽略重要支出而造成阶段性财务困难的，如个人税收。我们常常在圣诞节后看到各大超市门口排着长队等待退货的美国人，因为在感恩节时有些家庭会超额购买家用物品或者礼物，过了圣诞节之后，马上就会面临着房产税的缴纳，以及预备第二年4月之前缴纳本年度的税收。他们算了一下，为了避免出现家庭的现金流断裂，就只能把之前购买的商品或者朋友送的礼物进行退货，以此来收回部分现金。

可能国内的读者不了解美国家庭在年底时遭遇的财务压力。以持有50万美元的房产为例，按加州1.2%的房产税计算，房产税要支出6000美金，再以7万美金（加州平均家庭收入）的年收入报税计算，如果是一户四口之家（两大两小）大致需要缴交1万美元的税。当然房产税可以冲抵一部分的个税，但是最终也要预备 1 万美金的税收支出，而且无法分期付款（个税可以申请延期），这对于常年家庭存款不到 3000 美金的美国家庭来说，是个不小的负担。所以如果这些财务问题没有处理好的话，就会出现现金流断裂，然后各种断供，从而严重影响个人信用。

有些家庭在出现财务危机之后，只能求助于小额贷款公司来拆东墙补西墙。而小额贷款公司高额的利息，会让这个家庭雪上加霜，如果没有更多的收入来渡过难关，这个家庭最终会面临家庭破产，不仅辛苦累积起来的个人信用随之崩溃，有些甚至要拍卖自住的房屋。很多美剧就体现过这种窘境，比如《破产姐妹》中那位只身牵了一匹马出来的富家小姐。而美国社会很常见的"资产拍卖"也有不少是因为家庭破产。

当然单单个人信用评分高，还不能解决诸如房屋贷款等问题，因为这里还涉及信用额度的问题。比如我们刚登陆美国的那两年，虽然我们两夫妻的个人信用分数都很高（我们常年都维持在 780 以上），但是在购房贷款时，还是申请不下来，就是因为贷款的额度问题。受金融危机的影响，美国银行对于贷款大部分是不看抵押物的，重点是看你家庭的收入情况，这个时候又和家庭的报税关联上了，往往要查到家庭两三年的报税情况。所以这就是我常常提到的建议——不要一登陆美国就去买房子的原因，因为如果你个人信用和家庭报税不够，就没法享受到最好的房屋贷款额度和利息优惠了。

个人信用体系目前其实是处于半公开的状态。好处是人与人之间社交成本降低了，如果你希望和刚刚认识的一位商业伙伴建立合作关系，那么你只要找一位商业律师，用不到 200 美元的费用就可以查询到你新认识的这位朋友的个人信用情况，这样就不需要通过长期的观察和接触去摸清你的合作者的底细。坏处当然就是这种完整的个人信息容易泄露，三大信用公司之一的 Equifax 在 2017 年就发生了一起信息泄露事件，波及了一半的美国人。

那么在法律上如何界定个人信息中哪些是可以调取的呢？这个界定是比较清晰的：一是消费者身份数据（姓名、通信地址、电话号码、社安号）；二是现有或者以前的贷款或者信用卡记录，包括了授信者名称、账户号码、信用额度、开户日期等,以及过期账户信息、截至目前未付的款项数目以及在过去 12—60 个月中是否按期付款;三是公共信息、负面信息记录,包括破产记录、欠税记录、被追账的记录等,负面信息的时效为七年;四是查询记录。

那么哪些是禁止公开的信息呢?包含了消费者储蓄账户信息、购买的保单、收入信息、个人生活方式和消费习惯、消费者的工作表现、消费者医疗信息、驾驶记录和种族、宗教信仰、政治倾向等。

这些个人信用体系收集的信息是不是足够全面?至少在那些信用公司面前,我们是全透明的状态。在适当的法律允许情况下,那些禁止公开的信息也是可供专业机构调取的。所以在美国,离地三尺除了有神灵之外,还有这个完整的个人信用体系在监督你的一举一动,就像上帝的另外一只眼睛。

PART 4　04
**"弱势群体"在美国**

# 1. 美国的医疗支出到底有多"贵"

美国的医疗，近年来为很多文章诟病。这些文章的作者多是因为在美国旅行时突发意外，感受了一下美国的医疗（也有一些文章是吐槽澳大利亚的，其实澳大利亚的医疗体系和美国是一样的），而对美国巨额的医疗费惊呆了，于是在吐槽之余又开始同情生活在水深火热之中的美国人民。

美国的医疗体系其实是美国人民也在不断吐槽的，但是与我们吐槽的角度是不同的。我看过大量的国内文章主要是吐槽美国医疗费用奇贵的，倒是很少讲到美国医疗水平低的，同样美国的文章也很少是吐槽医疗水平低的。所以在这一点上中美双方是有共识的，就是美国医疗水平不低，但就是一个字——贵。

与中国人民吐槽医疗费高不同，美国人民吐槽的是美国的医疗保险费用高，这里先引入一个概念就是医疗保险。美国的医疗保险有个特殊性，就是只卖给美国人[①]，不卖给外国人，持有赴美旅游签证的短期游客也是不能购买的。所以这就形成了一种局面：除了美国人之外的人员在美国产生的医疗问题与美国本地人是完全不同的。

在美国，完全没有医疗保险的人是很少的。奥巴马健保期间，如果美国人不买保险，是要被罚款的。一般收入的家庭会购买商业医疗保险，而对于中低收入家庭，国家会根据每个人的收入情况，给予医疗保险的补助，这就是"奥巴马健保"。那些低于联邦最低收入线的家庭，直接发放"白卡"[②]。

所以在这种几重覆盖之下，只要是思维正常的人，都会拥有自己个人或者

---

[①] 指有长期居留身份的当地人，包括持有学生签证、工作签证、绿卡的人和美国公民等。
[②] 一种国家发放的医疗卡，凭卡产生的一切医疗费用都由国家支付。

家庭的医疗保险。在美国如果完全没有医疗保险，这种情况被我们称为"裸奔"，是极其危险的。所以对于美国人来说，医疗费用是会被他们的医疗保险所覆盖的，只有小部分的门诊费用和自付额与他们直接相关，剩下的都是由他们的保险公司与医院结算。所以美国人吐槽的始终是保险费高，而不是医疗费用高。

如果谁在医疗保险上出现"裸奔"，那么直接面对的就是美国的医疗费用，那当然是奇高的。而外国游客如果购买的旅游保险没有覆盖到一些医疗产品，或者甚至直接就没买任何保险，其实就属于这种"裸奔"族。

美国的医疗保险也是比较复杂的，由雇主保险（Employer-Based）、低收入白卡（Medicaid & Chip）、65岁以上联邦老人白卡（Medicare for 65+）、奥巴马健保（ACA Exchange）、奥巴马白卡（ACA Medicaid）、军人保险（Military）和社会商业保险（Non-ACA Marketplace）等众多保险构成。当然占据主要比例的是雇主保险（占比47.8%）、低收入白卡（占比17.6%）和老人白卡（占比16.4%）[1]。

管中窥豹，可见一斑。我们以社会商业保险（Non-ACA Marketplace）为例，列举美国医疗保险中的几个关键词。通过解释这几个关键词，让读者大致了解美国的医疗保险与个人之间的关系。

为什么选择社会商业保险呢？因为这是没有门槛、谁都可以购买的一种保险，无须雇主，也无须向联邦申请，只要是自然人就可以购买。当然也可能是缴费比较高的一种保险，因为没有国家和大公司对于保险公司的议价能力。所以我想以这种保险来代表普通的美国家庭在保险方面的支出比例。

每个等级的保险，大家都可以自行查阅，我们这里取一个中间值（EPO2000）来看这种商业医疗保险。

（1）自付额（Deductible），EPO2000中的自付额是2000美元，这代表医疗费用在2000美元之内都是个人支付。超出部分按照个人与保险公司的比例分摊。

（2）每年个人最多支付金额（Out of Pocket Max），即个人支付6350美元，

---

[1] 数据来源：https://www.census.gov/library/publications/2017/demo/p60-260.html。

或者家庭支付 12700 美元之后，剩下的医疗费用全部由保险公司承担。

（3）门诊费（Primary Care Visit to Treat an Injury or Illness），这一栏主要指门诊费。每一次的门诊费，个人支付 35 美元，剩下的由保险公司支付。

（4）专家门诊（Specialist Visit），表示你的医疗费用超出你的（自付额），之后与保险公司的分摊比例，个人支付 25%，保险公司支付 75%。

（5）每个月的保额（Total Monthly Premium），EPO2000 中，加州一户四口之家每个月的保额大概是 900 多美元。

搞清楚这五项，基本上就把美国的医疗保险搞清楚了，因为即使是雇主保险或者是奥巴马健保，这五个基本框架也是存在的，构建了个人与家庭的整体医疗保险。

举个例子吧。EPO2000 的保险人一年之中去了多次医院，产生了 3 万多美元的医疗费用。那么，这 3 万多美元中的 2000 美元是自付额（Deductible），保险公司是不管的。超过 2000 美元之后的医疗费用，保险人承担 25%，保险公司承担 75%。但当这个保险人个人支付的医疗费用（不包含门诊费）达到了 6350 美元，之后产生的全部费用（不包含门诊费）就全部由保险公司承担了。

当然有些保险公司会设定最高赔付额，但这个最高赔付额也都是天价的 500 万或者 1000 万美元。如果用到这个金额，基本上这个人也差不多了。

讲到这里大家应该明白了，对于一个家庭来说，美国的医疗可能出现的最大程度支出是多少，其实就是每个月的保险费用，以及一旦生病，按照各个等级的保险需要支出的最高支付额度。每年下来，按照 EPO2000 这种保险，投保人一个家庭最低支出为 11232 美元（936 美元 ×12 月），最高支出为 11232+12700=23932 美元，也就是说一个家庭如果发生不幸，最高 23932 美元（不含每次 35 美元门诊费）的医疗支出，就可以全部覆盖了。

当然，我用中间位置的 EPO2000 来举例，其实只是为了客观表现美国的医疗保险。大部分人参加商业保险，基本上都会选择最少支出的 EPO5850 铜计划，因为这种保险主要是预防大病的。一旦生病，美国的医疗账单都是天价，而 EPO5850 的最高自付额是一个家庭 14300 美元，其实并不会比 EPO2000

银计划贵多少，但大部分的家庭成员每年去医院的机会是很少的，所以每月 730 美元保一个家庭是更为划算的。

最后补充一下，其实美国的医疗账单是可以议价的，开出来的天价账单，到了保险公司那边，保险公司给的都是折扣价。而作为游客，如果不幸在美国进了医院，你又没有美国的医疗保险，那么你是可以与医院协商你的账单的，也有些第三方公司会为弱势群体、低收入者或者从国外来的没有保险的人去与医院协商。

这篇文章不对具体保险做分析与评价，根据年份的不同，具体数据也在不断变化。因此只是说明一个观点，因为有医疗保险的介入，所以对于美国人来说，医疗保险才是与每个人相关的具体医疗费用，而且只有保险中设定的每年最高支付金额才与美国家庭有关，而具体医疗费用其实是保险公司的事儿。

## 2. 美国的中低收入家庭如何承担高额医疗保险

从前面的文章可知，美国医疗的高收费其实与普通家庭无关，因为家家有医疗保险，只要有保险在，整个家庭就不至于因为一个成员生病而被拖累。但整体算下来，医疗保险费用也不便宜，对于高收入家庭的占比可能不大，但是对于中低收入家庭，如何能够支付保险费用呢？这就涉及美国社会少有的一项福利了。

之前说过美国的福利是只针对穷人的，所以针对中低收入者及弱势群体，政府始终有一系列的福利政策。

首先是 65 岁以上老人的医疗保险，这个群体不在少数。按照 2016 年的统计数据，有 5300 万人拥有这种保险，占总人口的 16.4%[①]。这种保险称为老人白卡（Medicare for 65+），这部分的费用全部由联邦政府承担，也就说退休之后的老人，不再为医疗担心。美国公民或者 5 年以上的绿卡拥有者还可以申请到红蓝卡，加上白卡，就覆盖了老人所需要的全部医疗、保健，甚至娱乐费用（老人院的全部费用都是可以从红蓝卡中支付的）。

然后是低收入家庭，由联邦划出最低收入线，各个州再根据自己的情况在联邦的最低线上划出各个州的最低收入线。比如加州，2018 年最低收入线划在联邦线的 138%，低于这个家庭年收入的家庭，都可以申请医疗白卡。这种白卡称为 Medicaid，与老人白卡一样，是政府承担了你的医疗保险费用。一旦出现身

---

① 根据美国人口调查局报告，https://www.census.gov/library/publications/2017/demo/p60-260.html。

体健康问题，保险公司会出面支付你在医院的全部费用。这部分人群也有 5700 万，占到全部人口的 17.6%①。

另外一条线是关于孩子（0—18 岁）拿医疗白卡的，基数也是联邦的最低收入线。但是这条线要高很多。在加州，2018 年的标准线划到了联邦最低线的 266%，也就是说一些中等收入家庭的孩子，也能够申请到医疗白卡。这里说明一点，美国有将近一半的家庭是雇主医疗保险，也就是公司替员工购买的医疗保险，绝大部分的医疗保险都是覆盖到孩子的，有些甚至可以覆盖到伴侣。这些家庭的孩子就不能拿儿童的医疗白卡了。

以上三种情况其实覆盖了大部分的低收入者与弱势群体（老人、小孩）。根据 2016 年的数据，雇主保险占到 47.8%，老人白卡占到 16.4%，低收入白卡占到 17.6%，另外残疾人有自己的医疗保险与社会保障，退伍军人也有自己的保险，拿退伍军人保险的人数（包含家属）大约是 1500 万②。

除此之外，还要介绍一下奥巴马健保。很多华人家庭的工作性质是自雇业者，就是有个自己的小公司，不属于雇主保险。他们的家庭收入高于申请白卡的标准线，这时候他们可以选择商业保险，但也有不少符合奥巴马健保条件的人选择了奥巴马健保。

奥巴马健保其实是针对中低收入家庭的一项国家补助计划，覆盖范围是从联邦基准的低收入线开始一直到 400% 的收入线。以加州的四口之家为例，2018 年奥巴马健保覆盖的范围是年收入在 24600—98400 美元的家庭，这个范围绝对不是低收入人群，根据 2016 年的统计数据，加州年收入排名第一的城市是旧金山，平均家庭年收入为 74922 美元③，而加州整体的家庭收入中位数是 64500 美元④。

奥巴马健保不完全针对低收入家庭，因为低收入家庭已经有一项医疗白卡（Medicaid）了。但是在某些资金不足的州，在医疗白卡申请的标准线过低的

---

①② 数据来源：https://www.census.gov/library/publications/2017/demo/p60-260.html。

③ 数据来源：https://www.franktop10.com/%E6%B9%BE%E5%8C%BA%E5%9C%B0 E4%BA%A7/600682/。

④ 数据来源：http://wemedia.ifeng.com/54720167/wemedia.shtml。

情况下，奥巴马健保中还有一项是 ACA Medicaid，这些是给低收入家庭的特殊白卡，2016 年有 1100 万人拿这种白卡[①]。

参加奥巴马健保的条件范围挺宽泛的，联邦线的 138%—400% 都有条件加入。在加州，一个四口之家，如果 2018 年家庭收入低于 34638 美元，就可以申请医疗白卡，如果家庭收入在 34638—97000 美元，那么奥巴马健保是不错的选择。在奥巴马健保范围内，政府从医疗费用分摊比例到具体的保费都按照从低到高的家庭收入有相应的补贴。从 2016 年的数据看，有 1200 万人选择了这种保险[②]。

家庭收入在 36900 美元之内的可以参加 SILVER 94 计划，这是一种商业保险银计划。正常情况下，一旦产生医疗费用，除了支付自付费与门诊费用之外，超出自付额度之后还要支付与保险公司的分摊项目，大部分的银计划都是自己支付 25%—30%，但是加入 SILVER 94 之后，保险公司需要承担 94%，个人只要支付 6%。SILVER 87 与 73，也是这个规则，在低收入线 250%—400% 之间的家庭，也是可以参加奥巴马健保的，只是医疗分摊比例是普通的 70%（保险公司承担范围）。这种方式其实就是在白卡（34638 美元以下）与中高收入（98400 美元）之间，国家给这部分家庭的一种过渡性的补助。

以上主要是关于奥巴马健保对于医疗费用分摊方面的作用。奥巴马健保对具体的保险费用，按照各个收入档次也给予了很大程度的补贴。

因为奥巴马健保内也与商业保险类似，分为铜计划、银计划、金计划与白金计划四种，再根据家庭人数、保障人年龄等因素，每个家庭又可做出不同选择。大致来说，比如在洛杉矶，一个年收入 5 万的家庭，申请奥巴马铜计划每月仅需支付 120—130 美元，如果收入更低，那么铜计划的具体支出也会更低，最低 75 美元一个月。

细化一下奥巴马铜计划这个例子，加州一个四口之家年收入在 5 万美元，孩子拿医疗白卡，大人参加奥巴马铜计划，每个月支付的保费是 130 美元，每次

---

[①②] 数据来源：美国人口调查局报告，https://www.census.gov/library/publications/2017/demo/p60-260.html。

门诊费需要自己承担 75 美元（剩下的由保险公司承担，占 50%），2018 年度医疗费用的自付额是 6300 美元（家庭是 12600 美元），剩下的医疗费用由保险公司承担 50%，一直到最高自付额 12600 美元（家庭 25200 美元）之后，全部医疗费用由保险公司承担。

  之前说过，如果是一个其成员身体都健康的家庭，医疗保险其实主要是防止大病和意外，上述的例子可以说明处于中低收入的美国家庭在医疗上的真实支出。如果没有生病，一年保费支出仅 $130 \times 12 = 1560$ 美元，如果生病，医疗费用也就在 12600 美元之内。这种医疗承担对 5 万美元年收入的家庭来说，也是属于可承受的范围了。

# 3. 美国为什么有那么多流浪汉

◆ 无家可归者

  2017年5月,我所在的城市——洛杉矶的坦普尔市出现了市民反对在境内新建"中途之家"(流浪者安置公寓)的抗议。政府按照加州市政规划,拟新建流浪者安置所,但是由于靠近学校集中的地区而遭到当地市民连续数月的抗议,最终计划流产。

  美国是个富裕的国家,但是即使在最繁华的城市,如纽约、旧金山、洛杉矶也经常能看到流浪者的身影,越是繁华的都市,流浪汉越集中。这个现象不仅仅被其他国家诟病，也让来美国旅行或者短暂生活的人不得其解。

美国的流浪者被称为"Homeless"，就是无家可归者。从2017年的数据上看[①]，目前全美有55万流浪者，其中的36万人被各种州政府拨款或者慈善机构建立的"流浪者之家"收留，另外近20万人还散落在都市街头。散落在街头的流浪者又往往集中在东西海岸的繁华都市，加州因为气候条件好，流浪者数量就更多，有13.4万人，大概占到了全美的24%。又因为都市的市区繁华地段人口密度高，且拥有更多的社会福利机构，流浪者们容易获得食物等援助，所以类似洛杉矶的闹市区（Downtown）就集中生活着这些还散落在街头的流浪汉们。

对于不熟悉美国城市的中国游客来说，如果带着晚上逛夜市的憧憬来到洛杉矶闹市区，当看到上班族退去之后的洛杉矶都市，一定会大为失望，甚至还存有一定的危险性。因为人们下班后，闹市区的几条街区完全变成了流浪汉的地盘。他们在街头密密麻麻搭满帐篷，一旦有生人闯入他们的领地，这些正好想喝酒或者想吸毒的流浪汉们有时会聚集过来。曾有朋友在下班之后误入流浪汉街区，结果遭遇流浪汉围堵，这位朋友急中生智从天窗撒了一把零钱才尴尬离开。

美国低收入者的福利，包括食品券、现金券（仅限加州），还有无家可归者的收留公寓。每到发放食品券的那几天，有些超市的生意都会比平时好一些，其中不少购买者是衣衫褴褛的流浪者。除了政府的食品券之外，还有很多教会组织分发食物，只要是神志清醒的流浪者，还留着自己的驾照或者其他身份证明（ID），就几乎不用担心挨饿。但是在如何给流浪者提供收容公寓这个问题上，就有分歧了。

美国的"流浪者之家"其实有很多美丽的名字。比如"中途之家"，代表这些无家可归者的一个过渡的状态；比如"退伍老兵之家"，专门收留那些从战场上退下来有精神创伤的无家可归者；再比如"单身男士创业计划"，专门收留那些正在工作但是没有能力出去租房子的单身男士们。这些场地当然不是完美的，

---

[①] 数据来源：The U.S. Department of Housing and Urban Development（美国能源部、住房与城市发展部），https://www.hudexchange.info/resources/documents/2017-AHAR-Part-1.pdf。

有些"家"是属于群居，4—6 人一个大房间，每个人有两个衣柜，冰箱是共用的，打开冰箱门，流浪汉们邋里邋遢的生活习惯会暴露无遗。最关键的是，"家"有家规，不能喝酒，更不能吸毒，晚上 10 点钟之前必须回到住所。这些"家规"让很多无家可归者觉得没有了自由，相比之下如果气候条件许可，他们更加愿意搭个帐篷露宿街头，有几块钱就可以买酒。所以当别人问起为什么美国有这么多流浪汉时，有一种回答叫"这是一种生活方式"。

当然，关于流浪汉的故事也是很凄凉的，绝不是他们表现出来的那种云游四海的"闲逸"。Homeless 这个称呼非常准确，不管这些流浪汉的故事如何千差万别，他们都有一个共同点，就是没有一个赖以安生的住宅。

在美国，失去住宅的原因可能有多种。年轻人成年后大部分会选择搬出父母家，自己租房子居住，这个时候有工作就很重要，有收入才能支付租金，如果染上酗酒或者吸毒的恶习，就会失业而支付不起房租，从而短期沦为无家可归者。也有投资失败而导致个人破产的，也会短期成为无家可归者。的确，这可能只是一段短暂的生活，一些成功人士在宣传自己的艰苦奋斗史时也会提到他们早年流落街头的故事，比如电影《当幸福来敲门》，就描述了一位百万富翁当年带着 5 岁的孩子成为流浪者的一段励志经历。

但是也有人是长期无家可归者。这些人大部分受过精神创伤，而后一蹶不振，他们中很多是上过战场的美国大兵，所以才有专门为他们成立的"中途之家"。例如前面提到的坦普尔市计划新建的那个"中途之家"的全称是"退伍老兵中途之家"，计划是将比较大的住宿比例提供给这些已经成为流浪者的退伍老兵们。

我的一个朋友讲过她的一位同事的遭遇。她的同事夫妻俩都曾经是美军士兵，后来先生为了今后更好的生活（美军对后方和前线的士兵的待遇差距很大，上前线的士兵的福利待遇会高很多）而申请上了伊拉克前线战场，结果没多久他们的战车遭遇了袭击。他眼睁睁看着前面一辆车子上的战友被生生炸死，精神瞬间崩溃。退伍后也没能走出战争的阴霾，精神状态时好时坏，甚至实施了家庭暴力。后来他太太和他离婚了，而且申请了距离保护，他自己只能租房子独居，目前还有工作，也定期看心理医生。但是我们的朋友说他的状态一直不好，如果出现酗酒等问题，离无家可归者也就不远了。

　　美国的流浪者也会乞讨，但绝大部分的流浪者并不是以乞讨为业的。这些长期流浪者大都是因为各种精神创伤导致没法清醒地面对生活。曾经有媒体报道过一个哈佛的高才生因为年轻时感情受挫，之后沦为流浪者。被报道出来是因为他非法闯入而被传讯出庭，新闻点是审判他的法官恰恰是他的哈佛同窗。还不乏一些较为成功的艺人沦为流浪者的报道，我就看到一个曾经上过《花花公子》杂志的女星因为染上恶习最终沦为无家可归者。

　　总体来说，美国对于无家可归者的态度是关怀、同情的。一方面，政府、社会、慈善机构不断地在新建"流浪者之家"。2008年联邦政府就通过了一个计划，在300个城市实行旨在帮助流浪者的"十年计划"。这次坦普尔市的"中途之家"，就是加州的流浪者关怀计划的一部分。而散落在街头的流浪者们往往也会得到市民或者教会组织的帮助，有时一些流浪者站在街头拿着一个牌子把他们的需要写在牌子上，过往的车辆也常常停下给他们一些资助。

　　坦普尔市市民反对当地兴建"中途之家"，主要是认为这次"中途之家"选择的具体地点不合适。那个地点距离当地的两个小学非常近，可能造成来往小学生的不适，因为在坦普尔市、阿凯迪亚市这一带之前是很少出现无家可归者的。所以这件事情最后的处理结果是，由洛杉矶县牵头在附近寻找一个更适合建"中途之家"的地方。

　　2017年底南加州发生山林大火，威胁最大的就是靠近格蒂中心（Getty Center，南加州著名的博物馆）的山火，烧毁了靠近贝弗利山庄的许多豪宅。这起狂烧数日的山林大火竟是由这一带的流浪者非法生火煮饭导致的。事后人们开始反思是否是社会对于流浪者关怀不够，才酿成这次事件。这些事情可能也会推动加州进一步收容还流落在街头的流浪汉。

# 4. 滥领福利的事情在美国多不多

我们的邻居有一位来自中国香港的老伯伯，一次在和我聊天时谈起他在美国当志愿者的经历。他认为老人家在美国如果觉得无聊，完全可以去参加一些志愿者组织，既可以排解寂寞又能够发挥余热。这位老伯伯语言能力好，会讲英文、普通话和广东话，可以做翻译，所以很多志愿者组织都需要他。

美国的志愿者文化和制度很完善，志愿者组织制度也很严格，不是那种松散的组织结构。志愿者其实也是需要付出很多牺牲的，不是以那种玩一玩游戏的心态就能够做好的。

这位老伯伯曾经做过两份志愿者工作，一份是在一个天主教的老人中心，这份工作他大概做了一年的时间，后来离开是因为接受不了那里一些性格乖张的老人。有一次，一个腿部有残疾的墨西哥老太太狠狠地冲老伯伯发了一通脾气。那位孤独偏激的老太太说："我的遭遇天主都救不了，如果天主是真的，那他应该让我的腿立刻好起来。"然后，她把心中的怨气全部撒到了老伯伯身上，这让老伯伯的心灵受到了伤害。之后，他就告诉老人中心的领导，自己年纪已经很大了，不愿意背负一些精神压力，于是辞掉了这份志愿者工作。从他的这份工作经历中，我可以体会到那些为社区、为弱势群体服务的志愿者其实不仅是付出了劳动和时间，有时也承担着很多的精神压力。

香港伯伯的另外一份志愿者工作是在食品银行（Foodbank），他一直坚持做到现在。美国的家庭常常会接触到食品银行，我们有时也会收到食品银行发到家门口的两个纸袋，如果你家里有多余的食品，就可以放在那些袋子里，然后放

◆ 食品银行发的空袋子

回门口。第二天邮政人员就会把这两个袋子收走。这些食品收集完成后会被迅速汇总，然后再迅速分发给有需要的人，香港伯伯在食品银行中是负责分发工作的。

分发有两种渠道，一种是食品银行在一个固定的地址，有需要的人会来这里排队领食品。当然这个不是随便什么人都能领到的，必须是那些之前有过申请并登记在册的人才能领到食品。香港伯伯的工作就是查验领食品的人的证件，然后再发放给他们相匹配的食品。

另外一种渠道是送货上门，当然不是挨家挨户去送，而是送到一个福利机构去。这时候食品银行必须派出两位志愿者同行，彼此互相监督来执行这个工作。他们不仅仅是送到那个福利机构，而且还要让福利机构中需要食品的人直接领走，也是按照名单一个一个地核对领取。所以在整个过程中，这两位志愿者都是在严格的互相监督下完成工作的。

因为香港伯伯恰好是在做这种发放福利的事情，而我之前也看过一些关于滥领福利的文章，甚至夸张地形容那些人开着豪车领福利，于是我问他在这么多年志愿者工作中，是否有接触过真如文章中提到的那些其实不是真正的低收入者也过来领福利的人。他当然知道我问的是什么，于是慢悠悠地说了这样两件事情：

他说他曾经遇到过一个华裔老人，要求更换袋子中的食品。每一个袋子里面的食物可能是不一样

◆ 装满食品后，将袋子放在门口

的，有些是意大利面，有些是米，那个华裔老人希望领到的是米，所以他就恳求香港伯伯将自己袋子中的食品换成米。香港伯伯觉得这个东西反正是随机的，而里面也正好是有米的，于是他就调换了一下。但是他的白人搭档告诉他，他的这个行为是错误的。首先那个华裔老人不应该提出更换的要求，福利机构发放给他什么，他就该拿什么。其次工作人员更不能随意调换食品。香港伯伯也立刻明白了，这就是福利制度领取的规则，所以即使他后来又遇到过类似的情况，包括有些领取者要求他多给两个鸡蛋，他都是直接拒绝的。

  还有一次他遇到另一位华裔老人，这位老人领完食品，向香港伯伯要乘坐巴士的铜板（这是一种福利机构发放的专门给低收入者乘坐巴士用的硬币代用品）。香港伯伯就回头问他的白人搭档，白人搭档告诉他今天没有了。然后他看见这个老人走出去的时候哭了，于是他就跟出去了，掏了五毛钱给到这个老人，让他坐车回去。回来的时候他的搭档告诉他，他不应该这么做，这个事情的错误程度要比之前的那个轻得多，虽然不违反规则，但是他还是不应该这么做。

  一直到最后，香港伯伯也没有直接回答我提出的问题，他只是通过这两个很具体的事情告诉我，美国的福利发放不滥发，它有很严格的制度。所有领取食品的人全部是登记在案（当然不能排除有伪造条件的，这是另外一回事）。而审核机构也是很严格的，只有那些真的是穷人或者是符合条件的人，才可以申领这份福利。而福利的发放也是很严格的，不是说你需要两份就可以给你两份，也不是说你可以随意调换食品的种类，甚至多给两个鸡蛋，都是不可以的。福利机构发什么，领取者就吃什么。

  关于被救济者也有很明确的级别和种类。比如无家可归者、流浪汉，他们发放的是另外一种袋子，东西可能会多一点，但是一样也要严格审查他们的身份证件。

  通过香港伯伯的讲述，我想应该是回答了我前面提到的关于美国滥发福利或者部分人冒领福利的问题。任何制度都有可能会被人钻空子，但是我相信在这种严格的监督管控下，可以钻到空子的人应该也不会太多。

# 5. "令人羡慕"的残疾人

初到美国时，我发现美国有很多残疾人，无论在城市的餐厅、商场、剧院、广场，还是在郊外的国家公园等观光区内，总能看到一些自己操作着手动或者电动轮椅的残障人士。我早期的照片中甚至拍到过一位右腿装有假肢的先生登上布莱斯国家公园观景台的场景。后来我逐步明白了，原来不是美国的残疾人比其他国家多，而是因为无障碍的交通和社会对他们有足够的尊重和关怀，可以让他们走出来和普通人一样生活，而不是都待在家中。

全美几乎只要有人活动的地方，面向残障人士设置的便利设施便无处不在。在美国任何一个城市，都实现了无障碍通道，只要有阶梯的地方，旁边一定有电梯或者轮椅通道。所有的推门旁边大家如果注意观察，都会找到轮椅标识的四方形的大按钮，这是专门给轮椅人士使用的，按了按钮后推门会自动打开。当然婴儿推车也是通行无阻的，在美国绝对不会出现设置高高的护栏以阻隔轮椅或者婴儿推车的公园。

在美国，社会给残疾人的特殊便利，不仅仅是通过无缝覆盖的无障碍通道来实现和普通人同等的条件，甚至在很多地方他们是优先的。首先是残疾人停车位，美国全部的停车场都设置有残疾人停车位，用蓝色的框和明显的蓝色轮椅标记标明。旁边可能还有一个牌子，明确写着如果普通车辆违规停进来要被罚款的金额，加州的罚款要1000多美元。这些牌子不是吓唬人的，而是要严格执行的。这些停车位不仅市区有，即便是很荒凉的中西部山区的停车场也都有。

我们第一次在美国旅行时，无数次遇到找不到停车位的情况，蓝色标识的残疾人停车位却常常空出好几个，而且都位于入口处那些最便利的地方，但没有人敢停在这里。因此我们常常互相调侃说让同伴伪装成残障人士，当然这仅仅是玩笑，我们也知道没那么简单。美国很多的制度绝不是只靠道德就能够约束的，他们会设计出严谨的惩罚措施来规范人们的行为。什么样的人和车可以享受残障人士停车位呢？必须是经过相关机构认证过的有残障证的人，才能够向车管所提出残障停车证的申请。申请下来后，证与车一对一匹配地申领。这种车不仅需要在车前窗悬挂残障停车证，而且有些在车后的车牌上也要标识出来。

除了停车位的便利外，我们也常常会在各种剧场或者大型公园的露天秀场中发现残障人士轮椅的专门区域，也都是设在观看位置极佳又进退都方便的地方。卫生间内会有专门的相对比较大的轮椅人士专用卫生间，里面的墙壁装有圆钢扶手。餐厅、咖啡厅也都有轮椅人士专用餐位。大家到美国的星巴克喝咖啡，坐下来之前要留意观察一下，自己的位置上如果有一个轮椅标识，代表这是专门给残障人士的位置，这时你就需要再寻找另外一个位置，即使这个残障人士专用位一直是空着的。

如果剧场突然着火，那么第一批出来的一定是摇着轮椅的残障人士，这也是美国社会的第一优先人群。我们常常说"Lady first"，但女士们也只能排在残疾人后面。不说特殊场景了，大家从美国机场的登机顺序也可以看到这种秩序，第一批登机的不是头等舱的旅客，而是残疾人、怀孕妇女等行动不方便的人群。

这些社会上显而易见的特殊便利，也表明了美国社会对于残疾人的态度。在美国，你可以拿总统来玩笑，但是不允许拿残疾人来编段子，因为会涉及"歧视"罪。美国国会在1990年7月通过了一项法案——《美国残疾人法案》，经由老布什总统签署生效，2008年小布什总统又补充签署了《残疾人法案修正案》，它规定了残疾人所应享有的权利，特别是就业方面不应受到歧视。

除了社会对于残疾人在道德上的尊重之外，如果没有经济上的具体福利制度，恐怕也很难达到"令人羡慕"的程度。如果被认定为残疾人（领到残疾证），则可以提前退休，每月可以在社会安全残障保险（Social Security Disability Insurance，SSDI）领到约1130美元。享受SSDI福利两年之后，自动满足享受医疗保健（Medicare）的资格，从此可以免掉一切医疗费用，政府负责养老送终，甚至妻儿都有资格申请相关政府福利。

当然"令人羡慕"的极致就是"希望成为"。"如果在美国混不下去，就想办法把自己玩残"，这句话在现在的美国已经不是一个段子了。特别是1984年的《社会保险残疾人福利改革法案》公布之后，很多州对于残疾人的条件越放越宽，有些州甚至把心血管疾病、风湿性关节炎、600度以上的近视眼都纳入了认定标准，而俄勒冈州把"走200英尺（约60米）需要停步休息"也写入发放残疾人车证的标准。这时候有人会问，"脑残"能不能领残疾人证啊？答案是肯定的，是有"心智不全""智障"这类的残疾人认定的。不过这样好的福利，会不会导致有人凭借装疯卖傻来骗取福利呢？一定是有的。

美国当地很多家报纸就曾经报道过这样一个案例：

美国弗吉尼亚州的阿灵顿（Arlington）地区，一名53岁的女子，从1978年起开始（当时才15岁）向当地政府申领残疾人保险金，理由是自己患有神经分裂症，经常出现"视觉和听觉的幻觉"。这位大妈就属于装疯卖傻骗福利的，不过能骗37年也算是演技优秀。后来这场戏的演员阵容越来越豪华，大妈又在2001年和2004年为自己的两个儿子申请了同样的保险金。"基因"的力量是强大的，两个儿子也"顺利"通过了测验，让法官相信了他们心智不全（Mental Retardation）。然后，他们的舅舅，也头一歪眼一斜，成了"智障"。直到2014年，联邦调查人员开始跟踪他们一家，发现这位大妈完全可以独自开车出去办事、买东西和打电话。她的两个儿子也都可以自如地参加社交活动，完全不像他们在听证会上表现的那样。"影帝影后"们这才暴露了，当然他们最后被指控为"欺诈罪"。

# 6. 从一辆婴儿推车到一个无障碍社会

在美国，婴儿推车（Stroller）随处可见。在迪士尼乐园、乐高乐园或者科技馆、博物馆，你会看到数量众多的、各种型号、各种花样的婴儿推车。单单双人推车就有上下层的、并排的、前后的，还有三人推车。总之，但凡有孩子的家庭，婴儿推车是少不了的。与国内的轻型推车不同，美国家庭使用的往往是重型的婴儿推车，无论出门多远，婴儿推车总是伴随在孩子身边。

◆ 停在街边的婴儿推车

◆ 婴儿推车随处可见

在国内，可能随处可见的是家长抱着小孩子的场景，在美国，这样的场景很难见到。因为有婴儿推车，那些不会走路的婴儿出门时基本就是待在婴儿推车内的。即使是2—8岁的孩子，家长出门时也会带婴儿推车，因为孩子累了可以坐上去休息，中午也可以午休一阵子。这样孩子们也就养成累了就爬上推车的习惯，而不是累了就想到妈妈的怀抱或者爸爸的肩膀。

婴儿推车对于出门在外的家庭来说，不仅仅起到让孩子休息的作用，其实也起到了让家长休息的作用。我们有时会短程进入一个公园，哪怕孩子是"充电满满"的状态，我们也会考虑带上推车，因为利用推车下方的空间可以运载我们随身携带的水壶、相机和食品等重物。

之前提到过，中国家庭大多用的是轻型推车，而美国家庭用到的是重型推车，这些都是有市场数据的。而两个市场的不同，其实也是和环境有关的。顾名思义，轻型推车的好处是易于折叠，收起来后可以更方便地通过障碍，而重型推车的好处是车下方有很大的储物空间，但是重型推车折叠起来是比较麻烦的。其实不是折叠的麻烦，而是要清空车下方的储物空间，对于我们这种使用推车就是为了空出双手的家长来说，就是比较麻烦的。

在美国，婴儿推车有时候走的是残疾人通道，或者说它和轮椅的使用环境是相同的，与之配套的基础设施建设需要很完备才可以。我在撰写关于美国的残疾人的文章时提到，在美国，全部的公用设施必须有完整的轮椅通道，不要说城市内的各种电影院、秀场、博物馆，就连极为偏僻的国家公园内的观光点都要有一条专门的轮椅通道。我在雷尼尔山国家公园看到过户外长达几英里的上山道路，而与台阶平行的就是一条长长的轮椅通道，当然这条通道方便了那些推婴儿推车的家庭。

当然还有一点与无障碍通道有关的就是推车的安全停放，也指保障推车上物件的安全性。在美国的各个儿童游乐场，或者说各种博物馆的室内都有专门的婴儿推车停车场（Stroller Parking）。无论你是玩一些游乐设备，还是看一场电影或舞台秀，你都可以把推车往这些停车场随手一放，甚至有时候就是往游乐设备的入口处随手一放，而回来取车时，车上的物件一定不会有遗失。这种事情其实也是考验整个社会的安全度，但凡有过一次丢失事件发生，无论是自己还是身边的朋友遇到，甚至是新闻中提到，我想这种"放心"的感觉就会丧失。每一次离开推车时，就会考虑尽可能地把能拿得动的物件都带在身边了。

我们在美国的第一次家庭旅行就是推着推车完成的，我们甚至推着推车上了圣迭戈的中途岛号航空母舰。航空母舰那些复杂的、狭小的、上上下下的内部通道，也都设有专门的残疾人的电梯，我们推着推车畅通无阻。那次之后，我们就很清楚了，在美国如果是带娃旅行，一定要带上推车，这简直是个带娃神器。附带的好处就是可以把重物放在推车上，这个好处说第二遍了，对于慵懒的爸爸来说，很重要。

我印象极深的还有一次旅行。我们在夏威夷火山国家公园（2018年因为火山再度爆发，这座火山国家公园被无限期关闭了）游玩时，也是推着推车去看了岩浆入海。从停车点到观光点，当时我们推着孩子走了快1个小时。如果没有那部推车，我们就要抱着孩子走（孩子不可能走那么远的路），加上我的摄影器材，负重简直"不堪设想"。

◆ 在纽约的中央车站使用推车

◆ 在华盛顿DC使用推车

所以我们带娃旅行的标准配置就是一辆重型的婴儿推车，还有一个简易儿童汽车安全座椅（Carseat）。这两样东西是可以带上飞机的，无论国内航线还是国际航线，都可以直接推到飞机登机口，放在通道旁边。下飞机时需要在原来放推车的相同位置等待一小会儿，与婴儿推车一起的，就是轮椅了，这些都是要最近距离地跟随着主人的。

我们这几年几乎带着孩子走遍了美国大部分州，都是推着推车走的，到目前为止，除了沙滩推不下去，过机场安检时需要把推车折叠起来外，我们带着这个"遛娃神器"走遍了美国各处，有繁华的都市，也有偏僻的国家公园。

刚才我已经反复提到了一个词就是"但凡有一次"，是的，从一辆婴儿推车可以看到整个无障碍社会。要实现真正的"放心"，就是千万次地实践这种"放心"，才能达到真正的"便利"生活。"但凡有一次"卡在半路，诸如推着推车走出很远，突然遇到一个无法推过去的障碍物，或者无法通过的阶梯，这时候就要纠结是把推车放回去继续前进还是直接返回头不再前进。或者是"但凡有一次"推车上的衣服或者食品出现遗失，我想这种"放心"和"便利"也会消失。

所以一样物件能够被普及使用，与其使用环境是密不可分的。但凡出现不方便，哪怕只有一次，都是这个环境需要去改进的。

# 7. 无理由退货制度：让商场继续生存

早在五年前，国内的实体商场就已经受到淘宝、京东等购物网站的严重冲击。但当时我们在美国，却没有太多感受到网上购物的冲击。原因有二：一是大部分最适合网上购物的服装、生活用品等线上线下的价格并没有很大差别；第二就是美国的商场一律实行无理由退货制度，这个制度比网上购物的退货流程更加便捷。

当然，在网购席卷全球的大背景下，美国的商场也不能幸免，近年来也不断传来著名的百货连锁商场大规模且有计划地关闭实体商场的消息。有统计数据说，单单2017年美国零售行业就关闭了6403家实体店，其中包括了我们熟悉的梅西百货对外宣布关闭100家门店，拥有近百年历史的美国电器零售商RadioShack关闭了旗下1000多家门店，美国最大的零售商希尔斯已经开始了第三轮门店关闭潮，大型百货连锁店JCPenney于2017年宣布关闭旗下的138家门店[①]。

不过即使在这样的大背景下，我们在服装、生活用品等这些极易被网店冲击的商品上，依然保持了实体店购物的习惯。个人认为支撑这种习惯的最大原因就是美国商场的无理由退货制度。

之前我在亚马逊购买了一个手机稳定器，寄到后发现不好用，于是决定退货。这个事情如果是在实体店购买，就非常简单。我们一般是去百思买（Best Buy，全球最大的家用电器和电子产品零售店）购买这种小电器，电器的退货期一般是1个月，只要保留收据就可以无理由退货。其实就算收据丢失，只要出示

---

① 数据来源：http://tech.ifeng.com/a/20170923/44695603_0.shtml。

你当时购买该产品的信用卡，也可以退货。售货员会打印另外一张退款收据和原来的收据一起交给顾客留存，退款也会在 10 天左右的时间回到你的卡上。

但是网购的退货流程就相对麻烦了，因为我买的商品属于亚马逊第三方销售的商品，所以不属于"免费退货"的范围，所以我需要跑一趟美国快递公司自付运费进行退货（因为我的商品内有电池，所以还需要在外面贴一个提醒的标识）。当然如果是亚马逊自营的商品会好一些，但也不完全都是"免费退货"。购买的时候要看清楚退货条件，有的承诺是如果开箱不良可以享受"免费退货"。当然如果是自己的原因，那么运费就要自己承担了。

当然如果属于亚马逊"免费退货"的商品，退货还是比较方便的，美国快递公司有一个专门的通道，扫个二维码就行了。不过今年亚马逊的退货系统又改到了 Kohl's，所以还是感觉不如直接到商场退货来得方便，毕竟从快递公司走到退货系统，亚马逊要几个工作日后才能收到商品。

美国人已经习惯了商场的无理由退货制度。各类商场的种种商品有着不同的退货期，如果你买的是家用电器，那么退货期基本在 1—3 个月；如果是服装，许多的商场退货期是 6 个月到永久。Northstorm 的宣传语就是："我们不设有退货期限，底线是尽量与顾客合作，直到让他们满意为止。"而美国人常去的好市多，很多商品的退货期限在收据中写的是 1 年，或者直接没有写期限。

大部分商场的退货通道也就是销售通道，但有些商场有独立的退货通道，比如家得宝（Homedepot，全球最大的家居建材零售商）和 Lowe's（家装零售商）。这两家几乎垄断了美国的家居建材行业，家得宝的家用电器退货期也是 1 个月，但是五金建材等货品的退货期是 6—12 个月。

我们常常在这两家店购买一些花花草草。美国的花花草草虽说售价不便宜，室内中小盆花（摆放在桌面的）平均售价 10 美元，但是受益于家得宝的退货制度（花草也适用一年内退货期），我们还是很愿意在家得宝买各种室内植物，以及后院的大小果树、花草。术业有专攻，各个商场有自己擅长的商品种类，比如家得宝这种专门经营家居的店，他们对于花草的退货接收服务很周到。大部分买家如果遇到花草种下去养不活的情况，都是会挖起来拿去退货的，而家得宝对于这类商品几乎不会多问一句，直接就退了。

读者看到这里，可能会惊讶一下，这样也可以啊。甚至我之前聊到这个话题时，也有人评论说这属于占便宜的行为。花花草草如果养不活，那肯定就得当成垃圾丢掉了，其实这个损失，商场方面从制定花草的价格时，就已经把各种退货损失考虑进去了，比如花草这个大类的商品会产生15%的退货外加其他折损（比如在商场内的枯萎），那么制定价格时就要加上这15%。对于顾客来说，多了这15%的价格，是可以保证100%的成活率的，所以这也就是大部分美国人会在家得宝买花草的原因。

国内朋友谈到美国的退货制度时，有时候思维还是扭转不过来，说对于退货的人来说是得到好处了，但是退回去的"旧"货会不会重新包装一下又拿出来卖给其他顾客呢？这要看情况了，这也就是退货的时候，售货员都要多问一句退货理由的原因，售货员的目的首要是想了解这个商品是不是开箱不良，如果是坏的商品，那就直接退回厂家了，如果不是开箱不良，退货的理由是"我不喜欢"，那么商场会以商品的完好程度来考虑如何处理这件商品。

当然绝大部分的连锁商场不会在零售这个环节直接处理商品，一般情况下是按流程退回厂家。当然我也看到过之前退回商店的画框重新摆出来销售的，我甚至也买到过感觉已经用过的帐篷，不过这些都不重要，因为如果你觉得不满意，可以无理由退货啊。

我在很多网站上也看到过那种九成新的商品在销售，清楚地写着"Buy Used-Like New"，这种商品往往在最低价的基础上再打九折，我估计这些就是退回去之后的商品重新包装之后的销售渠道了。

所以关于美国的无理由退货制度，大家不必担心美国的商场会用"旧货"甚至"破损"的商品去坑下一批顾客，更加不必担心商场会被退货制度搞破产。其实美国人退货还的确是家常便饭，很多美国家庭每过一段时间都会收集一下没用的东西拿去退货，特别是在"感恩节"疯狂购物之后。因为这样的制度已经施行多年，而且从现在电商冲击实体店的情况看，这种退货制度反而成为实体店对抗电商的唯一支撑。

因为存在这种退货制度，美国人的购买习惯也与国内不同。以前我们家买东西时，习惯在购买之前考虑再三，比如衣服，在实体店基本上要试穿一下才能决定买不买。但是来美国之后，这个习惯就完全改变了，看到满意的衣服，没时间试穿也不要紧，统统先买下来，拿回家慢慢试穿，可以让家人充分表达观感后，再把不满意的衣服一整批退回去。这种退货制度对于在给家人买东西时极为好用，因为不用一定要在现场啊，拿回去试也是一样的。

美国很多品牌店在几年前就完成了线上线下的配合，线上购物线下退货，这种方式把电商的优势（商品丰富+免费送货）和实体店的便利都体现了出来。所以现在美国的百货或者服装的实体店更多地成了体验店和退货渠道。写这篇文章时，我抬眼看到叶子在家里穿着买来的高跟鞋走来走去，我问原因，她说在家先试试多走走，不行就和其他几件衣服一起退了，答得漫不经心，我听得也极为习惯。

相对来说，美国的实体商场在美国人的生活中今时今日还能占有一席之地，与商场整体营造的舒适便利的购物环境有关。这其中就包含了这个比国内实体店更超前的运营理念——无理由退货制度。

PART 5　生活在美国

# 1. 没有更好的生活，只有更适合的生活

第一次来美国时，我们旅行走的路线并不是大家第一次赴美时都选择的城市路线，诸如纽约、华盛顿等，而是沿着美国中部的落基山脉走了美国的八个国家公园。这些壮丽的国家公园美景，深深地吸引了我。

人与人是不同的，比如旅行，有些人喜欢城市游，喜欢豪华的酒店。叶子的一个朋友去了一趟迈阿密，叶子很兴奋地和她谈起基韦斯特等迈阿密当地的美景，但那位朋友却说她一直住在酒店哪儿都没去。叶子问她为什么去了这么远的地方，也不出去走走？那位朋友的回答是："我们出门就是喜欢各地的五星级酒店。"叶子瞬间当场石化。

城市派的旅行者可能更多追求的是精致餐厅、豪华酒店，他们如果看到我们开着房车，带着孩子在国家公园山头"餐风露宿"，我想他们一定很难理解。同样地，我们也很难走进他们的世界。

所以说，人与人是不同的。这个结论用来解释为什么很多人不能适应美国的生活，是很科学的。

美国的生活与中国是大不相同的。绝大部分的美国餐厅是没有包厢的，那些有包厢的餐厅毫无疑问是近年来开设的中国餐厅。我观察过绝大部分的亚洲餐厅，发现也是没有包厢的。在美国，大部分的爷爷奶奶是不帮忙带孙子孙女的，剩下的那一小部分中，华人家庭的占比也是居多的。我也看到过印度的爷爷到学校接孙子的情况。

有些是生活习惯问题，比如我们早年行走世界时，也是到处找热水，即使现

在有时也希望来一碗热腾腾的汤面（这个问题日本等亚洲餐厅帮我们解决了，没有中餐厅的城市至少会有亚洲餐厅，越南餐厅、日本餐厅都是有汤面的）。在美国生活一到两年的时候，也不知道为什么身体就逐渐适应冰水了。现在家中无论夏季还是冬季，冰箱内的用冰量总是最大的，什么都要加冰。孩子更加不用说了，学校就只有冰水喝，而且只提供那种最冰的冰水混合物。

再比如美国的简易午餐。我记得早年看到叶子的姐夫———一位澳大利亚白人到国内时，不吃午餐，早餐也就只喝咖啡，我当时很费解。后来自己去了一趟欧洲，发现过的也是不吃午餐的日子。因为欧洲的早餐营养充足，牛奶、奶酪、培根、麦片等，可以支撑到下午肚子也不饿。加上欧美的工作习惯是上班时间直接连到晚上，所以一般情况下就只需要一个下午茶就可以支撑到晚餐。

来美国之后，对于午餐，虽然还是保持华人家庭的习惯，但如果是没有父母相陪的日子里，加上孩子们都在学校吃午餐，我们夫妻俩即使在家也对午餐冷淡到可以忽略不计的程度。美国人对于午餐是和我们一样的习惯，不过我们家很重视早餐和晚餐，叶子做的早餐营养充分、耐看又好吃。

生活习惯上改变不过来的人，会觉得自己不适合在美国居住。这里给移民家庭一个建议，特别是准备携带老人一起到美国生活的家庭，可以尽量选择一些距离中国超市和中餐馆近的城市居住，或者说是过渡。因为有老人的家庭几乎是没法在白人区生活的。

记得我们第一次赴美旅行时，随车的一位年近60岁的老朋友，因为实在不习惯这种饮食，连续3天没有进食。要不是我们途经一个有中餐的小镇，他的后果就"不堪设想"了。而10多年前在美国中部读书的很多留学生也同样会有这样的感受，很多人就是因为饮食问题，最后"逃离"了学校。

有一次我约了一个刚来美国不久的朋友喝咖啡。我告诉他在他到来之前，我正在给家里的后院铺设自动洒水的管道，还给他看了在强烈的加州阳光下，我"汗滴禾下土"的照片。他发了一会儿呆，建议我应该请人来铺设，说我的时间应该花在更重要的事情上。我也想了一会儿告诉他，我常常从事脑力劳动，有时候是非常需要体力劳动去调剂的。

◆ DIY 安装自动喷淋系统所需要用的工具

大家听懂这个故事了吗？实际上我和这位朋友在"劳动"这个观点上存在不同理解。因为我的前35年也是在中国度过的，所以我很理解他说的，他所认为的"更重要"的事情，也是我曾经认为的。他对于生命的追求和时间的安排，也是我们这一代"精英"们共同认可的。当然，如果之前你没存有这样的观念，也会有各种"大师"帮你洗脑，国内还就不缺那些"精英培养"的课程和书籍。

当然，家务劳动以及家里的一些修修补补，在美国生活过的人都知道，大部分是要自己做的。美国人很少请"保姆"或"佣人"，当然这可以归咎为美国人工贵，大部分家庭请不起"佣人"。至于家中的各种修修补补，也有人会说是因为美国的社会服务水平低，普通的修修补补让你根本等不起那些姗姗来迟的维修人员。但实际上更深层次的原因，还是美国人养成了一种"自己动手"的观念和习惯。他们觉得自己动手是一件很"自然"（这里也绝不能用上"光荣"二字，认为自己动手"光荣"这个观念本身也是错误的）的事情。

关于这一点，有些"精英"人士不必靠想象来杜撰出各种原因来讽刺这种"自己动手"的观念，认为这些只是美国中低层次家庭的观念。大家有兴趣的话，可以读一读 2017 年诺贝尔文学奖获得者——石黑一雄的《长日将尽》（The Remains of The Day），其中就提到主人公史蒂文斯的新主人，美国众议员路易斯买下庄园后，交付史蒂文斯做的第一件事情就是大幅裁减用人的人数。我印象中是从史蒂文斯之前认为至少要保持的 20 多人，一直裁减到几个人。当然这也体现了美国文化和英国传统贵族文化的巨大差别，在美国人看来，很多事情是可以"自己动手"的。

美国家庭的后院和车库，都是美国男人的工作场所，几乎每个美国家庭的车库中都放满了各种工具和材料。"自己动手"已经不是一种特别需要去鼓励的文化（类似国内宣传的"劳动光荣"），而是一种本能。刚会走路的孩子，就跟着母亲在院子内种树、除草，看着父亲在车库里用各种器械加工东西。这也是一种生活的正常构成，美国的男人自己刷墙、电焊、锯后院的树木都是极为正常的。我甚至看过上屋顶翻新瓦片的居民，最厉害的要数我在迈阿密看到的在家门口铺沥青路的佛州男人了。

◆ 后院的菜园子

美国的 DIY 文化，也可以从他们的家装超市上看出来。美国最大的两家家装超市是家得宝（Homedepot）和劳氏 (Lowe's) 公司，与国内家装超市不同，这里几乎是给建筑、家装工人开的超市。所有的专业工具一应俱全，连螺丝都能有上千种让你选择，建筑材料也是各种专业的材料。在这些家装超市，就可以实现一个小型房地产建筑商的全部功能，包括拆房子、搭建屋子外形、挖游泳池和屋内全部装修。最后说一点，大部分的老美家庭，对家得宝的设备和材料是无比熟悉的。可想而知，他们的动手能力有多强。

◆ 埋下南瓜本来只是做花肥，没想到结了一堆南瓜

说起来，我们一家都有着能够适应美国生活的那些个性。叶子喜欢冒险、喜欢带有新鲜感的生活，我则喜欢安静，不喜欢很热闹的社交活动，不喜欢应酬、不喜欢喝酒，所以我们是适合来美国生活的家庭。

但身边也不乏完全不适应美国生活的朋友，他们喜欢热闹，喜欢人多的地方，有时还保留着"特权"的感觉。在美国餐厅就餐时，会下意识地选择"包厢"，在热门的餐厅门口排队觉得没有"优越感"，凡事喜欢找熟人去"解决"，完全没有"自己动手"的能力，或者说观念。对于这些朋友来说，美国的生活会是一种煎熬。

相对于生活习惯的问题，个人觉得还好调整，但是有些是生活观念的问题，最后如果不能接受，那就比较麻烦。

其实不存在哪里的生活更好，只存在哪里的生活更加适合你。

## 2. 美国人也讲究穿名牌吗

关于美国的"衣食住行"以及日常生活消费，是大家极为关心的。美国家庭吃什么、穿什么、玩什么、大概的支出是多少？这些不仅仅是那些想到美国生活的家庭想了解的，也是大部分读者想了解的。

我们常说"见一叶而知深秋，窥一斑而见全豹"，具体的细节是最真实的。而从具体的细节慢慢地来了解美国，也不失为一种"接地气"的方式。

记得初来美国时，一位老华侨对我说，在加州我几乎不必思考自己应该穿什么，有十件T恤、两条牛仔裤外加一双夹脚拖鞋，就可以在洛杉矶度过全年的大部分时间了。如果不上山的话，洛杉矶冬季最冷时，也只需要加一件薄薄的夹克就可以过去。

一次家庭聚会，一位大律师和我们聊到她理解的衣着观念。印象极深的就是她说一位男士，如果穿了一件200美元的衬衫，在她看来就是极端不自信的表现。她认为这位男士需要用高价值的物件来抬高自己，但周围的人其实看到的还是这个人本身。

这两件事情基本上可以大致概括美国家庭对于衣着的态度：一是衣着相对随意，二是并不追求奢侈。

美国人的衣着随意，并不代表穿着邋遢，而是穿自己喜欢穿的。大家是否还记得扎克伯格穿着一双夹脚拖鞋开上万人的产品推介会，以及他那一衣柜相同颜色的T恤。是的，这就是大部分美国家庭对于衣着的态度。叶子常常笑着说，在洛杉矶你可以随便穿，穿成什么样走出去都没有人会诧异，更别提品头论足了。

当然洛杉矶会相对特殊些，一是气候原因，因为它空气的湿度低，以及早晚稍微凉爽，所以穿的多和穿的少的人都能见到；二是因为西海岸的种族多元化，看不懂的服饰也许是人家的民族服装。

美国的这种衣着文化，很多年轻人喜欢的是它的不拘束，可以按照自己的感受来随意搭配。而这种"随意"的搭配，却常常能够搭出很酷的感觉，卫衣、T恤、牛仔裤、旧鞋，除了职业装之外，绝大多数美国人都是这样的一身装扮。各种肤色的美国人就是用这些简单的服饰搭配出适合他们自己的酷炫感。

美国人不追求品牌，不是说他们不注重、不了解品牌。每个美国家庭都有自己的习惯和喜欢的品牌，他们只是很少会超出自己的能力去追求一些奢侈品牌。在美国没有人会为了一个包包去存1—2个月的月薪，因为即使买了，身边的人也会觉得很奇怪。美国人是知道各种品牌的价格的，如果一个人超出自己的经济范围突然有了一件或者几件奢侈品，除非有很合理的解释，否则会被周边人不理解甚至"歧视"。

绝大部分的美国家庭穿的都是在美国很普通的牌子。这里需要说明的是，对于国人来说很多感觉是"名牌"的衣物，其实在美国是普通大众品牌，因为大家不熟悉这些品牌在美国的真实价格。

现在美国家庭常用的服饰、箱包的牌子，国内朋友也都熟悉。比如休闲装的GAP、Abercrombie & Fitch；偏正装的Tommy Hilfiger、Calvin Klein；运动装的Nike、Adidas、Puma；Columbia、The North Face的户外装；Levi's或者Lee的牛仔裤。从男士的角度，个人觉得ECCO的鞋是很舒服的，而箱包我常用TUMI的；叶子之前带孩子时，常用的是俗称"妈咪包"的Kipling牌子，而皮夹她用得最多的是Kate Spade，后来换成FENDI的。

当然以上提到的品牌，除了"TUMI"和"FENDI"这种耐用型的皮夹箱包我们会选择相对贵一些的外，其他服饰单件的购买价格我印象中就是50—100美元左右。无论是外套（除了正装西服）、衬衫、裤子、鞋还是皮带，对于大部分美国家庭来说，100美元似乎是一个门槛，高于这个价格的东西就只能直奔少数奢侈路线去了。

也许读者稍微一换算，就会发现自己熟悉的那些品牌在国内能接触到的价格远远高于100美元。因为在美国购买的一定是标准的"美版"，这些"美版"

的款式往往比国内市场丰富很多，价格却不见得比在国内的贵。

是的，的确存在这种价差。一方面是美国商品在本地销售和在海外（中国）销售本来就会存在差异。另一方面，生活在美国的家庭，常常会得到各种优惠，无论是实体店还是品牌的网店，几乎是不停地给消费者发邮件、寄信来促销。这些商品在美国卖得的确比国内便宜很多（有些达到 2—3 倍的价差）。所以这也就是为什么曾经几乎所有的留学生和空姐都在忙着做代购的原因，也是来美国旅行的游客到了奥特莱斯，都有一种买到就是赚到的感觉的原因。

美国除了会有很多的打折店（除了奥特莱斯，其实当地人就近也都能找到很多大百货商场的打折资源）外，还有一些二手服装的流通渠道。比如各种的跳蚤市场、资产拍卖会，还有专门的类似 Goodwell 这种的二手商场。这些二手流通的服饰价格，基本上就在 5—30 美元。

买别人穿过的衣服，这个观念绝对是国人没有办法接受的，不过在美国，很多中产阶级家庭是可以接受的。有一次叶子和 Yuna 之前的幼儿园校长见面时，夸奖了校长穿的一条皮裙。校长非常高兴地说这是她从 Goodwell 中淘到的非常满意的裙子。叶子回来后，对这件事情也感慨了好长一段时间。在她看来，这位丝毫不缺钱的校长怎么会去买一条别人穿过的裙子，而且还能很自豪地宣传出来！

大家在美国旅行时，看到的大多是穿着休闲的美国人民。但这不代表正装在美国就没有市场，美国人对于场合是分得很清楚的。工作时是需要根据职业场合穿着职业装的，参加重要的活动时，也是绝对需要正装出席的，有些场合甚至是要穿礼服出席的。我们有时会看到一些餐厅，在外面的提示牌上写明"着正装才允许进入"，同时低于多少岁的孩子不允许进入等。有些餐厅虽然没有严格规定，但是进去之后我们发现周围所有的顾客都是西装革履，特别是女士们的穿戴一看就是那种"盛装出席"。也因为女士先生们用到各种礼服的机会不多，但是有些场合又必须穿，所以美国还诞生了一个行业——礼服租赁业。这个行业目前不少中国的礼服生产厂家也在介入。

提到服饰消费类，也必须提到首饰手表。一方面国内家庭在这个领域的支出是挺高的，另一方面中美之间对于这个领域的消费观念又存在巨大差异。我经常参加一些家庭资产拍卖，走进老美家庭的时候，也会发现不少饰品。美国女士也非常注重服装与饰品的搭配，所以整体用的饰品的量比国内女士还多，但是老美们用的几乎 99% 都是假首饰。也就是说对于首饰，美国家庭更加看重的是与服装的搭配功能，而不是看重首饰的贵金属功能。国内很多人说："要戴当然戴真的项链，怎么会去戴假的？"这里可以看出，对于中国社会来说，首饰更多的属性是一种财产。不得不说，两个社会对于首饰的看法是大不相同的。

从消费的大数据上看，也能说明美国家庭并不注重追求"人靠衣装"。看 2014 年的数据，美国家庭平均在服饰上的支出不到 2000 美元，占比不到家庭平均总支出（家庭平均收入 5 万）的 4%[①]。

我们现在选择服饰箱包时，更多的是去注重商品的功能性，以及具体这件物品的款式是否符合心意。因为在美国周围的人很少去注意你使用这个物件的品牌，就算注意到了，也不会与你进行对比。这是目前中美两国很不一样的地方。

---

① 数据来源：https://share.america.gov/zh-hans/what-did-american-families-spend-their-money-on/。

# 3. 美国的食品，你们吃得惯吗

来到美国后，我们常常被朋友问到一个问题："美国都是西餐，你们真的吃得惯吗？"的确，什么生活习惯都好改变，这个中国胃是很难改变的。好在我们选择生活的城市是洛杉矶。

西海岸的洛杉矶、旧金山，东海岸的纽约等城市，本来就属于华人比较多的地方，说得再仔细些，东西海岸是世界各地新移民比较多的地方。我们居住的洛杉矶，在饮食方面几乎与国内是无差异的，甚至已经被当地华人戏称为"洛省"（洛杉矶被戏称为中国的一个省）。

北美有几个城市的中餐质量甚至是超过国内的，其中就有加拿大的温哥华和美国的洛杉矶。我们最终选择定居在洛杉矶，说实话是我们的"胃"选择的。在我到过的地方中，有两个地方曾一度让我认为海外的中餐甚至比国内的还好吃：第一站是马来西亚的槟城，第二站就是洛杉矶了。因为这两个城市的老式中餐厅中，目前还在掌厨的都是一些早年从广东等中国内地过来的老厨师，所以做出来的菜都极为地道。咽下口水多说一句，对于凭感觉烧菜的中餐来说，厨师太重要了。洛杉矶也有很多家名气很大的连锁中餐馆，但真正好吃的还是旗舰店那家。这当然还是厨师品质的原因，分店可以开，但是人没法分。

与东西海岸不同的是，美国的中西部地区，是白人老美占多数的地方，相对来说饮食就差很多了。我们的一个朋友时常说起他当年读书时如何"逃离"内陆州，跑到洛杉矶的那段故事。就是因为他实在吃不下当地的西餐，所以在一个晚上，他谁都没告诉（担心寄宿家庭阻挠），连夜"出逃"。

我们也常常会听到这样的故事。说一家内陆州的中餐厅，有一个学生模样的年轻人，单独一个人点了一桌子菜，上齐之后，就是一个人默默地吃，实在吃不下了，就全部打包带走。这种故事并不少见，也不奇怪。这位同学估计是在一个没有中餐厅的城市学习，可能是开了

◆ 10美元3磅的海虾

两三个小时车，才来到这家中餐馆，所以才点了这么多菜。

其实除了东西海岸有丰富的中餐外，大部分城市想吃到"对味"中餐还是不太容易的。亚裔多的地方，还可以用越南菜、韩国餐、日本料理等对付一下。再退而求其次，城市中哪怕有一个亚洲国家的超市，也是能解决一些问题的。但是中西部很多州甚至是连亚裔都少见的地方，也的确只有西餐。所以那些留学生们开车数小时就为了一顿中餐"拯救"自己的故事，大都来自美国内陆州。

当然近五年来，情况确实在改变。随着东西海岸竞争压力的加大，很多洛杉矶的连锁中餐厅，开始寻找运营成本更低的内陆州。同时随着电商的强大，大家可以通过网上购买国内的酱料和零食、面食等。

不同城市能够提供给华人的中餐服务（包括超市）的确差异很大。洛杉矶、旧金山和纽约这些华人多的城市，现在能够享用到的中餐已经和国内没有差别了。对于这些城市的中餐大家千万不要再停留在"左宗棠鸡"的时代了，现在朋友们让我推荐餐厅时，我都要加问一句，你们喜欢什么菜系？他们往往会愣一下，在美国还能选择中餐的菜系吗？

◆ 洛杉矶的港式早茶口味非常纯正

◆ 得州旅游时吃到的正宗川菜

是的，洛杉矶的中餐之所以称为"地道"，是因为分门别类弄得很清楚，可以选择川菜馆、湘菜馆、上海菜馆，或是广东早茶餐厅。开餐馆的多了，同样是川菜，做得是否地道，生意当然就有很大差别了。我之前以为是中国人多了，大家会挑选地道的川菜馆。结果问过我们开川菜馆的朋友后，发现答案超出我们想象，他刚刚开店时，是一群纯老美把店给捧红的。看来东、西方对于"好吃"的标准是一样的。

◆ 地道的家乡食品

◆ 福建家乡的佐料酒

在生活中，除了周边有中餐馆外，如果你居住的生活区有华人超市，其实就可以解决饮食问题了。洛杉矶的华人超市里面有几乎所有的国内食材，细到"福建老酒""镇江陈醋"等这些地方调味料，都一应俱全。所以当我们的朋友问到我们的饮食问题时，我就把华人超市的陈列商品拍给他们看，他们基本上就不会再问后面的问题了。

在美国东西海岸的大城市，食品的类型是极为丰富的，不仅仅中餐丰富，其他亚洲国家的食材也极为丰富。如果你熟悉西餐食材，也就看得懂数百种不同的奶酪。所以在饮食方面，总体来说是不必担心会有不适应感的，特别是在东西海岸的城市。

在美国生活这几年，谈到食品，除了没有不适应感外，相对来说，对食品安全也是极为放心的，美国的食品是很注重食品标识的。国内一度争议很大的转基因与非转基因的话题，个人感觉只要标识清晰，剩下的就是市场选择的问题了。美国就是这样，在超市内我们可以看到所有的食品，上面都有众多清晰的标识。

◆ 有机水果

◆ 有机果汁

美国的食品如果标识"USDA Organic"，那么这个食品就是非常明确的美国农业部认可的有机食品，也一定是非转基因的。根据美国农业部的规定，标识有"Organic"的食品必须是100%有机的，不添加任何的人工合成物，而且不允许使用农药。美国本土一家名为"Whole Foods"的超市，里面大量的蔬菜水果就都是有机的。

◆ 有机鸡蛋

◆ 有机蔬菜

此外标识有"NON-GMO Project"的也属于非转基因食品，但是级别上比 Organic 低一些。因为它只是非转基因食品，没有对是否含有农药和添加剂进行审核。还有标识有"GMO Free""GE Free"的食品，这些是厂家自己标识的"不含转基因"食品，但是这些只是厂家的申明，并没有经过第三方审核。

除了明确标识出转基因和非转基因食品外，美国的商品还有众多眼花缭乱的标识。比如不添加糖（No Added Sugar，天然含糖是可以的），不添加激素 (No Hormones)，不添加抗生素 (No Antibiotics)，100% 全天然（100% Natural / All Natural）。很多肉类商品有着更为细化的标识，比如标识无笼饲养（Cage Free）、自由饲养（Free-Range/Free-Roaming）、放牧饲养(Pasture-Raised/Pastured，相对前两个形容词，放牧饲养的鸡更加符合人道饲养的标准），等等。

当然标识不同，相应的价格也是不同的。同样是 12 颗鸡蛋，普通的鸡蛋是 2.99 美元一盒，标识有"USDA Organic"就要 5.99 美元一盒；同样的大罐牛奶（3.78L），如果是普通牛奶仅 3 美元一罐，而标有"USDA Organic"就需要翻一倍的价钱，水果、蔬菜都是这样。

叶子对于孩子的饮食特别细心,所以我们家购买食材时,给到孩子的食材,是会尽量去选择有机的。我们当然知道选择等级高的要付出一倍以上的价格,所以大人食用的,我们就会选择相对一般的食材。一分钱一分货,这在美国特别明显。有一次,叶子去了一家墨西哥超市,她看到里面极为便宜的价格后,没敢买任何东西,就出来了。

所以美国并不是没有转基因的食品,而是把食品标识得很清楚,对食材有要求的家庭与经济一般的家庭便可以直接按需购买了。

# 4. 买房还是租房，在美国也是值得研究的问题

我常常建议初到美国的朋友们先租房，等适应一段时间美国的生活后再考虑是否要买房子。

首先要说的是美国的房价，美国的房价走势与中国的不同。这30年来中国的房价是一路上涨的，从国内来的朋友如果以这样的思路来考虑美国的房价，显然是不对的。美国的房价是有周期的，有些人说是7年一个周期，也有人说每逢年数尾数是9，美国房价就要开始下跌。无论哪种说法，大家比较一致的看法是，美国的房价是有周期的。

这样说可能太笼统，从数据上看则更为精确些。在过去的100多年的时间里，美国的房价年平均增长率约为3%，而美国每年的平均通胀率则在2.8%。这个数据说明在长达100多年的时间里，如果你仅是持有房产，并不能让你跑赢通胀，别忘了美国还有个1%—1.5%的房产税。而且历史上美国的房价有过连续多年累积上涨的大牛市周期，比如1938—1954年、1969—1986年和1995—2007年。也就是说，在这三个大牛市以外的时间里，整个房价是属于下跌或平稳的态势。所以美国的房价是有周期的，老美们当然很清楚这个周期性，所以当房价上涨到之前年度的高点时，会有很多老美家庭开始卖房子。

所以，不着急买房的第一个原因是，美国的房子不是一直上涨的，以后再去购买还是会有机会的。

第二，你真的考虑清楚生活在哪里了吗？我们都知道，美国人一生中至少有10次搬家的经历，这个搬家的次数在当今的中国估计也很普遍了。是的，住家

往往是根据主人的工作、孩子的学习地点的变化而不断变化的，这一点在美国更是如此。新到美国的朋友们，对自己在美国的各种定位都还不够明确，当然也不必着急把自己的住址固定下来。

在美国租房子，也是可以享受到权益的。首先，租房子也能上当地的公立学校（当然孩子要具有允许上公立学校的合法身份），只要提供带有孩子父母名字的水电费账单，以说明你们家庭的确是住在这里，就能和在这里买了房子的市民一样享有读书的权利。所以不少人为了孩子上更好的公立学校，会在喜欢的区域租房子，这在美国是很常见的事情。其次，一般情况下，房东和租客都会签署一份长期协议，只要是 1 年以上的租约，每年都会默认续租。法律也会保护租客的合法利益，而且房东不能随意上涨房租。最后，法律会保护租客的居住安全，也就是说一旦房屋出现安全隐患，一律由房东负责维修。如果由于房屋的瑕疵对租客造成伤害，则要求房东负责赔偿，所以房东在维护房子居住质量上也是很上心的。

美国大部分是独立屋，有很多需要和外界社区部门打交道的地方。初来乍到，当你对美国不太熟悉时，做租客要比自己当屋主省心得多。我们从 2013 年来到美国，一直到了 2017 年才决定自己买房，在这几年过渡的时间里，的的确确也是房东帮我们解决了很多生活上的问题。而每一个小问题的解决，也让我们积累了更多在美国生活的经验。

所以，租房子完全可以满足你日常生活的全部需求。

第三，从经济上看，买房子不见得比租房子划算。这里我们需要算一笔账，以我们之前在坦普尔市租的那套房子来举例说明。

如果是租房，那么我们的费用就是每月 2000 美元（2013 年才 1850 美元），每年 24000 美元。如果是买下这套房子，首先我们需要支付 83 万美元[①]，然后每年还要支付 12450 美元的房产税（成交价格的 1.5%），单就每年房产税一项的支出就已经占到全年租金的一半了。这里需要说明的是，房东要交的房产税并不需要那么多，因为他们 20 年前买的这套房子的价格是很低的，即使按照每

---

① 这个估值是按照 2014 年我们对面的相同的房子的售价估算的。

3 年调整一次的估价来算，计算房产税的标价也远远不是我们成交的那个 83 万。而买房子的本金 83 万，我们按照每年 4% 的银行理财收益算，也有 3.32 万的机会成本，这里还不包含各种房屋保险。

所以在不考虑房价上涨的情况下，从经济上看租房子还是更划算的。

第四，初登陆美国的新移民们并不像老房东们那样有那么多的优惠政策来抵扣个人所得税。原来的房东除了不用按照现行的已经高涨上去的成交价来缴交房产税外，他们因为有固定的收入，所以房产税的部分是可以抵扣个人所得税的。而暂时还没有拿到绿卡的新移民往往不会主动把中国的收入纳入美国的报税单中，这样也就没法获得抵扣个税的优惠。另外，新移民往往没有美国的银行信用，所以很多人都是以全额付款的方式买房，没有用到银行贷款，那么贷款利息冲抵个人所得税的这个优惠又没办法享受到。

当然这种观点仅仅适用于初来美国的过渡期，当你已经选择好适合自己的城市，并且基本搞清楚美国生活的一些日常事务后，着手买房子也是合适的选择。从这 5 年的房价走势看，整个美国的房价受经济复苏的影响，正在逐步走出金融危机的低谷而呈现稳定增长的趋势，有些城市甚至已经恢复到了金融危机爆发之前的高点。而且从目前看，美国实体经济还是健康的，所以如果从刚需出发，购置房产也是合适的。

目前越来越多的华人新移民家庭，几乎是一登陆就在看房子准备买房了，甚至有些人在还没拿到绿卡的情况下就买了房子，这种决定也还是要具体问题具体分析。

如果是已经决定了移民，有些甚至已经提交了移民申请的，在目前房价稳定上涨的走势下，先买房子也不失为合适的做法。因为不少中产阶级家庭其实在国内已经有两套以上的房产，此时，资产做个全球布局，从投资角度看，也属于一种稳健的投资策略。此外在尚未拿到绿卡的情况下，美国很多银行是可以提供外国人（非美国人）贷款的，利息也仅仅比本国人贷款利息高 0.5% 左右。利用美国资金做杠杆而购入一套永久产权的房产，对于已经明确今后在美国生活的家庭来说，也属于提前布局。

但如果没有明确今后的方向，而只考虑投资一套房产的家庭，这个决定就要慎重了。很多国内的朋友，带着国内的那种固定资产投资的心态，忽略了美国地产投资的一些具体问题，事后就会发现，美国的地产投资并不像他们原来想象得那么美好。

第一，美国的地产购入容易，但卖出的时候，房产中介要按成交价的4%提取佣金。这样在你房产增幅有限的情况下，最后的投资毛利会大大降低。第二，在你的房产有一定幅度增长时，又有固定资产增值税收的问题，如果你不是绿卡持有者或者不是美国的纳税居民，会被国税局要求先行全额缴交所得税。当然之后可以出具你在美国纳税等一系列证明去退税，但相比拥有美国身份的纳税居民来说是很麻烦的。第三，长期持有房产，除了要缴交作为房东应该交的各种税收之外，如果房主长期不在房屋所在的城市，那么委托管理也是个问题。如果把房屋出租，那么租客遇到的各种琐事、各种房屋修缮的问题都是你作为房东要去解决的。当然你可以委托物业公司帮忙，但是这些公司会收取不低的管理费，在一些具体的维修费用上也是就高不就低，你的收益会被吃掉一大块。如果你不出租，你也必须请专门的物业去打理，美国的社区管理人员会定期检查你们家的前院是否保持绿化、后院的游泳池是否保持水的清洁。一旦因为不维护导致池水发臭，立刻就会被开出几份罚单。

此外有些突发情况的发生，会让人措手不及、打乱计划。比如，我们一个当房产经纪的朋友说过类似的很多故事。一个故事是一对中国的夫妻用旅游签证过来买了一套房产，还花了20万重新装修了一下。正准备过来享受时，因为多次长期进入美国，而被移民局取消了旅游签证，这样他们中短期内就无法赴美，所以只能压价处理掉那套房子。还有一个更加具有戏剧性的故事，有一处中国人购买的房产因为一段时间无人打理，在积累了一定数量的罚单和税金后，被法院强行拍卖。拍卖款一部分用于偿还税金和罚金，余下的部分，多方联系屋主不成，最后这部分资金给了当初协助购房的房产经纪人了，因为房产经纪人是唯一的在购房合同条款中列出的遇到特殊情况可以处理的委托人。

以上列出的方方面面的问题，初到美国的人在考虑租房或者买房时是否也考虑到了呢？我想大部分的人可能没考虑得那么全面，也许只有像我这样的过来人才会明白，不同家庭在各个阶段的需求和顾虑吧。

# 5. 皮卡在美国的真正用途是什么

相信到过美国旅行的人一定会有这样一种感觉，怎么这里会有这么多皮卡车？其中很多的皮卡还是体积巨大的那种，例如著名的"公羊"和"猛禽"。从2017年美国的汽车销售数据看，排名前三的居然都是皮卡，而且都是美国本土品牌，分别是：福特 F 系列、雪佛兰索罗德和道奇 Ram[①]。

我第一次到美国也感觉到了，为什么这个国家会有这么多皮卡？为什么会有这么多家庭在用皮卡车？当然我首先想到的是，美国家庭本来就不止有一辆车，一般情况下是一个成年人配一部车，小孩子如果长大成年，18 岁考个驾照，也会立刻拥有一辆车。一个家庭外面停着三辆车，是件非常正常的事儿。但是，这还不能完整地解释，或者很清楚地解释为什么美国家庭基本上都会有一部皮卡。

那么我又想，在美国有很多事情是需要用皮卡才能做的，但后来我发现我们去买一些大件的东西，商家会安排送货上门；你要砍一棵树，也必须是由专人来砍的，砍完对方包运。所以，像我们这样的家庭并没发现什么事情是必须要用到皮卡的。那为什么美国家庭但凡拥有第三辆车子的时候，都会配备一辆皮卡？

我们不妨先看看在美国卖得最好的两款皮卡车——"公羊"和"猛禽"。其他品牌的皮卡像丰田的"坦途"与这两个品牌相比就不在一个级别上。在美国，你会看到那种整个车场满满当当全部是皮卡的专卖店，而福特公司的"猛禽"皮卡专卖店的不远处一定会有道奇公司的"公羊"4S 店，这两个品牌似乎总是靠在一起，就像在中国内地开店的麦当劳和肯德基一样，其竞争关系难解难分。

---

① 资料来源：http://news.bitauto.com/hao/wenzhang/526584。

那么皮卡在美国家庭中到底扮演一个什么样的角色？其实读懂美国的皮卡，你就读懂美式生活了。

◆ 29 尺的皮卡，用 C 照可以开

◆ 超过 30 尺的房车，必须用 A 照开

在美国开着房车去旅行是家庭休闲生活的首选。房车实际上有两种：一种是车和房连在一起的，一般 29 尺长的房车，用 C 照是可以开的，过了 30 尺就要用 A 照才能开。还有一种房车是拖挂式的。拖挂式指后面挂着长长短短各种形状的房车车厢，而车厢的前面用什么车来拖呢？就是皮卡。

所以，皮卡的拖挂功能才是美国家庭为什么需要皮卡的真正原因。房车的拖挂方式主要有三种，都是需要用皮卡来拖挂的：

一种叫旅行拖车，英文是"Travel Trailer"。这种比较简单，就是大家看到的皮卡的尾巴连接一个不太大的房车，这个房车本身没有动力，就是一个车厢。这种拖挂方式因为后面的东西不大，所以好几种车型都可以拖。丰田的"坦途"可以拖，SUV 也能拖，大车拖大车厢，小车拖小车厢。

第二种拖法叫五轮拖车，英文是"Fifth Wheel Trailer"。这是三种拖挂式房车里面能拖最大房车车厢的。它到房车营地停下来之后，需要用千斤顶四个角全部顶起来。这种房车车厢最前面的上半截突出来一块，这块正好压在皮卡车的货舱上。这种重量的房车就对前面拉拽的皮卡有要求了，因为它的 20% 的重量必须压在皮卡车的货舱上。这时"猛禽""公羊"和丰田"坦途"就有区别了。"坦途"只能拖半吨，而"猛禽"和"公羊"这个级别的皮卡则能够拖 1—4 吨。

如果在差不多价位情况下，你必然会选择"猛禽"或者"公羊"。但是用这一条原则是不能确定选择"公羊"还是"猛禽"的，对于那些有选择恐惧症的人来说，世上最痛苦的事就是购买一辆皮卡时，到底是选择"公羊"还是"猛禽"。

◆ Travel Trailer，前面需要一个皮卡来拖

第三种叫卡车露营者，这是比较少见到的，英文是"Truck Camper"。这个方式后面拖挂的房车很小，几乎没有拖挂，后面的房车车厢整个骑在皮卡上面，它的最前部压在车子的驾驶舱上，然后主体部分是放在皮卡的货舱上面，目测后面大概在一米处，有一个悬空出来的位置。

如果我们家准备购买第三辆车子，一定是会选择皮卡的，而且是选择皮卡加车厢的房车。平时把房车停在家里的后院，通上电可以作为我的工作间，当成房车使用的时候，比那种房车连车厢的也更加实用。如果是去旧金山，或者想进西雅图，那种带车厢的房车太大了，很不方便。但是这种可分离的拖挂式的房车就方便得多，可以把车子停在比较近的房车营地，将后面的房车厢分离下来停好。我们就可以驾驶皮卡直接拐进城市来，在城里逛完后，再回到房车营地的车厢中休息。

◆ Fifth Wheel Trailer，前面部分是压在皮卡上的

◆ Truck Camper 是皮卡部分，后面是拖挂部分

皮卡除了拉房车之外，还可以拉游艇，当然这个游艇不是那种大游艇，是上面大概有四个位置的家庭小游艇。美国家庭用的游艇其实也分大小，小的大概有两辆车子的长度，是可以用皮卡拖的，还有大些的游艇，也是美国家庭用的，里面可以正常活动 8 个人，开 Party 时可以用。当然那种大游艇就贵了，而且只能停在码头，不能拉回家。拥有这种游艇的家庭会在海边租一个小码头，每个月的停泊费用在 600 美元左右。

我们重点说那种可以用皮卡拖的小游艇。皮卡可以配置一种专门的拖游艇的悬挂装置，连接一个很长的板，游艇有一个轮子，把它拉上这块板，然后固定好之后，游艇和这块板子就紧紧固定在一起。这种方式类似后面拖个房车，然后皮卡就可以拖着游艇去任何地方，在美国的郊外，经常可以看到这种场景，当然在城市住宅区有时也能看到单个游艇停在家门口。

那么哪些地方可以玩游艇呢？很多国家公园或者可以放游艇的地方都会有一个明确的标识，凡是停车场标有游艇的地方都是可以放下游艇入水的。

这种游艇停车场，不是停普通车子的，它的停车位置画得非常长，一看就是用来停这种后面拖游艇的皮卡的。那么游艇怎么下水呢？首先用皮卡拖着后面很长的游艇，开进来，然后转到下水的地方，它下水的地方类似沙滩，用石头修的，斜斜地插入水中。皮卡开到前面，然后倒车，把整个的板以及板上面的游艇倒入水中，这个时候游艇还是紧紧固定在托板上，等到整个游艇完整地进入水里后，司机下来，将开关放开，游艇和托板的连接就断开了。这时候游艇上已经有人在控制了，他驾驶游艇开始倒退，慢慢退到湖中。而皮卡再带着这个已经浸在水里的托板上岸，开到停车场。

◆ 皮卡拖游艇，放下游艇的瞬间

在美国，但凡有湖的地方，总是能看得到这种家庭式的游艇。如果皮卡配备完整，甚至可以看到皮卡的顶上，还能架个皮划艇，有大些的双人双桨，也有单人双桨的，它们就直接架在皮卡上面。而它后面的货舱里，还可以装冲浪板之类的工具。

看到这里，大家就会明白为什么皮卡在美国家庭的普及率会这么高，除了我们之前理解的货舱运货功能之外，使用更为频繁的是它的拖挂功能。

在美国，如果你一年有两次能够用到房车，那么建议你买一辆房车。因为房车的租金不便宜，我们有一次去阿拉斯加开的房车租了 9 天的费用是 2200 美金，如果买一辆跟那个差不多的二手的八成新的房车的话大概是 38000 美金。所以如果你一年至少有两次开着房车出去玩的话，还是比较值得买一辆的。当然，如果是那种可以用皮卡拖拽的房车后车厢，价格就更便宜了。关键是那种房车后车厢在美国独立屋的车库前的空位就可以摆下，位置长些的车厢可以拉到院子里，平时甚至可以做主人的书房，或是独立的休闲空间。

那么游艇的价格是多少呢？大概是六七万美元，当然是指四人座带方向盘的那种，所以说房车和游艇都是美国的中产阶级家庭可以日常消费的。我们第一次在湖边看到美国家庭玩游艇时，心里很羡慕。看着一部部的游艇从码头放下水，然后在那么漂亮的湖上，一家人可以玩一天，感觉很惬意。

美国的这片土壤其实给我们提供了各种各样新鲜的可以去体验的东西，我们经常看到美国人玩一些新鲜东西时会脱口而出"这才是生活啊！"的确，能够让人生更加充实的不仅仅只有工作，还有精彩的生活。

# 6. 在美国淘旧物：从家庭资产拍卖到集中拍卖会

如果是周末，你会在美国街头发现一些小的指引牌，上面写着"Estate Sales"，然后一路指引你到某个房子前。走进房屋，有专业的工作人员和你打招呼，里面是个住家，你目光所及的所有物件都被标上了价格，哪怕细到一根旧数据线或者院子内的一个破花盆。是的，这就是美国 Estate Sales，对于买方来说，是淘旧货，对于房屋的主人来说，就是个人资产拍卖。

◆ 摆在拍卖者家中的油画

◆ 从马术冠军家中淘到的一个奖盘

美国的个人资产拍卖，主要原因有个人破产、离婚、主人去世，也有搬家的资产拍卖，但是搬家处理屋内资产往往只是自己小范围卖卖就算了。而个人资产拍卖，基本上是委托给专业的个人资产拍卖公司来进行处理的以搬家为主的拍卖，只是处理部分物品，好东西主人会自己留下。但如果是个人破产或者主人去世的个人资产拍卖，这里面就有更多的好东西，值得淘宝者们走一趟了。

很多人在我的微博中看到心仪的"宝贝"时,一直在问一个问题,这么好的东西,为什么子女们不要?当然这是指老人过世的个人资产拍卖,一方面美国的子女和老人在家庭方面各自独立,老人大量的物品,如家具、书籍、衣物等子女没办法都收;另一方面就要说到美国的遗产继承制了,先确定遗产,才能继承遗产。美国个人有债务是平常的事情,所以在加州有个个人资产的认证环节,要走一遍法律程序,把债务还清了,子女才能继承遗产。如果遇到多个继承者的情况,往往是委托一个资产处理公司把全部资产变成现金再分配处理。

如果是个人破产,那么只能带随身的几样东西出来,剩下的则全部拍卖还债。这种个人的资产拍卖,在洛杉矶是很常见的。一个周末,打开苹果手机上的App——"Estate Sales"(安卓没有这个App),大洛杉矶地区会跳出几十个拍卖点。

相对来说,我更喜欢走进私人住家参加个人资产拍卖,除了可以淘到意外的惊喜外,也是近距离观察美国家庭的好机会。美国人注重隐私,但是在个人资产拍卖时,主人的隐私就完全展现在你面前了。卖的东西不仅仅是家具、设备、饰品,甚至有随身衣服、书籍、个人信件。我曾经收过一些高中纪念册甚至个人奖杯这种很私人的物件。这不仅仅让我能够更多地了解老美家庭的生活细节,更重要的是我收的东西,我是知道它的故事的。

周末时间有限,所以选择拍卖点目标也是有机会成本的。同一时间开放,选择了这家,也就放弃了其他家,所以选择目标很重要。就算在洛杉矶这种相对富裕的城市,家庭的富裕程度也是参差不齐的,我现在更多的是往洛杉矶市区、贝弗利山庄以及更西的地方跑,首先要保证有好东西,而不只是买些便宜货。

个人资产拍卖的时间既有一天的,也有连续几天的,看资产的多少了。如果是三四天的,往往第一天是原价,逐步开始打折,最后一天是最低价。我之前去的一个老画家的资产拍卖,就是这样:第一天原价,第二天打7.5折,第三天5折,第四天才2.5折。我是最后一天去的,到的时候,手上拿满东西排队买单的人已经绕屋一周了。

个人资产拍卖没有卖出去的物件,最后会流转到哪里呢?后来参加的一个拍卖会回答了我的这个问题。

真正的拍卖会，连网站上的标识都是一个拍卖槌。拍卖的地点也是特殊的机构地址，比如洛杉矶县财税、收藏及公共资产拍卖中心，最后付款后开出的收据，是以"洛杉矶县资产拍卖"的名义。

App 或者网站上<sup>①</sup> 会提前一周把全部物品拍照展示，内容非常多，所以大家要提前做好功课，有个大致的方向后再细看。现场时间很短暂，拍卖速度又快，不然你会慌乱的。

这样的拍卖会，一般是早上 7 点半开始，8 点的时候已经熙熙攘攘了。参加这种拍卖会需要事先办个手续，登记一下你的基本信息，然后交个押金（现金 100 美元），就可以领到一个举牌。另外主办方会发给你一个拍卖目录，你可以趁着 9 点正式开始拍卖前到达现场细细观看拍卖品。

◆ 拍卖会是一筐拍品一起卖的

◆ 提前看拍品

相对于在家庭内举办的拍卖，这种集中式的拍卖，就显得很"仓储式"了。有单件的拍品，更多的是 20 多件物件甚至是 50 多件物件集中在一个甚至是四个箱子内，同一个目录号是一个拍品。

在我常常参加的洛杉矶县的拍卖场，场地面积很大，拍品也非常多。因此主办方每次都分成三个相对独立的区域（家具家电类、工艺品油画书籍类和邮

---

① 网站地址：https://www.estatesales.net/。

票钱币首饰类）进行拍卖。三个地方的拍卖时间几乎没有隔开，家具家电类的拍卖和工艺品油画书籍类的拍卖几乎是同时开始的。邮票钱币首饰类的，倒是有充分的时间供买家参观，会比其他两场拍卖迟一些开始，但开始的时间和前面两类的拍卖在时间上也是重叠的。所以在拍卖之前一定要做好功课，如果你要的拍品分别在不同的两个场地，那么你自己要掐好时间，灵活穿插才能买到心仪的藏品。

这边的拍卖方式很规范，每个区域都由拍卖师、助手、拍卖中心负责人、场地工作人员等组成的一个小组来负责拍卖。工艺品油画书籍类的场，拍品最多，因此投入的人员和时间也是最多的。中间有个高台，拍卖师不止有一个，互相轮流负责。助手帮忙查看现场，提醒拍卖师下面的举牌。拍卖中心官员在高台上负责监督。场地工作人员则是在拍品摆放的现场，负责在拍卖开始之前隔离买家。因为场地大，所以同一类目下再细分各个小区域，在拍卖这个区域的拍品时，他们要拉警戒线，这个时候买家就不能再细看拍品了。

◆ 拍卖会现场

拍卖师是非常专业的，他们会根据一件拍品大致的价格开始叫价。比如开始叫200美元，一看现场无人反应，叫价迅速地下降，100美元、50美元、20美元甚至10美元、5美元，我看到过一个拍品降到2美元时，下面才有人举手。当然也经常是下降到20美元时，有人开始举手，互相竞价又抬高到200美元。

拍品之间当然存在本身的质量差异，但也存在买家喜好和各种机缘巧合，这些都会影响拍品的最后价格。很多拍品满满一箱子，但最后的成交价才20多美元，也有一个单品，竞价之后成交价高达2000多美元。因为拍品太多，所以拍卖师叫得飞快，基本上给你的时间就只有拍卖师眼神扫到你的那不到一秒钟。我曾经追过一个拍品，在拍卖师转过眼神看我示意时，我犹豫了一下，又马上迅速举牌，但是无奈拍卖师已经转过眼神确定我的对手是最后的成交买家了。

家具家电类的拍卖，因为拍品存放的区域大，所以一个拍卖师在摆放家具的拍卖品中间，放上一个梯子站上去，就开始拍卖了。周围的举牌者也是随意地在一边活动，一边举牌还一边继续细看其他卖品，孩子们也参与其中，嘻嘻哈哈的。但你如果被这种随意的气氛感染，往往就会漏过无数卖品，家具拍卖得更快，我常常在家具场地上还没站几分钟，很多家具就已经以一套桌椅15美元这样极低的价钱飞快成交了。

拍卖场来多了，买家之间也会互相认识。这个场地相对于个人家庭的那种资产拍卖，买家是很专业的，也就是说他们购买拍品，大部分不是为了自己的收藏和使用，更多的是为了将其收集整理之后再卖出去。现在华人的买家也越来越多，相信大家可以通过在某个细分领域专精之后，"以物养物"慢慢培养起盈利模式。

# 7. 美国国家公园开放狩猎，居然是为了保护动物

一个周末被朋友邀请到拉斯维加斯狩猎，朋友是位枪械发烧友，而且不是那种只把长枪短铳收藏在家里保险柜的简单的装备族，是真正把射击当成爱好的纯美式的玩枪人。他甚至拥有枪支隐藏携带的许可，无论何时何地都是枪不离身。他说他随身携带的手枪已经成为他身体的一部分。我看着他从裤头翻出内置的手枪皮套，问他这样随身携带手枪，做事情会不会不方便，他说不会，就像我们随身携带手机一样，离开了枪支就会觉得空虚。

美国有超过三分之一的家庭拥有枪支，而一般来说，拥有枪支的家庭往往就不只拥有一支枪。具体的枪支数据没有官方的统计，因为这属于个人隐私，但根据局部的统计，拥枪的家庭平均是三支枪左右，所以美国民间拥有枪支应该在2.7亿—3.5亿支[1]。而每年消耗的子弹数量是惊人的上百亿颗，从这个数量看，就知道这个国家的人到底有多爱射击了[2]。

狩猎对于美国人来说，是挺重要的休闲方式之一。美国有专门的狩猎区，但是很多华人因为搞不清楚具体的狩猎区，要么冒了偷猎的风险，要么就放弃野外的狩猎，只在室内的射击场打打枪就算了。所以在狩猎这个群体中，华人比例偏少，绝大部分是白人。在野外射击场或者狩猎区，你可以看到各种射击爱好者，有拖家带口来玩射击的，也有单身女性带上几只枪、几十发子弹，在野外射击场

---

[1] 数据来源：https://www.statista.com/topics/1287/firearms-in-the-us/。

[2] 数据来源：https://www.marketplace.org/2013/02/26/business/guns-and-dollars/billions-bullets-cheap-and-unregulated。

地打个半个小时，然后开车走人的。

我这位朋友经常在微信中向我秀他狩猎的战利品，于是我终于按捺不住，周末从洛杉矶到拉斯维加斯跟他混了一天。因为我是第一次狩猎，对于猎枪要先熟悉一下，所以我们先去了野外射击场。

很多野外射击场都在联邦划定的自由地上，这些土地一般都位于荒凉的高速公路旁边，我们开车进入时，已经有不少人在打枪了，耳边不断会听到枪声。因为来的都是相对熟练的射手，大家很讲规矩，拉开至少 300 码的距离，射击方向也各自不同。其实相比那些大部分游客去的室内射击场，野外射击场反倒是更加安全的。因为室内射击场的游客大部分是生手，有时第一次射击时会兴奋得忘乎所以，枪口晃来晃去的，也是极其危险的。

◆ 测距离的设备

◆ 一次练习最起码要打完这里所有的子弹

我们用的猎枪其实就是散弹枪，枪膛可以装 1+5 颗子弹，当然这是在内华达州，可以装 6 颗，如果在加州，按法律规定就只能装 2 颗。加州是美国枪支管理最严格的州，不仅连发的功能被限制，弹夹也被限制成只能装一半的子弹。正常的散弹枪内装了 300 颗小铅块，所以一枪打出去后，一定距离后的弹眼分布是扩散的，朋友让我先试试枪，目的就是让我感受不同距离的弹眼分布范围，这会影响射击猎物的效果。我的装备是普通的散弹枪和子弹，我朋友则配备了加长的猎枪和加药的子弹，他的子弹长度比普通的子弹多出 20%。我看到他试枪时的后坐力，可以把他这种射击老手几乎掀翻，所以我坚决不尝试用那种子弹。

熟悉了猎枪之后，我们驱车1小时，进入了大峡谷国家公园的西大门，这里有个狩猎区。进入狩猎区腹地的路必须是4驱的车子才能开，为了离猎物近一些，我们在坑坑洼洼的狩猎区又开了半个小时。内华达州的狩猎区受地理位置的影响，大多数也都是那种光秃秃的苍凉的西部场景。这种地方白天极少有动物活动，傍晚时才有部分兔子、狐狸、山猫出没，而郊狼是只有晚上才出动的。所以在合适的地方，合适的时间，我们才能动手狩猎。

◆ 两把散弹枪是对付猎物的

即使在美国的合法狩猎区，也不是什么动物都可以打，绝大部分的州认为可以被驯化的动物是不可被狩猎的，比如野马、野驴都是不可以打的，有些动物是需要购买狩猎许可才可以打，比如大角羊、熊等，而兔子、狐狸、山猫、狼等小动物不用购买许可也可以狩猎。当然这只是简单的归类，具体情况还要更复杂些。比如兔子，白尾兔是属于被保护的，但黑尾兔不用狩猎许可就可以打。而狩猎许可的狩猎指标是一只一只的，比如大角羊，一只的许可是400美元，买了一只的，就只能打一只，如果你射杀了两只，就违法了。这些信息也只有常常狩猎的这些爱好者比较清楚，所以说在美国狩猎，很重要的一点就是要搞清楚具体的狩猎区和具体的狩猎法律。

那天的狩猎我们最后没有收获，很明显是我严重拖了后腿。我们之前约得清楚，下车后不要发出任何声音，两人分头登上两个垄上的斜坡，目标往往会在两个垄之间的谷内活动，谷底有灌木和矮树，小动物只可能在其间活动。我们居高临下易于发现猎物，同时我们必须平行同步推进，这样猎物无论往哪边拐弯逃脱，都会处于我们的交叉火力中。当然我们枪口的位置一定是往前或者向内 30 度位置，绝对不可以把枪口方向转到队友这一侧。

计划是美好的，但我还是拖了后腿。因为我在崎岖不平的沙石斜坡上本来就走得跟跟跄跄，加上还提着已经上膛的猎枪，而且朋友连枪保险都让我打开了，他说遇到猎物只有 1 秒钟的反应时间。我生怕自己滑一跤，枪摔在地上会走火，所以我始终没法和朋友走到一个平行的位置上。就在我始终想努力赶上位置时，对面垄上朋友的枪声响了，我这才把眼光离开自己跟跄的脚下，看到朋友正追上几步开了第二枪，但是那只黑尾兔反应奇快，第一秒时间就从朋友这个垄下溜走了。这时候我才知道平行站位的重要性，因为在这种情况下，我这边起码还有三发子弹的机会，但是我位置靠后，猎物都是往前奔跑的，所以在这一侧我们失去了三发子弹的机会。

◆ 打猎瞬间

两声枪响，方圆一英里的猎物就会消失得无影无踪。我们甚至已经发现了各种猎物的新鲜粪便，表示它们刚刚就在这一带大量活动，但是枪声和顺风而下的火药的气味，让猎物们跑得干干净净。

包括我在内，很多人对于在国家公园内开辟狩猎区是很费解的。州政府不仅允许民众购买猎证，还把像大角羊这样的州宝级动物的狩猎许可一只只地卖。这就很容易被人诟病为只懂得赚钱，而完全没有保护野生动物的行为。但是，在我这位朋友考猎枪证的时候，野生动物管理署的工作人员很认真地告诉大家，这样的行为是为了更好地保护动物。这是悖论吗？

美国的野生动物管理是很细致的，我们在加州 1 号公路旁常常会看到耳朵上订着条码的海狮、海豹。是的，美国的野生动物管理署对大部分美国境内的动物

◆《内华达州野生动物识别口袋指南》

甚至可以管理到个位数,他们利用卫星和直升机观察各种动物的繁衍、迁徙。如果发现某个种群数量扩大,发展到影响其他动物的种群生存的时候,管理署会对这类动物开放狩猎。而这种狩猎的开放也是管理得很细致的,在内华达州每个猎人都有的《内华达州野生动物识别口袋指南》中,对每一种动物都做了很详细的识别,公布了各种动物的照片和能否狩猎以及具体狩猎时间的说明。

举个大角羊的例子。内华达州的野生动物管理署通过研究认为,在目前的生态链中,大角羊的数量应该控制在2万只左右,当大角羊的数量繁衍超过2.5万只时,管理署就会开放大角羊的狩猎许可。猎人们可以一只只地购买许可,买一只只能打一只,而且必须在规定时间内完成。有些猎人可能买了许可但没有在规定时间内去打猎。当然,这除了购买许可的400美元不退之外,也没其他问题。如果猎人狩猎到大角羊,那么必须将羊的牙齿敲打下来,交还给管理署,一方面用于确定猎杀的数量,另一方面管理署的工作人员还要分析出这只大角羊的性别、年龄等细致的数据,一并整理到他们的大角羊数据管理中心。

美国是一直不遗余力地保护野生动物的国家。正如罗斯福总统曾经说过,"我们不允许任何一种动物在美国境内灭绝"。所以那种认为美国允许狩猎就是对野生动物的杀戮的想法,是简单的,也是错误的。

# 8. 橄榄球，美国的第一运动

谈到美国的体育，大家第一个想到的会是篮球。因为 NBA 在中国也算收视热门，而篮球对于美国来说，就像足球对于巴西，乒乓球对于中国，所以很多国人认为篮球就是美国的国球。然而在美国，第一运动是橄榄球，美国的 Football 就是指橄榄球，而不是足球。足球在美国则有自己的名词 Soccer。

美国的第一大球类是橄榄球，然后是棒球，第三名才是篮球。从收视率的角度看，美国职业橄榄球大联盟（National Football League，NFL）的收视率是 NBA 的三倍。到过美国的朋友就会发现，在美国的各类商业场合，酒店、赌场的每一块电视屏幕上几乎 24 小时都在播放着 NFL 的比赛。

美国橄榄球的商业价值也是全球体育运动之首。根据几年前财经杂志《福布斯》的体育品牌榜，NFL 的超级碗被估价 4.2 亿美元，继续稳坐最具商业价值的体育赛事宝座。超级碗的价值比奥运会的 2.3 亿美元和世界杯足球赛的 1.2 亿美元的估值加起来还要高。

超级碗（Super Bowl）是 NFL 的年度冠军赛，这场比赛被华人称为"美国的春晚"。2018 年的第 52 届超级碗于 2 月 5 日在明尼苏达州举行，最后是费城老鹰队干掉了上届冠军新英格兰爱国者队，夺冠捧杯。那场比赛的 30 秒广告卖到了 500 万美元，而每一年的超级碗的中场休息的长秀表演更是美国本年度最吸引眼球的文艺演出，只有最当红的明星才有资格来蹭热度。当然，蹭热度的还有政治明星。2018 年 2 月 4 日（超级碗开赛前一天），美国总统特朗普就在白宫发文预祝超级碗完美成功。

美国的超级碗一般选择在每年 1 月的最后一个周日或 2 月份的第一个周日进行，这也催生了独特的"周一超级病假"。美国的一个劳动力研究所曾针对"周一超级病假"做过调查，25%的美国人希望超级碗之后的那天被视为"假日"，而有72%的HR也同意这一观点。事实上，调查数据也显示32%的美国人会在超级碗之后的周一迟到，而五分之一的人会在那个周一请病假[①]。

体育和娱乐节目几乎是美国社交中唯一的话题，而绝大多数人的寒暄会从前一天的NFL比赛开始。而超级碗结束后的一周乃至一个月之后，在办公室内或者家庭聚会等社交场所内还都会对比赛现场、中场秀的明星甚至中间插播的广告（超级碗插播的广告往往是当年度最具创意的广告）津津乐道。

美式足球在美国有两个最重要的博物馆，称为"名人堂"，一个是职业橄榄球大联盟NFL的名人堂，在俄亥俄州的肯顿（Canton），另一个是大学生橄榄球联盟NCAA的名人堂，在佐治亚州的亚特兰大。NCAA的整个联赛是向NFL看齐的，所以在肯顿的NFL的名人堂代表了美国橄榄球的最高殿堂。

◆ 亚特兰大的大学生橄榄球名人堂（一）

---

① 数据来源：http://us.xinhuanet.com/2018-02/05/c_129805218.htm。

◆ 亚特兰大的大学生橄榄球名人堂（二）

我记得第一次去肯顿的橄榄球名人堂参观时，因为对橄榄球还不熟悉，所以当我走近超级碗的冠军奖杯——文斯·隆巴迪杯时，看着身边的其他游客无比激动地拍照、敬仰，我却完全进入不了这种仰慕的状态。当时我觉得自己这样太冷静了，与现场完全不合拍，所以在心中想象了一下摆在我面前的是大力神杯，才兴奋起来。实际上在美国，这座文斯·隆巴迪杯完全赛过了大力神杯的影响。

美国人最热衷的这两项运动，橄榄球与棒球，实际上都不像篮球或者足球，是世界范围的球类运动。橄榄球似乎更像是美国人自己玩的球类，即使大学生联赛、职业联赛热火朝天，但是在美国之外，就仅仅在英国有过像样的联赛。日本、澳大利亚、墨西哥的赛事也都属于尝试性的引入开展。所以美国之外的人对于橄榄球最基本的信息，诸如上场球员人数、比赛规则、球场大小等知识都不见得搞得清楚。

2016 年时，我有个机会和 NFL 的名人堂主席 David Baker 有过一次交流，交谈中发现了一些很有意思的事情，比如美国第一国球的圣殿——NFL 名人堂所在的城市肯顿（Canton），居然是按照"广东"的发音起的名字。这个城市早期的一位市长（19 世纪时）为了让这座城市更加有名气，就把当时世界上贸易极为发达的"广东"作为这座城市的发音，这就是 Canton 的由来。后来在这座城市诞生了美国橄榄球最早的 14 支球队，于是成为美国第一国球的圣殿所在地。这个城市的发音的来源居然是"广东"，这是绝大部分国人不知道的。

当时 David Baker 和我聊到他第一次主持 NFL 名人堂的入选仪式。当他看到被宣布当选的准球员因为太激动而瘫倒在地时，当他看到被宣布当选的球员后裔（当选的球员已经离世）喜极而泣时，他说他能够深刻地体会到对于橄榄球运动员来说，入选名人堂是一辈子的至高荣誉。

历史上，有 2 亿人玩过橄榄球，有 2.7 万人是职业球员，但是只有 300 多人最后能够进入名人堂的圣殿中。我在名人堂中看到了辛普森的铜像，这位进驻橄榄球名人堂的体育明星，同时也是"辛普森杀妻案"的主角，但是这并不影响他继续被供奉在橄榄球的名人堂中。辛普森估计也是国人在这 300 多位橄榄球名人中唯一"熟悉"的明星。

入选名人堂的"名人"们，享受这样几个殊荣：冠军戒指、黄金马甲（黄色的西装上衣）、被供奉在名人堂的半身铜像，以及专门的荣誉墓地。这样的殊荣的确是一辈子的荣耀。

我曾经有机会走上名人堂旁边的一个橄榄球球场，这个球场是每个 NFL 赛季开场第一场球的固定球场。走在球场中央时，我脑海中一直翻滚的是刚刚看到的橄榄球宣传片中各种被撞击的影像。橄榄球运动是风险系数很高的一项运动，球场上的运动员将各种护具、装备从头到脚武装到牙齿，橄榄球大联盟甚至成立有专门针对橄榄球员运动创伤的医疗研究机构。

我始终在思考宣传片中那些镜头。与足球射门集锦式的宣传不同，橄榄球的宣传更多的是那些"受挫"的镜头，不断地被冲击、被拦截，各种让人龇牙的受伤姿势，但又有克服各种困难后的越挫越勇。我想起 Baker 先生说到橄榄球对于美国人的意义：橄榄球不光代表一项运动，它也是这些运动员或者观看这项体育运动的观众们学习人生价值的一种途径。

橄榄球其实是能够代表美国精神的。一共 4 节、每节 15 分钟的比赛，把一切最激烈、最具冲击性，同时也最具战略观赏价值的比赛展现出来，那些不断被拦截、被冲击的镜头，也是最真实的比赛情景。如果生活就是一场比赛，那么橄榄球运动中这些越挫越勇的画面就告诉人们：人生不像"射门集锦"那般轻巧华丽，我们更多的是会遇到这样、那样的"挫折"。

也许是因为橄榄球运动把那些美国人最爱的"力量与对抗"演绎到了极致，才会超越棒球、篮球和冰球，成为美国的第一运动吧。

# 9. 与美国 NFL[①] 名人堂主席 David Baker 聊橄榄球

◆ 与美国 NFL 名人堂主席 David Baker

**自由君**：今天非常荣幸请来了我们《随口说美国》开办以来最重量级的嘉宾 David Baker，他是美国职业橄榄球名人堂的现任主席。

**David**：我也非常荣幸，欢迎你们来名人堂参观。名人堂是世界上最令人振奋的地方之一。

**自由君**：是的，我已经感受到了。橄榄球在美国是第一运动，但是中国人对它还比较陌生。请教 David，为什么橄榄球会是美国人民最爱的一项运动？

**David**：人生的价值可以从多种多样的途径、方式来获得，除了运动之外，美式橄榄球也是获取人生价值的一种方式。

因为橄榄球运动是由体能最好的运动员组成的。有那种个子小，但速度快的，有个子大，但速度慢的。而球赛中又充满了各种各样的竞争策略，进攻、防守都是非常精确的战略合成，所以橄榄球不光代表运动，它也是运动员和观众学习人生价值的一种途径。

---

① NFL，指美国职业橄榄球大联盟。

**自由君**：据我所知，除了美国本土之外，英国、日本、澳大利亚、墨西哥，甚至中国也有小规模的橄榄球比赛。那么您觉得橄榄球今后是否会在全球范围内像足球运动那样流行呢？

**David**：我绝对相信美式橄榄球会变成一项全世界的运动。像在墨西哥的墨西哥城举行了一场NFL职业橄榄球比赛，就吸引了12.6万名观众到现场观看。而明年[①]将在伦敦举行三场职业的美式橄榄球赛，这三场比赛的门票目前已经全部售空。在中国，也有一个刚刚起步的室内橄榄球联盟，这个联盟相当于职业橄榄球联盟NFL初始阶段的联盟。

**自由君**：橄榄球给我的感觉就是冲撞得特别厉害，这项运动适合亚裔吗？

**David**：可能大家不知道，现在橄榄球大联盟中有一些球员的祖先就是亚洲人。其中有一个球员叫沃德，2017年将会成为橄榄球名人堂的候选人之一。

美式橄榄球运动是一项团体运动，整个运动中会有不同的位置，或者说不同的角色。有负责接球的，这个位置对速度的要求就非常高；有的是需要跑动的，这种角色对灵活度要求很高。整个橄榄球比赛就像下一盘象棋，具有很强的战略战术性。所以我相信这项运动里一定有适合亚裔的位置，而且亚裔已经开始进入NFL，相信今后会越来越多[②]。

**自由君**：我听说我们名人堂目前所在的城市的名字叫"Canton"，而这个"Canton"的名字居然来自中国的广东，我不知道Baker先生知道不知道这个事情？

**David**：是的，这不是一个传说，这是一个真实的故事。很早以前这个城市的一任市长，他早年跟中国广东省的广州市做过贸易。回到美国之后，他想让全世界人都知道这个城市，当时的广州是一个非常繁华的城市，所以他把城市更名为"Canton"，就是我们普通话的"广东"。

而这个叫"广东"的城市为什么会成为橄榄球名人堂的所在地？因为NFL美式橄榄球大联盟，最早的14支球队就是在这里成立的，所以这个城市成了目

---

① 指2017年，采访时是2016年。

② David向我出示了一些亚裔球员的资料，他们已经出现在现有的NFL的球员名单中了。

前全美国最重要的 NFL 名人堂所在地。

**自由君**：这是一个非常有意思的事情，恐怕大部分中国人，甚至大部分的广州人都不知道，美式足球——橄榄球的诞生地居然叫"广东"！

**David**：在美式橄榄球大联盟中，"Canton"这个城市的名字，它代表的是一种卓越，是毕生追求的在橄榄球运动上的卓越表现。行业内有句话是"他要去广东（Canton）啦"，意思是这个人被选上名人堂了，这代表的是一种至高无上的荣耀。

我用数据说明一下，玩过橄榄球的人大概有 2 亿人，稍微专业一点的，比如说在大学里面玩过橄榄球的，历史上可能也有 220 万人。而在这 220 万人中，有 2.7 万人是职业球员，就是那些拿钱的专业运动员、教练员或裁判员，而在这 2.7 万人中，至今只有 303 个人入选到了名人堂，这是塔尖上的塔尖啊！

**自由君**：入主名人堂是所有橄榄球人毕生的追求。您在担任名人堂主席期间，我知道每年都是由您来主持名人堂入选仪式的，其中有没有让您觉得特别感动、印象深刻的故事呢？

**David**：每年的 8 月份，会有将近 70 万左右的球迷聚集在 Canton 举行一年一度的名人堂入选仪式。这个入选仪式，是由我来主持并完成的。

其中最主要的环节就是在超级杯的前一天，我要去敲每个候选人的门，告诉他们到底有没有被选上。这个环节中的故事有很多，我印象最深的是一个叫威盖的人。他是 303 个入选名人堂的运动员中唯一一个负责踢球的（球队里有一个角色，如果球队三次达不了阵，那么第四次就要运动员踢球进到两个杆子中间）。

当时我敲开他的房门，刚刚说了一句话："我今天很荣幸地……"这个球员就几乎瘫倒在地上，然后好几分钟都起不来，他的太太也被他吓得惊慌失措。我当时在想怎么第一次主持这个活动就出现这样的事情啊？但我马上就明白了，入选名人堂是一项至高无上的荣耀，这不是一件普通的事情。

有时候入选名人堂的名人已经过世了，这种情况下，就会由他们的家人代表他们来领取这份荣耀。这个时候我能够体会到这个事情对这个家庭的重要性。有些已经过世的"父亲"，对橄榄球运动做了一辈子贡献，只在这一时刻得到认可，这真的是至高无上的荣耀。所以在我们制作名人堂的宣传片时，专门把"敲门"这个环节录制了进去。

**自由君**：我注意到大概不久前，特朗普总统（当初还是总统候选人）也来到了名人堂。

**David**：首先，特朗普也是一个美式橄榄球的球迷。与所有的球迷一样，名人堂在他的心目中是一个神圣的殿堂，美式橄榄球的这303个名人就像神像一样被供奉在这里。所以特朗普总

◆ 特朗普拜访名人堂

统在竞选的时候，在俄亥俄州他亲自打电话给我，问能不能来拜访一下。

来了之后，我花了一个多小时的时间，把名人堂目前的状况和今后的规划跟他讲了一遍，他非常认可名人堂今后的规划以及名人堂的价值观，说美式橄榄球名人堂除了是橄榄球的圣殿之外，还传递了一种价值观，他套用自己竞选时的那句话"让美国再次伟大"，他认为这句话通过名人堂更好地表现出来了。

**自由君**：《随口说美国》这个节目目前有很多来自中国的新移民在听，而尔湾又是中国新移民比较聚集的城市。我知道您曾经在尔湾市担任过多年的市长，对于中国的新移民，如何更好地去融入美国社会，您有什么好的建议？

**David**：尔湾市是一个非常宜居的城市。如果你要追求你自己的激情，就要找到你自己喜欢做的事情。

就尔湾这个城市来说，首先是教育，大家是都知道的，从幼儿园、小学、初中、高中一直到大学，尔湾的教育系统是非常优良的。第二是这个城市有着非常悠久的运动历史。第三，它也是一座充满艺术气息的城市。

我自己就是加州大学尔湾分校的毕业生，我的学士学位就是在那里获得的。我在当市长的时候，经常会为很多组织颁发奖学金，也经常会看到一些亚裔面孔的学生来领取奖学金。在和他们交谈时，我发现这些学生要么是弹钢琴的，要么

是拉小提琴的，这当然也没什么问题，如果这些真的是他们的激情所在。但也应该鼓励……（之后 David 没有继续说下去，结合之前我和他的交流，我猜他想说的是：亚洲人除了被传统地认为在艺术方面比较有追求外，如果对体育或者其他事情也有激情，为什么不去培养呢？在和他接触期间，他常常说，美国人讲究做事情要有激情，一定要找到自己喜欢的事情。）

**自由君**：来自中国的大部分移民家庭，是为了孩子的教育来到这边的。而中国孩子相对于美国孩子来说体现出来的特点，就是学习好，但是体育弱。您能不能给这部分的中国移民家庭一些更好的建议，如何让中国孩子在体育方面能够增强一些，更好地去融入美国的体育文化？

**David**：功课好与体育好是互相不排斥的，完全可以做到在不耽误功课的情况下，更多地鼓励小孩子去做一些自己喜欢的事情，比如音乐或者体育。

因为橄榄球是一项非常具有激情的游戏，如果我们能够在橄榄球方面多花些钱，多一些这样的球赛，把各个民族、各个主义的人通过球赛聚集到一起，架起一座桥梁，那么我们就可以少花些钱在枪支、毒品、导弹等其他方面了。

**自由君**：非常感谢 David Baker 先生能够做客《随口说美国》，非常荣幸。

**David**：也非常感谢 Howie，虽然只是做一个节目，但却可以把中国跟美国这两个国家拉得更近，通过这样的交流让我们加深了解。非常感谢你，也非常欢迎大家来美式橄榄球的名人堂参观。

PART 6

创投在美国

# 1. 新的华人，新的"美国梦"

如果用十年表示一代人，那么这一代的新移民大概是从 2010 年开始到现在陆陆续续登陆美国的中国大陆的移民们。当然，也是因为中国的日新月异，所以每隔两三年出来的移民也会有些细微的变化。但总体而言，这个阶段的移民是有很多共同的特征的。

我在本篇文章中提到的新移民，特指从中国大陆移民到美国来的移民家庭。虽然美国华裔中有来自中国台湾和中国香港的，但是从数据看，这几年华裔新移民家庭中来自中国大陆的家庭占到了绝大部分。一方面当然是大陆来的家庭多了，另一方面看，台湾和香港的移民潮已经过去，近几年从这两个地方来的新移民家庭（特指第一代移民家庭）已经很少了。

虽然从中国大陆来的新移民家庭占到新移民的大多数，但是对当地的华裔来说，在大部分城市还是不构成比例的。当然，除了新移民特别集中的城市，如尔湾。我在洛杉矶的两个城市都曾经居住过，从我接触的邻居，我们家庭交往的华裔朋友看，竟然没有一个是来自中国大陆的新移民家庭（2010 年之后来的）。我们在这两个居住地的华人邻居都是由台湾人和香港人构成的，比例是各占一半。和我们年纪相当的，也全部都是 ABC（出生在美国的华裔）；而我们在当地认识交往的朋友，更多的还是已经落地一二十年的第 1.5 代或者第二代华裔移民家庭。

所以从 21 世纪 10 年代开始登陆美国的"新移民"们，对于当地人来说，还是属于极少数。不过也恰恰就是这极少数的中国新移民，在美国的日常生活中代表了中国新一代的形象。

应该承认这一代新移民和以往是不同的，早期的移民大部分是通过亲属移民或者留学的方式留下来的，而这一代新移民与中国大陆这几年经济快速增长有关。

相当一部分人是通过投资移民（EB5）、婚姻移民、杰出人才移民（EB1A）、跨国公司高管移民（L1-EB1C）这些方式来美国的。

从经济上看，这批人往往是备足了至少 2 年的干粮过来的，相当一部分的移民家庭一落地就可以买房。而且甚至从中长期看都不存在一定在美国赚到钱才能维持生活的情况。从事业上看，他们并不像早期的移民，完全抛弃了国内的工作、资产甚至人脉，一心一意扎根美国。他们更多的是，一方面为了孩子的教育而在美国生活，另一方面则是在寻觅适合自己的跨境商业机会。

从生活习惯上看，他们会更加熟练地使用移动互联网。就今天的移动互联网应用领域而言，中国在电子支付、各类共享服务以及城市内的快速服务领域是领先于美国的。正像我刚到美国时，几乎没有人在听"喜马拉雅FM"这类个人电台，而各类 App 以及依托"微信"的运营方式也刚刚在美国萌芽。所以从这个方面来看，新移民们同步资讯的能力是更强的。

从人生经历看，这一代移民经历了中国黄金 30 年，而且相当一部分家庭的主心骨是在这一波澜壮阔的中国大发展阶段，摸爬滚打干出自己一番事业的社会精英。他们更加具备全球视野，也就是说即使移民美国了，他们的目光还是在中美之间，甚至在更宽阔的领域四处扫描，去寻觅每个阶段出现的新机遇。

所以他们看待问题时，更会从全球的角度去看各个地方的资源。比如他们会从美国寻找技术和人才，然后结合中国的资金和市场来做事，而这种事情恰恰也是在美国已经混到精英阶层的跨境创业者正在做的。我认识的不少朋友，他们的资源甚至来自南美洲，涉足的领域有橄榄油、海参等，公司在美国，市场在中国。

所以之前很多人问我的问题，诸如"在美国怎么谋生""放弃中国的一切会不会可惜"等，这些问题早已经过时了。正如一个朋友说到他自己的一个段子，他登陆美国离开中国时，他母亲在机场握住他的手非常舍不得，一副生离死别的样子，泪流满面。结果他离开第 4 天就又回到中国，他母亲就觉得非常奇怪，这就是移民美国了吗？是的，这就是现在"新移民"的状态。

常常有人用"跑卡"这个词来形容在持有绿卡期间新移民的状态，持卡人要照顾国内的生意，又要符合美国绿卡半年登陆美国一次的要求。严格来说，美国绿卡的要求是"绿卡持有人不得回原居住地居住超过 6 个月",因此每半年出国一次就行了,当然最好是到美国,时间不限长短。但其实很多人在拿到绿卡之前就处于"跑"的状态,各种出差,各种会议,工作上也是全球跑,生活上有些也已经达到全球旅行的段位了。

所以"跑",恐怕与移民无关,而是人适应今后世界的一种状态。随着你的眼界和活动范围越来越广,无论是生活还是工作,跨出"国界",在更加宽广的舞台去经历自己的人生,应该是越来越多人的选择。而就中国大陆而言,这种"国际化"显然还是相对落后的,但还好已经有一批人开始适应这种"国际化"了。

我自己也是很庆幸能够生活在这个移动互联网的时代。虽然生活上我们和所在的地域还脱离不开关系,诸如空气、水、食品以及孩子的教育等,但是很多工作上的事情已经慢慢地能够通过移动互联网而摆脱地域的限制了。

移动互联网的存在,其实最直接的还是信息的更新同步。相比之前的移民们,这一代的移民得益于移动互联网的信息同步。这样,就基本不存在出来久了,与国内脱节的问题。当然这里值得说的是,如果信息脱节得太久,即使现在用上了移动互联网,但是从思维上,还需要很长的时间去消化、理解这些同步信息。这也恰恰是这一代新移民占优势的地方。

不得不承认,现在的"移民"其实是一种状态,这与手上有没有绿卡没有关系。很多人在移民之前的状态和移民之后其实是没有太大差别的。移民之前就算持中国护照,他们的护照页也都是密密麻麻地戳满了各国的出入境章,而移民后,即使家庭主要生活在美国,也照样能够兼顾中美两边的各种商业机会。但是也有些已经拥有绿卡的"移民",一到美国就一头扎进自己的小家庭,把自己的后半生深深地埋在美国某个小镇,这种方式就另当别论了。

我的观点是,追求自己喜欢的生活,而不仅仅去追求绿卡。

## 2. 选择美国，为什么

一直以来，美国都是一个移民国家。

身处其中，你可以看到各个民族、各种肤色的人们聚集在这里，从欧洲来的，从非洲来的，从南美洲来的，从亚洲来的。我们如果去细细分析一下，也会发现这些来自不同国家和民族的移民，都呈现出一种"阶段性"的特征。

也就是说一个民族或国家的移民，会在某一个时期出现爆发性地移民到美国的现象，从而形成这个民族或国家在美国最基本的人口基数。比如，以迈阿密为中心的古巴裔美国人，占到了整个古巴裔美国人的绝大多数。而他们大部分是20世纪60年代卡斯特罗上台后陆陆续续来到美国的，主要聚居在佛罗里达州的南部。越裔美国人，虽然已经占到亚裔美国人的第四大族裔，但是绝大多数的越裔美国人都是在1975年越南战争结束后移居到美国的，这些人目前大多生活在加州和得州。

Yuna的钢琴老师是个俄罗斯人，这个族裔目前在美国有300多万人，占到美国人口的1%[①]。因为近年来从俄罗斯移民到美国的人很稀少，所以他们来自历史上的各个时期，比如沙皇屠杀犹太人时期，以及二战前后。

我的理发师是一位韩裔美国人，韩裔美国人其实在美国的人数并不很多（不到200万人），但因为他们的聚居和团结，使得在很多城市都有着不容小觑的"韩国城"。这位理发师是30多年前来到美国的，那个时候过来美国的韩国人有很多，从时间上推测应该是从朝鲜战争之后，韩国人就开始了长达20多年的移民浪潮。不过我这位极为优雅的理发师姐姐（60多岁看上去像40多岁）说，她几年之后

---

① 资料来源：https://factfinder.census.gov/faces/tableservices/jsf/pages/productview.xhtml?src=bkmk。

准备回韩国养老,也提到这几年几乎没有韩国人移民美国了。

以华裔来看,"阶段性"也是很明显的。"两蒋"时期的台湾移民,1997年前后的香港移民,都在台湾和香港这两个华人老移民群体中占有不小的数量。而来自中国大陆的美国移民,虽然陆陆续续一直都有,但是也在 2010 年之后呈现出"阶段性"的批量化。

从 2017 年《胡润中国投资移民白皮书》(以下简称《白皮书》)的调查数据看,5% 的受访中国高净值人群在考虑移民,9% 已移民或在申请中。而从近 4 年的数据看,美国始终排在国人移民的首选。从《白皮书》中能够看到中国人很具体的移民原因,排名前五位的原因分别是:环境污染、教育、生活环境、食品健康以及医疗水平。

至于国内高净值人群是否应该选择移民,这个问题我们不在这里讨论。但可以分析一下,美国成为国人首选的移民国家到底具备了哪些优势?特别是从我们这样一个已经在美国生活五年的移民家庭来看,到底哪些宣传是靠谱儿的、经过验证的?

我们熟知的移民国家有美国、加拿大、澳大利亚、新西兰。相对于欧洲来说,这四个国家被称为"移民国家"还是有它的道理的。从历史来看,亚欧大陆是人类生活的主要大陆,而远离亚欧大陆的美洲和澳大利亚,长期只有少量土著民族在那里生活。大航海时代到来之后,这两大洲才被世人知晓,并出现各个时期的各种探险、避难、追求自由生活的人群移民过去生活。

目前生活在美、加、澳、新的绝大部分人,都是从不同的国家移民过去的,也就是说"原住民"很少。这是美、加、澳、新能够被称为移民国家的最重要特性,也是它们作为移民国家来说区别于欧洲的最重要不同。

近年来也不乏各种去欧洲的移民渠道,比如西班牙、葡萄牙、希腊等国家的"购房移民"。个人感觉,如果从"融入当地"这个角度去评价,美国、加拿大、澳大利亚、新西兰的确要比欧洲等本土民族占当地绝大多数人口的地方更加适合新移民。

以美国为例,美国人往上数三代基本都是外来移民。所以在美国出生的"移二代",不管是什么肤色,无一不认为自己就是美国人。但是这种情况在欧洲就很难实现,因为他们绝大多数都是本土民族,作为欧洲的新移民,哪怕到了第二代,黄皮肤、黑头发与欧洲本土民族还是一样有着可以辨识的巨大差异的。甚至今后第三代是混血,也是可以从外表辨识的。因为欧洲绝大多数都是本土居民,所以新移民永远有一种自己是外来民族的感觉。这一点和美国是完全不同的。

我也看过很多"担心"移民生活的文章,在所有担心的因素里,担心被"排外"是一个很重要的因素。如果这些文章放在欧洲,个人感觉还是有些可能性的,但是如果放在美国,就显得很不"科学"了。因为在美国,大家都是外来民族,美洲大陆的原住民是目前已经非常稀少的土著民族。关于美国"新移民"对于这些原住民犯下的罪行以及现在弥补的政策,这里也不想展开。

所以美国这个国家,我认为是个"小世界",也有人说美国是"每"国(每个人的国家),我觉得都非常正确。每一个阶段来的移民,在经历第三代、第四代之后,都能够在美国发展得很好。特别是经历了20世纪60年代美国民权运动之后,有色人种的政治地位大幅提升,美国在很多政策上甚至是处于矫枉过正的位置(我个人也认可在某个阶段需要出现矫枉过正)。所以现在很多白人在大声疾呼,他们变成了"弱势群体"。

在美国,要获得认可,靠的是"实力",我们从犹太人在美国的发展就可以看出。此外,在不同时期都会有一部分的少数族裔代表会通过他们的努力,让整个美国认识到这个族裔的存在。特别指出,之前没有关注,实在不是因为漠视,而是因为美国的族裔太多了。因为更多的族裔自身是移民家庭,所以他们会对在美国这块新土地上奋斗成功的人,给予更多由衷的掌声。

美国在这几个移民国家中,为什么独树一帜,成为大家最推崇的移民国家呢?

我觉得最重要的应该是"发展机会"。美国从自然环境、医疗条件、教育资源等方面来说,并不比欧洲或者加拿大、澳大利亚、新西兰有非常明显的优势,甚至在自然环境、福利制度等方面还不如这些国家。但是对于大部分的移民家庭来说,移民并不意味着出来"养老",新移民中的第一代移民其实还肩负着"跨境发展"的使命。到移民国家去寻找更多的"商业机会",移民家庭的第二代除了能够享受到这个国家的教育资源之外，毕业之后的"工作机会"也是必须要考虑的。

大家的选择有时候可能只是一种感觉，像"到世界上最强大的国家去"，所以选择了美国。其实，现在全球的资源流动得很迅速，人才和资源都是可以瞬间转移的。分析这个"强大的国家"，其实很重要一点，就是相对于欧洲和加拿大、澳大利亚、新西兰来说的，美国现在除了GDP是世界第一之外，也能够源源不断地供应出新的"生产力"，从而提供源源不断的"商业机会"和"工作机会"。

我曾经也说过一个比较"偏激"的观点，我说作为中国人，如果移民的国家不是美国，那其实没有必要去移民。很多人会被各种移民宣传所诱惑。看到欧洲或者加拿大、澳大利亚、新西兰等地迷人的风景，甚至是欧洲那些诸如希腊这类小国，晒上地中海的几幅美图，就能够吸引国人把资金投过去办"移民"。这些其实都属于"头脑一热"，如果你到了实地，就会发现镜头没拍到的地方是不能看的。

移民不是多一本护照或者多一张绿卡那么简单，而是一个家庭的长期决策，关系到我们这一代，也关系到我们的下一代以及我们的上一代。除了应该从生活环境、医疗条件、教育等方面去考虑之外，还要从国家的经济规模、发展趋势去考虑。

很多移民家庭因为亲属移民、婚姻移民等方式，很难去选择移民国家。如果可以选择的话，我们很难想象的是，如何从中国这么一个经济总量为10万亿以上的国家，去到一个经济规模小10倍的国家生活。恰恰是因为这是家庭的长期决策，所以必须得提醒计划移民的家庭，"机会"和"趋势"，是你必须去思考的重要因素。

美国之所以能够成为高净值家庭的首选，更多是因为"能够更好地融入"和"今后的发展"，这两点对新移民家庭来说是很现实的因素，而不是那些移民公司摆在头条的所谓"自然环境"和"福利制度"。

# 3. 中美房地产行业大不相同

因为我常在美国的商业地产圈游走,所以常常会接触一些来美国考察市场的国内地产开发商,他们往往会带着国内的一些惯性思维,来思考和看待美国的房地产行业。2017 年,一个朋友在美国开发的商业地产项目中的一家电影院要举办奠基仪式,于是我和几个朋友一起驱车前往德尔诺(Delano)[①],为活动捧场。

◆ 电影院的动土仪式

两个半小时的车程中我们几个朋友在车上闲聊。其中一位刚到美国的朋友,在国内经营着一家中小型地产公司。在聊到从洛杉矶一路延伸过来的 5 号高速公路和 99 号高速公路两旁空置出来的土地时,他语气中透露着不解,另一方面他

---

① Delano,位于旧金山和洛杉矶中间的一座小城市。

也感觉到这会不会是一个好的地产开发机会。毕竟如果从国内的房地产思维来看美国的地产，这个地段的确是离洛杉矶很近、价格又低廉的好地段，看得出他当时是有些动心了。这类疑惑在许多刚到美国的投资者中是普遍存在的，所以我和另一位当地开发商朋友相视一笑，然后慢慢地把美国房地产行业和中国房地产行业的种种差异，一一告诉了那位朋友。

相对来说，美国的确是地多人少。但绝大部分的土地早已是私人拥有的，而市政府和州政府控制的无主土地其实是比较少的。而且其中的绝大部分属于保护用地，是不可用于开发的。当然也有一部分地产开发商熟悉某个区域后能够根据政府对于建设用地指标的变化，把一小部分土地由保护用地转变为可以开发的土地。但这个环节难度高、周期长、技术含量也最高，而且可遇不可求。这个环节连大部分成熟的地产开发商都难以介入，所以根本不是新到美国的国内开发商能够介入的。

在美国能够拿来开发的土地，又分为生地和熟地。生地是指没有经过规划和政府审批的，地下也没有通水电气的完全没有经过开发的土地。相对于生地而言，熟地就是一块已经经过规划，而且是通过政府和相关机构审批的规划土地，开发商只要投入资金就可以开始开发的比较成熟的地块。作为地产开发商，当然喜欢开发熟地，好处是风险低、周期短。但也有部分开发商善于运作生地，这类开发商既熟悉政府的规划，又善于在一块空白的土地上进行设计，也能够承受从"生地"到"熟地"漫长的审批周期。所以相对来说，这部分开发商是可以超值获利的，但这种地产商也是不适合新来到美国的地产商的。

对于熟地的开发，中美两国地产业是可以拿来比较的。性质相同，但做法和难点却大不相同。

先说三个最为明显的不同。第一，国内房地产市场可以卖期房，我们在国内买房子的时候，基本上买的都是图纸上的房子，最多是站在地基上设想一下几十层高楼拔地而起的场景。但美国的房子是不可以卖期房的，必须要全部竣工到精装修完成（不可以卖毛坯房），才可以开始出售。也许有人听说过美国某些城市在盖楼之前也会跟意向购楼者收一部分钱，但这部分钱的性质是定金，这个定金也只能占到房价的一小部分，而不是像在国内出售期房那样，购房者的首付款加上银行按揭基本就已经是全部的房款了。

第二，开发商在买地的时候，国内房地产商只要支付全部地价的一部分，剩下的可以由银行贷款介入。而美国的银行可以在你投入建设的时候给予贷款，但是绝对不会为地产商提供用于购买一片空地的贷款，所以这就意味着开发商在买地时必须一次性全额支付购地款。这方面银行是很坚决的，特别是金融危机之后。

第三，在建设期间，国内有代垫资金承包项目工程的建设商，在美国基本不存在这种事情，开发商需要先交纳预付款，建设方才会入场。在建造过程中也绝对是钱先到再干活，在美国无论大小建设商或者装修团队都是这样。

为什么要先说这三点？主要是这三点都严重影响开发商的资金运作，买地不能贷款，建设不能找人垫资，不能卖期房，这就意味着开发商必须自筹资金进行项目开发。所以在美国我们会看到一个不大的地块也需要分成好几期来开发，这是由于资金周转压力造成的。这三点除了影响资金运作外，也让开发商不得不严肃考虑房子建成后的销售或者出租情况。

这里又必须提到美国的商业地产与中国的大不相同，美国的商业地产分成五种类型：商铺、写字楼、公寓或者联排别墅（指四个单位以上，在美国四个单位以下的房子算作自建住宅）、酒店和工业地产（包括仓储物流和工厂车间）。

中美对于商业地产操作的不同主要在于：第一，美国大部分的商业地产是单一产权，而中国大量的商业地产是可以分割产权出售的，这种商业地产的单一产权是由美国商业地产经营模式决定的。第二，美国绝大部分的开发商在建成商业地产之后，是自己持有产权，出租管理是商业地产商的主要商业模式。这种模式很大程度上是受美国地产差价的高额税收影响的，而国内的商业地产主要还是靠出售产权，最多也只是持有部分产权。

美国商业地产的产权状态和商业模式，又反过来使得美国的开发商的开发顺序和中国的地产开发的顺序大不相同。中国的商业地产开发是从拿地开始，政府划出一块土地，经过招投标卖给某个开发商。这个时候的土地规划只有比较简单的容积率等指标，开发商拿地之后负责把房子盖起来，将盖好的住宅卖出去，商铺写字楼慢慢开始销售或者招商。这是中国房地产开发的基本顺序。

而美国恰恰是倒过来做的。美国的开发商如果对一个地块有意向，首先要找到租户，是的你没有看错，在土地还和这个开发商没有半毛钱关系时，就必须要先和有意向的租户谈。如果某个大租户也对这个地块感兴趣，那么开发商基本会按照这个租户的要求去设计这个楼，和租户都谈定之后，开发商才敢向政府拿地。当然也是通过招投标、招拍挂的方式拿地。为什么是倒过来的操作方式呢？因为相对来说，美国地多人少，土地并不是稀缺资源，只有想清楚这块地能够创造出什么价值，拿地才有意义。否则一旦拿地之后无法找到合适的大租户，开发商是不敢像中国房地产商那样按照自己对市场的估计先把房子盖起来的，美国房地产商如果这样做是需要冒很大风险的。除了完全的资金投入外，别忘记了美国的地产是有持有成本的。

无论是大面积的商业地产，还是独门独院的个人自建房，美国的房产税政策是一样的。只要拥有者开始持有土地，房产税马上紧随其后，如果没有收入的支撑，业主囤积土地是有高额成本的。所以美国的开发商常常说，如果找不到潜在的租户，政府的土地白送都不敢要，就是因为这些都是要交税的。

就这样，我们把美国的地产环境和那位国内来的地产商朋友详详细细地做了说明。他听后表情越来越凝重，最后深深地吸了一口气，还是不甘心地问，这段时间很多国内知名的房地产商跨境来到美国开发地产项目，如果条件如此苛刻，那些地产商的近况又如何呢？

我们这段谈话的时间背景是2017年初，我也了解到他口中说的那些国内知名地产商，其实每一家我们都很熟悉，毕竟洛杉矶的华人圈也并不大。于是我们把他所知的那几个地产商目前面临的情况一一告诉了他。

当然国内的这些地产商也是对美国地产政策有所了解的，但是大部分还是遇到了比预期更为艰难的环境，比如资金问题。美国的银行是很苛刻的，其中一家地产商遇到环境的些许变化，导致美国的银行停止给他们建设贷款。加上中国资金在2016年下半年就开始出海困难，目前整个项目举步维艰。还有一些国内地产商因为习惯了一些商业操作，对于环境保护不够重视（洛杉矶曾经出现过为了保护几只珍贵的鸟类,让地铁停工一年的事情),或者对于有些设计变更盲目乐观(美国很多楼盘设计的审批是要通过市民集体投票的,比如在限高、外观、商业地块的具体运营上,你的邻居们是拥有很大的权利的),遇到了很大困难。还有一些小地产商在停车位(洛杉矶的大部分城市要求一个房间需要配套一个停车位)等问题上麻痹大意,导致在销售环节出现了一系列问题。

当然作为生意,不能仅仅看一个方面。我们也很清楚,2016年大量的中国地产商对外投资,也有一方面是因为美元升值的因素。但凡事还是有本末之分的,当初赌美元升值而草率进入美国地产领域的这些企业,很快就遇到了2017年人民币上涨的迎头痛击,加上政府对于房地产资金跨境投资的政策限制,大量的中国地产商在美国的投资都陷入了比当初预想的更加困难的境地。

跨境创业当然都存在水土不服的情况,但是更多更深入地了解一个国家、一个行业的环境,谋而后动,才是跨境创业人士们需要拥有的第一项基本素质。

# 4. 两笔账，看清美国房产交易的各类政策

与中国一样的是，房产在美国也是家庭最重要的资产。从 1994 年到 2014 年的大数据来看，美国家庭中最重要的支出也是在住宅上，稳定地占到总支出的 30% 以上。2016 年美国家庭平均收入为 74664 美元，支出 57311 美元，占据首位的居住支出为 18886 美元，占总支出的 33%[1]。这个占比还不算首付款，仅仅是从日常支付的按揭角度看的，所以房屋是美国家庭的主要资产。

美国家庭的房屋拥有率其实并不高。2004 年，这个数据曾经达到最高值 69.2%，金融危机之后跌跌涨涨，2017 年第三季度时的数据是 63.9%（趋势是稳步增长）[2]。这个数据对于房屋拥有率基本在 90% 左右的中国家庭来说[3]，显然太低了。

以 2017 年第三季度的数据来讲，剩余 36.1% 的家庭怎么办呢？对的，他们全部是租房一族。我在美国的前两年也是租房子的，我当时就算过一笔账，比较了买房子与租房子的经济性价比，结果是租房子胜出的。

首先我们做个比较，先不考虑房子的上涨的因素。这一点在美国其实是可以排除的，因为美国的房子价格是有周期的，7—10 年是一个周期，涨涨跌跌是常态。我当初在洛杉矶的坦普尔市租了两年的房子，当时的租金是每个月 2000 美

---

[1] 数据来源：https://share.america.gov/zh-hans/what-did-american-families-spend-their-money-on/。

[2] 数据来源：https://zhuanlan.zhihu.com/p/32525766。

[3] 数据来源：http://finance.sina.com.cn/20131225/102517745814.shtml。

元，除了我们要额外支付水、电、煤气费外，其他的费用我们都不必管。房东要自行缴纳房产税（房屋总价的 1.5%）、房屋保险（1000 美元左右）、维护前后院草皮的园丁费用（每月 40—50 美元）。

除此之外，房东还要负责房屋的日常修缮，像空调、冰箱、纱窗等各类易损件，我们全修理过。如果居住条件对租客造成任何身体或者心理上的损害，房东是需要承担责任的。所以这种租房的方式其实是极其适合新移民的，初来乍到的家庭，立刻要进入生活状态，分心去应对这些房屋的细琐小事，是不划算的。

抛开适应的因素，仅从经济上看，租房子也是划算的。以一套 90 万美元的房子为例，这套房子单单房产税每年就是 1.35 万美元，加上各类保险、房屋维护等，总费用就超过了 1.5 万美元。大家知道，任何资金都是可以有投资收益的，90 万美元即使按照最低的美国银行存款利息（每年 1.75%）算，每年的利息也有 1.575 万美元。如果按照美国银行的贷款利息（每年 4.5%）算，90 万美元的机会成本是 4.05 万美元，而如果把 90 万美元换成人民币，在 2013 年时买入中国的房子，机会收益可能是另外一个 90 万美元。

这个账很清楚了，如果我在 2013 年时选择在美国买房，我每年的最低成本是 1.5 万（费用）+1.575 万（资金机会收益）=3.075 万美元，而如果我选择租房子，我的成本却只有 2.4 万美元。很明确，在买房这个选项上的测算，我是按照最低成本计算的。但从实际情况看，这种成本是很难实现的，没有人会仅仅把美元资产存在银行吃存款利息。

所以我常常给新移民的意见是不要着急买房子。除了经济账之外，其实还有各种原因，比如初来乍到，各种不熟悉，你甚至很难确定自己更适合在哪一个城市居住。

但如果你的家庭在美国适应了 2—3 年后，这时是可以去购买房子的。有人立刻会迷惑了，这里要反转了吗？是的，这里我又要算一笔账，但是前提一定是来美国 2—3 年之后。

此处我不谈个别情况，只从大部分的家庭状态来算这笔账。

首先，如果你是刚刚登陆的家庭，你的美国银行信用是处于刚刚开始累积的状态，没有信用，你是不能贷款的。美国的银行贷款自从金融危机之后一直畏首畏尾，只看你的信用情况，不看房子价值。而不能贷款的后果有两个，一是你必须全款支付房款，你机会收益的成本会升高。二是你亏掉了房屋税抵扣个人税收。

这里可以给大家另外一个信息，就是如果你已经明确要买房子，可以在拿到美国绿卡之前，以外国人的身份去申请银行贷款。美国银行就只审核你在中国的资产和信用，只是利息相对高一些。

其次，在美国，房产税是可以抵扣你的个人所得税的。而移民初期，大部分的移民家庭在美国的收入是不多的。这里有个复杂的问题，就是中国的个人收入不是也要在美国报税吗？我只能简单回答一句，就是中国的收入，理论上你应该在中国交个人税，在中国交了个税的，美国这边是不会重复征税的[①]。这个问题的复杂性，既涉及法律，也涉及道德，既涉及现在，也涉及未来。关于个税，中国征收的手段和力度都没有美国大，但是在中国赚的钱，应该交在中国，这是我一贯的观点。所以对大部分的移民家庭来说，如果没有什么收入，其实房产税就难以被抵扣，那么这个房产税就会被完整地征收了，这在税务规划上，是一件很吃亏的事情。

我们家在来美三年后，购买了与之前所租的房子价格差不多的房屋。首先我们信用良好，所以我们申请到了 60% 的贷款（其实我们可以申请到 70%，公务员可以申请到 80%）。其次我们在税收上有两个抵扣项：一是贷款的利息 2.4 万美元（按 60 万贷款的 4% 利息计算），二是房产税 1.3 万美元（按 100 万房屋价值的收 1.3% 房产税计算）。

这个账也很清楚了，一方面我在申请贷款后，只需要支付房屋的首付款，另一方面就是我在美国有收入的情况下，通过利息与房产税，可以直接抵扣 3.7 万美元的收入。假设我的家庭之前在报税中有 7 万美元要被征收个税，抵扣之后就只需要缴纳 3.3 万美元的纳税额。这个经济账，因人而异，这里只说个大概率情况。

对于已经有绿卡的移民家庭来说，是否在美国购置房产，通过这两笔经济账基本就说明清楚了。当然，生活稳定之后，购置稳定的房产也是我个人推荐的。除了

---

① 目前美国的个税税率并不比中国的高，所以不存在补交个税的部分。

上面的第二笔经济账能够冲抵第一笔经济账的差异外，还有一笔非经济账要算。

我曾经就买房还是租房与一个朋友探讨过。我当时给他算了这篇文章中提到的第一笔账，他也不驳斥我的数据，思索一会儿他说"有些账是不能这么算的"，随后他缓缓说出他的观点。他说绝大部分的华人，只有属于自己的房子，才会去打理它，比如加盖、装修、平整后院等，这样就会增加你生活的美好度。第二其实也是最重要的，对于孩子来说，稳定的房屋会给他们带来安全感。虽然你可能没有经济上的压力而造成租房子的不稳定性，但是孩子长大后，他们会明白这个房子是属于父母的，还是属于别人的，而这种稳定的感觉对于孩子的成长是非常重要的。所以究竟是买房还是租房，还是因人而异的。

# 5. 选择美国城市，工作机会比自然环境更重要

2018年夏季，我们带着孩子走了一些我们之前从未到过的州：佐治亚州、佛罗里达州、得克萨斯州和路易斯安那州。其中得州的达拉斯、休斯敦以及佐治亚州的亚特兰大等城市，也是我们身边的华人朋友们陆续在谈论的热门城市。

◆ 佐治亚州的亚特兰大

◆ 佛州的奥兰多

了解美国地图的人都会发现，我这次走的几个州，都位于美国的南部。事实上加州、得州、佛州这三个州分别位于美国西海岸、中部和东海岸的最南端，这三个州的人口在美国排名前四（纽约州排名第三）。气候宜人，人口众多，从环境上看也的确是华人新移民可以选择的定居点，事实上每年也都有从加州搬到得州或佛州的家庭。

在加州、得州和佛州这三个州中，佛州的新移民是比较少的。在佛州时，我

们到过的城市有杰克逊维尔、奥兰多和迈阿密。在这三个城市中，我们都见到了新移民朋友，因为我们是一家人来的，所以他们也是一家人出来和我们聚会。我惊讶地发现，我的这几个朋友的先生或太太竟然都是白人，这不由得让我思考这到底是一种巧合还是有一定深层原因的。

◆ 佛州的迈阿密

◆ 得州的达拉斯

我觉得这应该不是一种巧合，也就是说能够到佛罗里达州的新移民们，选择佛州的原因往往有着他们自身的因素，比如婚姻移民的朋友，她们的老公就在佛州，所以她们就住在了佛州，然后相夫教子、共同生活。

就气候而言，得州和佛州相对会比加州炎热一些。特别是佛州，位置在更南端，美国本土的最南端城市就是位于佛州的第二大城市——迈阿密的基韦斯特。但其实能够感觉热，更大的因素是佛州湿度更高，得州也是这样。但加州的湿度比较低，所以在同样的温度下，加州的感觉会更舒服些。但这些微小的气候差别，并不影响得州和佛州的人民认为这里是"气候宜人"的好地方。

相对于加州和佛州来说，得州更像是一个欣欣向荣的发展中国家。我从加州带了一个一年多没有更新地图的 GPS 到得州，在达拉斯第一站就发现这个 GPS 完全不能用。在一些重要的立交桥上我们竟然迷路了，后来到休斯敦我就放弃使用这个 GPS 了。也就是说，至少在达拉斯，很多的道路、立交桥就是在这一年多内新建的。我与叶子开玩笑说，这种场景好像只有在中国才能看到。

◆ 路易斯安那州的新奥尔良

◆ 得州的休斯敦

平心而论，这几个州我们都很喜欢，也难怪美国人都会对目前他们居住的城市赞赏有加。我们常常在旅途中问到当地人，觉得美国的哪一个城市最好，100% 的答案是他们目前居住的城市最好。正像如果有人问我们，美国城市哪个最好，我们也会回答是洛杉矶。

特别是在路易斯安那州的最大城市——新奥尔良，这个城市是我们近期旅行的最后一站，我个人太喜欢这座城市了。相比得州的达拉斯和休斯敦，新奥尔良夏季的气候会更凉爽些，当我从车窗伸出手去，甚至能够感受到它的湿度，这像极了我的家乡福州。新奥尔良的城市绿化也和中国的南方城市很相像，甚至连隔离的绿化带，种的那个灌木都和福州的一模一样。

这个城市是美食之都，也是美国的享乐之都。不大的街道上穿行而过的有轨电车，让我觉得这个城市很像香港，满街不时飘过来烟草的味道，以及嬉笑的俊男靓女，又让我想起在荷兰的阿姆斯特丹的日子。我们去的这个季节（6 月份）正好是我们最爱的小龙虾上市的旺季，我们在这里很放肆地吃了 3 天的小龙虾。顺便说一句，在 1980 年之前全球 90% 的小龙虾都是路易斯安那州供应的，后来被中国赶上了，现在三分之二的小龙虾产地是中国了[①]。

总之，我对新奥尔良的喜爱超过了这个夏季走过的其他城市，在和当地的朋友交流之前，我甚至和叶子说，我们在这里安第二个家吧。因为新奥尔良的房价

---

① 资料来源：http://www.iheima.com/zixun/2016/0811/158074.shtml。

和亚特兰大、奥兰多、迈阿密、休斯敦等城市的房价差不多，都仅仅是洛杉矶房价的三分之一到二分之一的样子。

不过当我和新奥尔良当地的朋友聊过一轮之后，虽然我依然非常喜爱这个城市，但是已经完全没有了在这里买个房子的想法。

可以完整表述一下原因。从表面上看是因为新奥尔良的气候，它有飓风，正如我们中国南部沿海每年都会受到台风的袭击一样，这本来不是什么太大的问题，洛杉矶也常常传言会有什么百年一遇的大地震。不过2005年的卡特里娜飓风的确给了新奥尔良致命一击。除了在飓风中的损失之外，给新奥尔良致命一击的是，大部分居民开始了大规模、"理性"的撤离。新奥尔良地区的居民人数在飓风之前，据统计已经达到了79万人，但飓风之后，这座城市仅仅留下了20万人，一直到2016年才恢复到39万人①。据说留下的大部分是非洲裔美国人，都是一些走不掉的人。

我们在新奥尔良的朋友是杜兰大学（2017年美国综合大学排名第39位）的一位大学生，她说她大部分同学来自加州和纽约，都是冲着新奥尔良这个享乐之都来的，几乎全部同学在读完大学时，会离开新奥尔良，而她也是。因为这里除了旅游业之外，没有任何的工作机会。她之前更希望能够去得州的休斯敦，相比后来给了她工作机会的旧金山来说，休斯敦物价指数更低些，房价也便宜，离她待了三年的路易斯安那州也近。但是对于大学生来说，工作机会才是第一位的。

我们家在加州待了快五年了，与周边的人交流时，常常收到的讯息是：走遍全美，还是加州好。之前觉得是因为加州的气候宜人，又是旅游点集中的地方，这次走完这南方四州之后，发现加州的优势并不完全在于气候和景色，而在于它的市场规模以及商业机会。

就像那位在新奥尔良的朋友，如果得州的休斯敦可以给到她工作机会，她应该今后就会在休斯敦生活。但是没有，最后是旧金山给了她工作机会，于是她会在两个月之后搬到旧金山。对于和她类似的其他美国大学生来说，最后决定在哪个城市生活的关键，其实不在于这个城市的自然环境，更重要的是在于这里的工

---

① 数据来源：http://news.sina.com.cn/w/2006-09-01/180510896955.shtml。

作机会。

对于大学毕业生来说，工作机会决定了他们未来生活的城市，而对于大部分的新移民来说，其实市场和商业机会也是最重要的。就像加州和佛州，不可否认，更多的人会把加州作为首选。在自然环境、子女教育、生活便利性等条件都没有很大的差别的情况下，最后选择加州的，究其原因还是这里的工作机会和商业机会更多些。

我的另外一位朋友，是一位在美国做华人零食的电商。他创业的原动力是之前他身处华人食品非常稀少的美国中部，大量中国留学生的刚需促使他开始做以华人零食为主的电商。他以为他的客户一定是来自华人零食稀少的中西部，但最后市场的反应是他们最多的客户还是集中在美国的东西海岸。所以最后他公司的总部设在了洛杉矶，而在平台发展之后，选择在纽约建第二个中心。

美国是个用脚投票的国家，美国人也没有什么乡土情结，一个飓风就可以让一个城市三分之二的人口离开。这至少说明这是一个市场化非常成熟的国家，资金和人才的流动已经是个常态，所以在这个国家，其实很少会有太明显的"低洼地带"。如果这个城市房价低、生活环境好，同时开始出现商业机会和各种工作机会，周边的人才和资金会迅速填平这个"洼地"。而如果一个地方的房价持续低迷，那么一定要去分析是否有其他的因素存在。相反也是如此，如果一个城市物价指数高、房价也高，还有很多人趋之若鹜，那么这个城市一定是具备着更好的商业机会和工作机会。

有时候，房价，可以说明一切。

# 6. 跨境房产投资，风险到底有多大

全球资产配置和跨境投资，在目前中国的中产阶级中是个很热的话题，当然很多行动力强的人已经开始行动了。大家的想法都是很美好的，觉得目前的中国房产处于不错的位置，有些人早年积累，名下也有几套房产，卖掉一套，资金出海购买美国的一处房产。一来可以享受美元和房产双重升值，化解人民币和中国楼市的跌价风险；二来美国的房屋租赁市场成熟，可以委托专门的房屋管理公司进行管理，省心省力又有美元的收入。今后如果能够移民美国，此处房产可租也可自住，可谓一举 N 得。

非美国人投资美国房产，我个人一直觉得不妥。主要是很多国内的投资者对美国房产租赁中出现的问题严重估计不足。非美国人在美国买房是很容易的，但是卖房子时会出现的那些问题，国内投资者却是完全不知情的。而且我遇到的投资者中，能把以上风险和问题都说得清楚的，几乎没有。在很多情况下，美国当地的房地产经纪人是把这些非本地人当成本地人来对待的，所以在这个领域出现了很多问题。

我从不久前发生在身边的一件事情，来慢慢展开这个问题吧。

男主角是我的一位听友，也是我们福州老乡。之前他坐在我面前，还在犹豫着要不要投资买房子、买哪里的房子。面对这种不在美国生活但是选择跨境购买房产的朋友，我都会规劝几句，诸如"美国房产是有持有成本的""人不在美国委托他人管理也不方便"等。但他当初已经是"开弓没有回头箭"了，所以我也只好点到为止了。

之后，他给我发微信，说他的房子遇到问题了。这时我才知道他半年前买了洛杉矶东谷的房子，然后委托给一家房屋管理公司管理。但是前几天他突然接到管理公司的通知，说居住在他房子内的租客被警察抓走了，再一查，这个租客已经把他的房子改造成了大麻屋。现在需要花 5 万—7 万美金把大麻屋改造回来，然后才能重新委托出租房屋。

恰好我有美国的朋友也是住在东谷的，才跟我提到他们的城市被发现一个非法种植大麻的团伙，专门组织人员租下不太引人注意的房子，迅速改造成大麻屋，然后在里面种植大麻。大麻是适合种植在室内的，因为它们需要特殊的灯光和充分的湿度，这样就需要把房子进行改造，加装特殊的照明灯，加装加湿器。种植大麻对房子的伤害是很大的，特殊的湿度会让普通木板的房子迅速老化，内墙甚至会发霉。而大麻的味道也会长时间渗透在木板中，所以要把大麻屋改造回来，在美国有专门的改造公司，费用不低。

我的老乡明显对目前出现的场景极端不适应，我估计他之前连大麻屋都没听说过，而现在他也坚信他的损失一定可以通过打官司的方式从租客或者管理公司那里要回来。但是我们身在美国的几个朋友给他"专家会诊"过，估计他这次的损失要自己背了。这是为什么呢？

首先，他如果告租客，法律上是支持的，但是刚才说了这是团伙作案，被安排和管理公司签字的人一定是名下没有资产的。其次，他现在一心想告管理公司，他的理由很充分，管理公司明显没有尽到管理的责任。但是我的一个从事房地产经纪的朋友说，这几乎是告不赢的。他必须提供证据能够证明管理公司对租客改造大麻屋的行为是知情的，才有律师愿意接收这个案子。但这个证据是很难提供的，因为根据美国的租房法律，在租客没有要求管理公司上门维护房屋的情况下，租客对于房屋是有隐私权的。所以从这两方面看，我的这位老乡都很难告赢。

另外，这里还有个律师的问题。首先这种胜算不大的案子，律师正常情况下是不会接收的，因为美国存在大量的赔偿官司，律师费主要是从赔偿费中提成，这个比例不小，有些伤害赔偿甚至可以达到五五分成。当然如果他坚持请律师，也会有律师接收这个案子，但这种律师一般也就是冲着少量的律师费去的极其普通的律师，应付了事，其实意义不大。

我们也"专家会诊"过这个案例。首先我们觉得当事人遇到这类事情，既有

"运气"的成分，其实一定程度上也是一种必然。他本人不常在洛杉矶，对于投资的房子处于撒手不管的状态，而购买的房子又处于人口相对少的城市，其实本来就很容易出现各种问题。这个事情如果本人在本地，又对房产租赁市场熟悉的话，租客在第一个月完全没有任何问题找房东，那么房东就应该产生怀疑。因为这是不符合常理的，这时你自然就会选择上门接触一下房客。

男主角事后也问过管理公司为什么没有发现大麻屋的事情，管理公司的说法是租客说自己不在家，无法上门。但如果是自己的房子，留心观察一下，大麻屋内的那种特殊光线，在晚上即使隔着几重窗帘也会微微透出来的。而管理公司绝对不会这么上心，他们只会在合同中写明的范围内活动，而且他们可能会有很多房产同时在管理，租户不提出问题，他们也懒得上门。

在美国，出租房屋存在的风险，除了大麻屋外，还有不少。如果遇到不好的租客，不交房租甚至一直赖在房屋内，房东解决起来是很头痛的，最终即使让法院驱赶了租客，没交的房租也是要不回来的。所以第一时间发现不好的租客，就要立刻采取措施。另外如果因为房东对于房屋的维护不及时，造成对房客的伤害，那么责任也要归房东。这些问题，自然是房东在本地处理起来更尽心些。再比如一些细小的房屋修缮，如果委托管理公司，价格也会比房东自己处理更贵一些。

后来我的那位听友仍然处于咽不下这口气的阶段，但是我们也从理性的角度替当事人设想了一下损失最小的做法。首先应该迅速聘请专业的改造公司把大麻屋改造回来，迅速再出租。美国的房屋都是有持有成本的，房产税和房贷的压力每个月都在，不尽快实现收入，损失就会更大。不用考虑出售房屋，目前大麻屋的现状是不会有人想买的，即使改造后，价格也会大打折扣，所以还是先选择出租，然后慢慢收回损失比较好。其次不用再考虑请律师打官司的事情了，按照我们对于案情的分析，这种情况下当事人唯有告租客才有胜算。但只有他能够从管理公司处得到与之签合同的租客名下有足够的资产的信息，才适合做这件事情，否则就算告赢了也很难得到赔偿，最后也是白白浪费了律师费。

再说一下房产投资最后卖出时存在的问题。另外一个朋友当初买房子时听房产经纪说房子如果没有增值，卖房子时是不用缴纳什么税收的，但是后来当他真正卖房子了，突然出现一个房屋销售价的 18.5% 的税收，把他吓坏了。这是怎么回事呢？其实房产经纪说的也没错，这里有个当地居民和外国人的差别问题。

如果是美国人，他们有税号，房产没有增值的确是不用交税的。不仅如此，他们还可以享受一户家庭夫妻两人一共 100 万房产增值的税务优惠，而如果是一个没有税号的非美国人，那么首先要交纳 15% 的增值税和 3.5% 的附加税。等到第二年才会根据你的买入价计算你应该交纳的增值税，然后再给你退税，同时外国人不享受房产增值的税务优惠。有些人在缴纳 18.5% 的预缴税之后就被吓坏了，第二年没有去办理相关的税号和退税手续。这样的话，这笔庞大的损失就没法弥补了。

所以看完这个故事，会不会让你投资海外房产的想法产生了动摇呢？当然我的本意并不是否定海外购置房产，而是要想清楚可能遇到的一系列的风险和问题后，再做投资会更加理性一些，对于出现的问题也会更有应对的方法和心态。

# 7. 拨开移民美国的神秘面纱[1]

任何机会都是有时间窗口的，移民这件事更是如此。就中国的规模体量来看，一旦国人关注、完整了解某一个点时，这个地方很可能已经人满为患了。以目前移民美国这件事来看也确实如此。

美国每一年给新移民的各种绿卡大致是 100 万张。其中直系亲属移民占到将近一半，其次是家庭担保的亲属移民，而职业移民的有 14 万张，全球奔赴美国的第一代移民大都产生于这 14 万个名额中。2015 年各种移民方式占比中，直系亲属移民占到 44.3%，家庭担保移民占到 20.4%，职业移民占到 13.7%[2]。

我们看到以"EB"打头的移民方式时，就知道这是属于 14 万张绿卡中的职业移民方式了。从 EB1 一直到 EB5，指的是五种职业移民的方式。至于很多人看到的以"L""R""F""J"等打头的，可能很多移民中介告诉你这是其他的移民方式，但其实这些都是签证。这与领事馆面签时的商务签证、旅游签证 B1/2 一样，走的都是非移民通道[3]。

如果你没有直系亲属在美国，又不考虑以婚姻的方式移民美国，那么你就只能和全球想移民到美国的人民一起去争取这每年大概 14 万张的绿卡了。当然，这个名额是不包含各种政治庇护和特赦的。

---

[1] 本篇内容对于对移民毫无了解的人来说可能会感到生涩，但是鉴于目前关心美国移民的家庭越来越多，大家也会在各种场合接收一些移民信息，所以我姑且把这篇文章的读者认定为相对熟悉移民政策的。

[2] 数据来源：http://bbs.fcgvisa.com/t/u-s-migration-annual-numerical-limits/22406。

[3] 当然有些移民方式必须是以签证方式来进行移民第一步的，如 L1 转 EB1C、R1 转 EB4。

对于来自中国大陆的移民家庭来说，每年的名额又远远没有 14 万张绿卡这么多。首先 EB2、EB3 这两种移民方式的 8 万个名额中，基本上是留给全球赴美留学的学生们的。这些孩子在美国经过了艰苦的 4 年或者 6—8 年的学习，经过了接近三分之一比率的 H1B 抽签[①]，就这样还要排期，这大概要 3—11 年的时间。从 2018 年 7 月份的排期表 A 看，EB2 排期为 3 年，EB3 技术类的排期是 5 年，而 EB3 非技术类的排期是 11 年。当然，其中 EB3 非技术类的部分名额，大多是美国境内没有人愿意从事的一些工种，但这种岗位名额只有几千个，也是要被全球移民瓜分的。

扣除 EB2、EB3 这接近 8 万张的绿卡，留给全球第一代新移民家庭的就只剩下 EB1 的 4 万张绿卡、EB4 的 1 万张绿卡和 EB5 的 1 万张绿卡了。这里的 6 万张绿卡需要再把 EB4 的 1 万张中的绝大部分扣除。为什么呢？因为 EB4 作为宗教移民的职业移民方式，由于其严格的条件（必须是受聘于美国教会的牧师或者等同于这个岗位的其他宗教或岗位），每年本身就没有能够用满这 1 万个的额度。

好吧，这样七除八扣，真正可以给到中国家庭移民的方式，最主要的只有三种：EB1A（杰出人才移民）、L1 转 EB1C（跨国公司高管移民）和 EB5（投资移民）。

### 什么是 EB1A（杰出人才移民）

杰出人才移民（EB1A）当然是一种很好的移民方式，无须雇主，自己就可以提出申请。EB1C 需要跨国公司提出申请，EB2、EB3 需要雇主为申请人申请；EB4 需要所在的教会（美国政府认可的宗教组织）提出申请，投资移民（EB5）也是要看自己投入项目的运行情况来决定自己是否能够通过 829 申请。只有 EB1A 和 EB2 其中的一种"国家利益豁免"（NIW）这两种方式无须雇主，可以自己向美国移民局提出申请。

---

① H1B 签证系美国最主要的工作签证类别，发放给美国公司雇佣的外国籍有专业技能的员工，属于非移民签证的一种。持有 H1B 签证者可以在美国工作 3 年，然后可以再延长 3 年，6 年期满后如果签证持有者的身份还没有转化，就必须离开美国。

大部分时间内，杰出人才移民是不存在排期的，但是从 2018 年 7 月的排期表 A 上看到 EB1 整个类型也出现了排期。这个排期表有时会根据特殊情况出现突然前进或者延迟的排期时间，所以不能根据这张表格认定 EB1 类型具有稳定的排期情况。

"杰出人才移民"无须雇主，在大部分的时间内又没有排期，所以是一项很好的移民方式。但是这需要申请人具备各项优秀的条件，顾名思义，杰出人才移民，中国很多的"名人"走的是这种移民通道。但是随着其他方式的收紧，2018 年以来 EB1A 这种方式也存在滥用的情况。从移民费用的投入上看，这种方式仅仅只有交给移民局的几百美金的申请费用，这个是"底价"，因为大量的申请人是让国内的移民中介或者美国的律师来协助自己申请。这个中间"协助"的价格往往和移民局的费用打包出现在申请人面前，价格是下有底线上不封顶的。

国内移民中介关于办理"杰出人才移民"的价格差异很大，目前的感觉好像是越贵越靠谱。协助者（无论是中介还是美国律师）都会告诉申请者，申请材料的再度加工非常重要，国内中介称之为"包装"，美国律师称之为"Paper Work"。但是这里需要提醒一句，固然早年有人利用各种包装技巧，成功得到绿卡，但是随着这种包装的滥用，越来越多的申请者加入这个通道中，这样反而不利。

平时留意收集能够证明自己的证据，或者努力在自己的工作中去争取一些国际奖项，是申请者可以努力的方向。但是有一些人自己属于甩手掌柜，让一个机构去完全包装一个全新的自己，我甚至听到过某些机构说认识某某移民局官员，可以内部配合，让你获得绿卡。这种方式无论成本高低，都要谨慎行事。因为这属于违法行为，一旦查出实情，该移民官之前批准过的历史将全部重新审查，甚至已经获得国籍的也可能全部推翻。

### 什么是 L1 转 EB1C（跨国公司高管移民）

L1 转 EB1C 也是目前很热门的一种移民方式。首先 L1 是跨国公司高管的一种签证，申请人可以借助 L1 这种签证，实现在中美之间自由穿梭。最重要的是可以让家属获得 L2 签证，孩子就可以根据这个签证获得接受美国教育的资格（就读于公立学校）。在 1—3 年内，申请人可以根据公司经营的情况向美国移民局提出 EB1C 的绿卡申请，这就是大家常常提到的 L1 转 EB1C。

这种方式的好处多多，首先可以快速实现让孩子在美国就读，实现家人在美国的生活。如果公司经营顺利，也可以在短期内实现转绿卡，而且与"杰出人才移民"一样，申请的 EB1C 也属于 EB1 的类型，绝大部分的时间内是没有排期的。

所以这种方式在中国家庭把美国作为移民首选国家时，也会被"充分"使用。听一位在美国生活 30 多年的老移民说，曾经在十多年前，洛杉矶就专门成立新公司以 L1 转 EB1C 的方式协助中国移民获得绿卡。早期美国移民局监管宽松，所以这种组织作风凶猛。曾经在同一个大楼的一个房间内成立了几百个申请 L1 签证的新公司，后来被移民局发现，进行了大规模的清查，之后这种移民方式就沉寂了十年。现在看起来又"卷土重来"了。

当然本身这种方式是完全合法的，我身边也有通过这种方式获得绿卡的（整体比例不高），他们的家庭本身就是在美国从事进口贸易，拿 L1 签证 7 年后，因为该签证最高限额只能是 7 年，他们才去申请了 EB1C，因为他们是非常真实地在从事着这些生意，当然是非常顺利地拿到了绿卡。

我身边非常多的人在走"L1 转 EB1C"这条路。最后总结一句话，就是如果你"能够真实地经营好一家跨国分公司"，那么这条路是一种很不错的移民选择。这句话排除了目前的几种模式：一是只出资金的甩手掌柜模式，这种模式有很多变种，绝大部分中介说你可以介入一些签字，但是如果没有在这家公司工作，就是属于甩手掌柜。二是为了 L1 签证，在没有成熟的商业计划时，就开出新公司进行运作，大量的人是抱着试试看的心态，但是公司一旦开启，一年之后就面临着 L1 签证续签的考核，没有足够的员工和销售额，是很难蒙混过关的。三是有具体业务，员工数和销售额事实上不足以申请 EB1C，然后以多招员工和购买销售额的方式来"打肿脸充胖子"。当然有的人通过这种方式获得了绿卡，但最后拿到绿卡时，回头再测算这张绿卡的代价其实是非常高的。

这条路看上去容易走，但因为路途遥远，强行把"生意"与绿卡捆绑，在不顺利的时候，容易陷入极端纠结的处境。因为一家人都在美国生活了，孩子也上学了，以违背市场规律而勉强运行这个"分公司"，我见过最后因支撑不下去而放弃 L1 的，也见过不愿意放弃这条路，每个月以亏损数万美元的代价在支撑着的。而目前很多生意容易受到中美两国关系的影响，比如现在的特朗普与各个国家进行的贸易战。

### 什么是 EB5（投资移民）

如果说只想做"甩手掌柜"拿绿卡，那么 EB5 投资移民就是种选择，这种移民方式从 1990 年就开始了，不过由于之前的门槛条件设置偏难，导致"投资移民"开始时根本无人问津。EB5 的 1.0 版本类似现在的 EB5 直投，没有后来的区域中心的介入，投资者只能从直接产生的就业机会中去满足 10—20 个就业机会的要求。TEA 区域是指 50 万美元投资 10 个就业机会，非 TEA 区域是指 100 万美元投资 20 个就业机会。

"投资移民"政策早年一直在修正中，1993 年时出台了"区域中心"的试点，这一政策除了产生"区域中心"这一"团结"众多投资者一起做一个项目的经营方之外，还出现了"直接或者间接"产生 10 个就业机会的政策。这个"间接"就业机会是很重要的，可以通过建筑就业这种花了多少钱就等于贡献了多少就业的方式，为房地产行业大规模使用"投资移民"方式融资奠定了基础。

为什么现在的"投资移民"项目中 90% 是房地产开发项目？其实也是政策的引导。盖房子、内部装修都可以算成是建筑就业，但是你开个农场、酒店、餐厅，没有施工盖楼，那就只能清点花名册，以"正式工作"（W2）[①]的方式参加工作的才能算作是 10 个就业机会内的。而且"建筑就业"工程完成之后，就业岗位只要没有被"投资移民"投资者使用掉，就可以持续使用。

说到"投资移民"的融资方式被美国的房地产商接受，就不得不提 2008 年至 2009 年的金融危机，那个时候整个银行体系出现问题，很多房地产商才开始注意到可以用"投资移民"的方式向海外融资。所以目前出现在中国投资者面前的美国项目方、区域中心的成立时间，几乎都是 2009 年之后的。

褪去表面看本质，"投资移民"是由投资者与开发商（项目方）构成的，从"投资移民"最初的形态看也是如此，至于区域中心、移民中介等都属于中间环节。

---

① W2，指全职工作提交收入的一种表格，代表是全职工作。

我曾经聊到"区域中心只是一个牌照"这个观点,但很多利益方跳出来反驳,说区域中心可以起到用自己的经验为投资者挑选项目的作用,当时我反问"移民中介就不能起到这些作用吗?"美国这边的行业,几乎绝大多数(但凡做过两个"投资移民"项目的开发商)的项目方,都自己成立了"区域中心",加上律师的费用,成立一个区域中心也就是在 15—20 万美元,当然这里面需要 1—2 年的时间。

所以对于"投资移民"的几个主要环节中,项目方是最重要的,投资者的资金最终是必须进入项目方中去的。10 个就业机会(关系到投资者的 829 永久绿卡申请)是项目方创造的,最后的还款(投资者获得永久绿卡后,项目方要返还全部投资款 50 万或者 100 万美元)也是由项目方还给投资者的,所以项目方对于投资者的整个 EB5 过程是最为重要的。

所以在"投资移民"的各个角色中,投资者最应该得到的是关于项目方的资料,通过仔细考察项目方从而去选择自己投资的项目。选择项目时固然可以从很多技术的角度去判断单个项目的好坏,但是更应该考核的是项目方的历史业绩。其中"是否有过完整的还款记录"是考察项目方的一个硬指标。

这里着重提醒大家的是,"完整的还款记录"包含几个重要内涵:一是查看项目方的还款记录,不是移民中介的还款记录,也不是区域中心的还款记录,因为这两方其实都只是中间环节,不是真正做项目的终端方。二是必须查看还款记录的完整性,一般从 2009 年开始有"投资移民"融资的项目方会有完整的还款记录,即一共做过多少项目,每一个到时间该还款的项目是否已经还了款。缺了一个项目都不能算"完整",因为美国项目方提供这些数据是要对其真实性和完整性承担法律责任的。

从目前的美国移民情况看,"投资移民"的方式已经被大多数的国人发现,是一种相对成熟、投资金额也不高的方式。但目前最大的问题是人太多了,造成了排期很长时间的问题。这也就是 2017 年《胡润中国投资移民白皮书》的调查数据中提到的,中国投资移民家庭最大的问题就是"等待时间太长"。

这里要简单说一下"排期"产生的原因。就是因为每年提交的申请数量超过每年允许发放的绿卡数量。当然要经过批准才算,但是美国移民局是以每个申请的申请时间的先后来作为大家排队的时间。根据先申请先登陆的原则，目前的"投资移民"登陆美国的申请者是截至2014年8月1日之前提交的申请。虽然这样看，排期不到4年时间，但是在2014年到2018年间，申请数量大大增加。根据这几年的申请数来推测，2018年申请者排期到登录时间，时长上的估计是要超过10年时间了。当然这些"排期"最终是受移民政策这个变量左右的，"投资移民"的政策改革，如提高50万投资门槛，修改TEA区域政策等，已经喊了3年了。

这里也重点强调一下，因为美国移民局是根据每个申请者的出生地来核定国籍的，所以当你看到排期表上那个"全球含中国港澳台"的"无须排期"时，你不要认为自己加入中国香港籍就可以绕开"排期"了。当然，如果你的爱人是出生在非中国大陆的，可以以你爱人的名义申请各种移民方式，就不存在排期问题了。

以上移民政策和分析只是我的个人观点，具体情况请以美国移民局官网发布的相关内容为准，国内所谓"专家"与我一样都属于民间讨论范畴，没有谁更"专业"之分。

# 8. 移民后，还混不混华人圈

移民后，还混华人圈吗？这个问题其实是针对部分海外华人的一些观点引发的，我常常间接地听到这样一种观点："到美国了，就别混华人圈了"或者"我在美国，只混白人圈"，还有人用中文喊出了"远离华人"的口号。

一些人会产生这种观点，其实我是很清楚的。这里有几个层面的事实：

第一个层面，已经来美国的华人，希望追求一种多元化的生活环境。也许他们在国内已经被同类"挤"怕了。不可否认相同类型的人群，在竞争方面是极为残酷的，因为大家所擅长、所喜欢的都是一个类型的，"你会的，我全会"，那么剩下的就没什么差异，只有赤裸裸的恶性竞争。所以很多国人来美之后，都迫不及待地选择华人少的区居住、生活，巴不得是纯白人区才好，这是一种很普遍的心态。

第二个层面，就是所谓的"华人骗华人"。这种情况当然是存在的，只是有两个方面值得注意。一个方面是，其实每个族裔都有坏人，但是如果墨西哥人或者黑人想骗华人，他们语言不通，所以针对华人"作案"成功的肯定是华人更多。同理可证，墨西哥人也会觉得怎么都是"墨西哥人骗墨西哥人"。另一个方面是，有些问题仅仅是因为双方没有交流清楚，各种阴差阳错之后，双方都觉得自己是受害者。我有时也会遇到新移民的朋友过来抱怨遇到的各种问题，问清楚之后，我告诉朋友对方没什么过失，只是美国环境和国内不同而已。

当然那种纯粹的、靠信息不对等的诈骗，现在几乎看不到了。因为随着新移民整体素质的提升，自身英文水平高，具备网上查询各种资料的能力，加上出了事情也敢于报警（早期大量移民因有身份问题，存在不敢报警的情况），所以这类案件的确是越来越少了。不过现在更多的是与国内同步的"高科技"诈骗，近来洛杉矶就常常有人接到冒充"中国大使馆"打来的诈骗电话。其实，无论身处中国还是美国，无论面对华人还是白人，都要做到熟悉法律，防人之心不可无。

第三个层面，客观地说白人圈的资源的确是比华人圈更好。在美国的商界、法律界、政界等各个领域，以犹太人为代表的白人占据了美国目前的主要资源。所以有些华人一心想进入白人圈，去争取获得更好的资源，这也是社会现实。

第四个层面，不可否认部分白人圈的整体经济情况、教育水平、精神修养等在美国属于人人向往的高端社会，这种优秀的"主流圈子"，当然是人人想混的。

之所以细细地罗列出这么多客观存在，是为了说明我是理解那些提出"我在美国，只混白人圈"观点的人的。当然，我单单是理解他们的想法。但是，如果这些人转身对自己的同胞大谈这个观点时，我想我需要针对这种行为谈谈自己的想法了。

我反对"别混华人圈"或者"我只混白人圈"这种片面的观点。针对"移民后，还混不混华人圈"这个问题，我的回答是肯定的："当然要混华人圈，为什么不呢？"有些偏激的人看到我的回答可能会立刻开始攻击："你看，这个人只混华人圈。"我再次强调我的答案是："要混华人圈"，不是"只混华人圈"，是混华人圈在内的各种圈子。

首先，提出这个观点的人本身就存在着"差别心"。就是把各种"圈"以族裔来划分，这种观点在美国来说，就已经存在歧视了。即使的确存在白人资源、经济、教育优于其他族裔的事实，而把这种观点公开说出来本身就存在着对其他族裔的歧视了。无论是"别混华人圈"，还是"只混白人圈"，其实都是不对的。

当然美国社会事实上是存在族裔圈子的。美国是个多元化的社会，有无数个圈子相互交融，共同构筑起它的社会基础。单独只混一个圈子，或者说我就不混哪个圈子，事实上也是很难做到的。在美国的公司内，白人和各种有色人种形成各种上下级同事关系。在商业行为中，你也会遇到各色人种，这里面就包含了华裔。如果你生活在东西海岸，那么不遇到华裔是不可能的。

那么，有人说，商业活动中有些人群我难以避开，但是我说的混白人圈，是指我个人生活交往的圈子。好吧，你真觉得自己可以混进这些"白人圈"吗？你有研究过你现在交往的白人圈子吗？你真正的朋友里面哪些是德裔白人，哪些是爱尔兰裔、英格兰裔，哪些又是苏格兰和爱尔兰混裔，哪些又是墨西哥裔白人、南美洲白人呢？这些人其实又各有各的圈子，你到底混的又是哪个圈子呢？

好，有人又说，其实我说的是要融入美国的主流社会。初来乍到的新移民很容易为所谓的"主流社会"倾倒，然后去接受那种"不要混华人圈"的思想。其实到底什么叫"主流社会"？美国的确是存在1%的人掌握了38%的社会资源这类现象，但这些恐怕不是新移民们真正能够混得进去的圈子。那些告诉你这句话的，自我感觉在美国混主流社会的人，估计也进不了这个圈子。

持这种观点的人会再退一步，说我们提的主流社会就是美国的中产阶级社会，那种多元化的、拥有美国式的思想和生活方式的社会。好的，说到美国的中产阶级社会，那么在美国的华人们，哪一个不是已经混在其中了呢？华人在美国社会中虽然比例不大，但是凭借整个族裔的努力，在经济条件、教育水平、社会贡献率以及高端职业的比例上，都高于各个族裔的中位数。

那么，这样一个在美国人眼中都不错的华人圈，为什么会有自身是华人的人提出"不混华人圈"这种观点呢？为什么我们没有听过韩国人说"不混韩国人圈"呢？也没有听墨西哥人说"不要混墨西哥人圈"的呢？实际情况是，韩国人和墨西哥人都是很爱聚居的族裔，位于洛杉矶的UCLA所在地就是著名的韩国城，当年洛杉矶骚乱时，韩国人团结一致打退了黑人的大骚乱，是少数不被骚乱破坏的城市之一。但是，当时的中国城又怎样了呢？海外华人目前的确存在不注重争取自身政治权益的问题，不如犹太人那般注重公益事业，也不如韩国人那般团结一心。

我们自身甚至下一代都长着一张亚裔的面孔，这不是住进白人区就能够改变的，也不是"脱离"了华人圈，就可以混进你心目中的"白人圈"的。我们身边不少出生在美国的华裔朋友，他们的工作圈已经属于非常普遍的各色人种的圈子了。但是每到他们组织家庭聚会时，到来的更多的贴心朋友还是华裔朋友。我们的一个朋友说起他的一个长辈，嫁给白人30多年，各种社交场合几乎都是她老公的白人圈,而她最知心的闺蜜还是华裔朋友。我相信她是最有资格谈论"混不混华人圈"这个问题的。

华人说出"别混华人圈",其实是反映了一种纠结的心态。如果他们真的"只混白人圈",那么华人们应该听不到这样的言论才对。而如果转身来和华人们说出这个观点,那么,要么是以一种居高临下的态度进入华人圈的,比如想依靠这个圈子赚钱或者生活,要么就是对别人表达一种情绪,此外真的没有什么可以解释这类人的言论行为了。

最后,来说说我发现的一种现象:面对越来越多来自中国大陆的新一代移民,美国无论是什么族裔的圈子,都摩拳擦掌、兴致勃勃地希望能够结交到这些来自中国大陆的华人们。记得我家安装 ADT 安全系统时,那位白人业务员特别请求我在 YELP(美国的一种类似中国大众点评网的评价网)上,用中文来书写评论。这位极为聪明的白人是想通过这个中文评论来吸引更多华人的注意。明白了吗?这些白人圈的人正在削尖脑袋想进入我们华人圈的时候,我们怎么能还有类似"移民后,还混不混华人圈"这种问题呢?

# 9. 跨境创业，你是否准备了 B 计划

关于跨境创业，我更加愿意单纯地来谈这个话题，虽然这几年这个话题与美国绿卡结合得太紧密了，有的时候当事人甚至都分不清到美国来到底是为了生意，还是为了绿卡。有相当一部分人的初衷就是抱着二者相结合的态度来到美国，加上投资移民"甩手掌柜"的移民方式造成因申请人数过多而产生排期，所以越来越多的人开始青睐"L1 转 EB1C 的方式"。比如很多人在国内有些商品的资源，于是就想"顺便"做做国外的市场，然后再"顺便"拿一张绿卡。抱有这样想法的人相信不在少数。

话虽如此，但实际上两件事情都不是"顺便"能够做到的。

先来说"工作"，美国市场与国内市场大不相同。相对来说，商品本身的资源优势与渠道的资源优势相比较的话，从目前美国的市场来看，渠道资源是占据主导因素的。所以至少在那些"存量"市场上，即使很多跨境出来的人看到了某个行业、某种商品中美之间存在着巨大的差价空间，但因为美国的批发商、零售商或者说供应商与连锁超市之间已经存在了多年的合作关系，所以并不是靠商品的价格优势就能够撬动起渠道的。

当然，现在的移动互联网环境下，为新渠道打开市场，是一个机会。所以很多人直接通过电商的渠道把商品供进美国市场，比如通过亚马逊、易趣，甚至是现在新杀出来的 Wish。但是这个领域大家也看到了，因为门槛低，所以竞争大、节奏快，半年前还是一片蓝海的市场，估计半年后就成一片红海了。

美国实行的是高度成熟的市场经济。据统计，美国新创公司存活 10 年的比

例只有 4%，第一年就破产的有 40%，5 年后破产的有 80%[①]，记住一点，这些美国企业的创始人和经营者还都是美国人。

然后说"绿卡"，目前与跨境创业相关的绿卡，主体还是"L1 转 EB1C"的方式。当然还有 EB5 中直营的方式（人数少），再较真些，还有 EB6 和 E2，但这两种方式门槛不低，有些政策也不太稳定。虽然从移民方式上看各有不同，但是从经营企业与绿卡（签证）的关系来看，都是一样的。

也就是说，通过这些方式来获得绿卡或者签证[②]，美国移民局是对你的企业有要求的。这里不展开各种方式的具体要求，总的来说，是要求你的企业在特定时间内企业的经营规模（销售额）、雇佣人数、经营效果上达到移民局要求的程度。而对这些要求的审核，不仅仅只停留在字面上的报告，移民局也会上门检查你的"真实性"。这个真实性包括了你对于企业经营描述的"真实性"，也包括了申请人真实经营的"真实性"。

这里我们没法验证这些移民方式中最终能够拿到绿卡和签证的比例。因为从申请 L1 开始，续签、转 EB1C 这些环节目前移民局没有官方数据发布，但仅从身边的具体案例来看，折戟沉沙者众。

跨境创业最好与绿卡分开，我认为二者还是要界定清楚的。

我不否定这种既搞定事业又搞定绿卡的方式，因为一石二鸟、名利双收的成功案例也很多。但是身边很多朋友抱着"顺便"的态度，却没有考虑到这条道路的困难性，从刚开始就投入不足，造成后面进退两难的局面。

我的建议是，即使抱着"名利双收"的理想，但是在心态上还是要把这二者分开，也就是说当其中一个出现问题时，你要很清楚地知道要"保"哪一个。

我的一个朋友，做农产品出口生意，前几年为了孩子在美国上学，就以出口农产品的国内公司为名申请了 L1。一边艰苦创业，一边给孩子当陪读，一路走来一直塑造着一位坚强母亲的形象。2018 年随着中美贸易战的升级，她的农产品突然被加征了 25% 的关税，因为她的商品对于美国市场来说并不是刚需，所

---

[①] 数据来源：http://www.100tmt.com/news/news_6184.shtml。

[②] 申请 L1、L1 续签都只是获得签证，并不是获得绿卡。

以她现在陷入一种两难的局面。

"有盈利的正常生意"与"绿卡"（或者说维持她们目前的生活状态，孩子能够在美国读书）之间，她到底应该"保"哪一个？这是个艰难的选择，作为一个一路走来的生意人，谁都知道不能去做"赔本"的买卖。但是在目前的局面下，如果要销售额，就完全没有贸易利润。如果要维持移民局要求的经营人数，那么运行费用就会成倍增加。如果从经营企业的角度出发，保"有盈利的正常生意"，那么 L1 签证可能马上就会丧失。因为 L1 一年之后就需要考核续签，两三年后再第二次续签。而对于他们来说，放弃目前的 L1 签证，压力是非常大的，因为孩子已经完全习惯了美国的教育，回到国内去切换教育，也是很困难的。

举这个案例就是要告诉大家，既要有"名利双收"的理想，又要做好一旦现实与计划不符，要很清楚自己更需要做什么样的准备。而且这个防备计划一定一开始就要设计在你的整体计划中。

如果从一开始就想清楚了，把"生意"和"绿卡"分开，这不会直接影响你的过程和最终决定，但会使你在面临艰难选择的时候，能够快速地、清晰地做出选择，而且一定比之前"完全没想到会这样"的那种状态来得轻松。

我那位进退两难的朋友，如果问我的意见，我应该会建议她如果觉得这种"赔钱生意"的时间会持续，那么应该尽快放弃维持 L1 的顾虑，转变为真实地从生意本身出发。该裁减的人员裁减掉，不该做的销售额不要继续维持。之所以我会大胆地给她这个建议，是因为我看过太多在这个问题上的犹犹豫豫，又贴上一大笔钱勉强维持后，最终还是没法通过 L1 的续签或者 EB5 自营的 829，从而"钱""卡"双失。这里不得不提到我的那个观点——跨境创业，趋势比机会更重要。

人生的每一次突破，除了要有一个勇敢的开始外，在开始前做好充分的心态准备以及可以转身的 B 计划，也是非常必要的。

这里祝愿每一位跨境创业的朋友，在经历风雨之后，都能够看到美丽的彩虹。

# 10. 跨境创业，你看不见的那片蓝海

很多移民美国的家庭，在享受美国的教育资源、健康食品、好山好水的同时，常常苦恼一件事情，就是在美国做些什么。无论移民前家庭的经济基础如何，这个苦恼始终伴随着移民生活的左右。因为中国人还是习惯了"勤奋"的，一旦闲下来，就有一种"坐吃山空"的恐惧，这种感觉会特别集中于移民家庭中的男主人身上。

首先，我想以先后顺序的角度来看这件事情。其实"身份"与"工作"是有两种排序方式的，一种是身份先出来再考虑工作；还有一种是工作先出来，然后再考虑身份。这几年我们看到的可能更多的是前者，前者除了投资移民等职业移民外，也包含了亲属移民，很多朋友的直系亲属早年间帮他们申请了移民，之后突然有一天，被告知可以出国了，然后便开始烦恼出去做什么的问题。

但是如果时间推到十年之前，可能更多的移民方式是工作先出去，然后再解决身份的问题。比如大量留在美国的留学生们，他们是先有了工作，然后再通过 EB2 或 EB3 等方式慢慢解决身份问题，或者通过劳务方式（EB3 中的非技术类移民），用工作来获得身份绿卡。当然，这种方式比起先有身份后有工作的人来说，以先后顺序的角度看，会更顺畅些。而后者其实是不存在前者的那个"移民之后做什么"的问题的。

所以"移民之后做什么"的话题，其实是近年来的新话题，因为这是这几年大量的移民家庭为了子女教育、生活环境而选择先出来，从而产生的新的社会群体的话题。

我其实很想安慰那些因为还没有适应美国新环境，而忧心忡忡地考虑"移民之后做什么"的朋友。他们其实是在最正确的时候，来到了一个最正确的风口。

首先大家都需要转变一下思维，把被动的"移民之后做什么"变成主动的"跨

境创业"。这不仅仅是心态上的不同,也是从视野、方向、资源、市场上都会看到的更大的空间。

其实从 20 世纪 90 年代开始,一批批有着国际眼光的创业者,就开始学习国外先进技术、服务模式,回来开拓中国市场,大多大概率地走出了一条成功的创业之路。这里包括了现在如日中天的中国互联网三巨头百度、阿里巴巴和腾讯。这其实就是最早的"跨境创业",这种模式的方向是"用美国的技术和模式,做中国的市场"。

2001 年中国加入 WTO 之后,那些"Made in China"的各种商品开始进入包括美国在内的全球市场。不过 18 年来,中国出口的商品绝大部分还是在加工制造环节,在设计、品牌、渠道上还处于与国外公司合作的状态。当然这几年来,有很多中国的厂家逐步走了出去,从参加类似广交会等一系列国内交易会,到去参加欧洲、美洲的各种产品交易会,比如现在的 CES[①],其中深圳的厂家就达到 4800 多家,占比超过了参会商的 10%,根据 2018 年数据,全部参展厂家为 4500 家[②]。

国内的产品能够直接到美国来找市场,这当然是更加靠近市场一步的。在海外的交易会中能够与二级、三级批发商,甚至一些大型零售商接触。在与真实的海外市场大量地接触之后,很多厂家开始明白自己接触市场的诸多好处,之前不明白的一些变化也能够逐步掌握,像不明白为什么有订单,也不明白为什么没有订单。于是这些跨境创业者开始考虑缩短中间环节,直接在美国寻找二级、三级批发代理商,或者直接供进零售商超。

再进一步,就是这几年越来越多的人开始结合自己手上的资源,以各种方式在"跨境创业"的道路上进行探索。

我的一个朋友,在广东拥有很大的服装加工工厂,他们还有一些布料和服饰加工方面的专利。去年他们考虑在美国创建自己的品牌,同时在洛杉矶与服装设

---

① Consumer Electronics Show,每年在拉斯维加斯举行的全球规模最大的消费科技产品交易会。

② 数据来源:https://economy.china.com/news/11173316/20180112/31949727_all.html。

计机构合作，即品牌、设计在美国，加工在中国，市场在中国和美国。品牌国际化，Made in World 的概念在他的计划中已然形成。而目前开始走这条路的人越来越多，当然行业各不相同。

也有些朋友始终能够在美国寻找到优势的资源，然后提供给国内市场，比如有个朋友一直从事电影中的广告植入这一细分市场。他在洛杉矶的合作伙伴就是在美国好莱坞已经经营了 30 多年的一家公司。近年来，中国品牌植入好莱坞的大片中，绝大多数是他的手笔。虽然这个行业是个极其细小的细分市场，但是他在这一片蓝海却无比畅快，他说目前好莱坞的电影植入的资源可以在中国市场上找到比当地品牌多出 10 倍利润的中国买家。像一部电影大片中的品牌植入，在美国只需要 100 万美元的价格，但是在国内就能卖到 1000 万美元。这也是典型的用美国资源来做中国市场。

之所以称之为"跨境创业"，就是放眼中国和美国这两个世界上目前最大的经济体，可以是中国的资源做美国的市场，也可以是美国的资源做中国的市场，当然也可以是结合中国和美国的优势资源做两个国家甚至全球的市场。

这里提醒创业者，特别是已经在美国开疆拓土的创业者，能够走出国门来到美国的人，基本上在国内都有些资源。所以大家会习惯性地先考虑自己在中国的资源，然后又看到美国这个庞大的消费市场，进而很多人走上了用中国资源来做美国市场的这条路。但是这条路目前来看，已经进入一个竞争相对激烈的通道了。

一是美国存量市场的中间环节（渠道）不容易被撬动；二是中国的商品出口已经是很成熟的商业环境了。通俗来讲，就是美国的终端渠道市场未必好做，而你手上的中国资源未必那么有竞争力。

从近年来我身边做得比较顺利的朋友的商业模式来看，发现了两个突出特点。

一是用美国的资源做中国的市场，持续呈现一种增速发展的态势。

关于这一点给大家的提示是，其实对于很多目前从事跨境创业的人员来说，大家有时会只看到自己对于中国资源的掌控，但是忘记了自己对于中国市场的熟悉。相对于美国人或者生活在美国多年的美籍华人来说，刚刚从国内出来的新移民或者跨境创业者对于中国市场的熟悉程度是优于前者的，这个优势大家千万不要忘记了。

二是服务业呈现出中美两边都需求旺盛的状态。

为什么服务业"中美两边"都需求旺盛呢？美国本身的服务对于国人来说，目前已经达到了一定的消费规模。从美国这边看来，件件是刚需，而且还都处于高速增长的阶段，比如旅行、医疗（美国的医疗条件目前看是优于中国的。受美国医疗保险的制约，目前绝大部分的美国医疗资源还没有对外国人开放，这个市场也属于空白或者刚刚开始）、教育、日常消费（各种代购与国际物流依然如雨后春笋般生长着），还有诸如赴美生子带来的各项服务，如今中美之间的法律服务消费也是惊人的，还有各类金融服务（诸如保险、理财），从我熟悉中美两边的眼光来看，这类金融消费市场也处于刚刚萌芽阶段。

以上提到的都是中国人来美国消费的服务市场，大家有没有考虑过美国人到中国消费的服务市场呢？仅从旅游的数据看，中国游客出境消费支出与同期境外游客来华消费支出的数据的对比是悬殊的。《每日经济新闻》记者梳理世界旅游组织（OMT）统计数据发现，从 2013 年到 2015 年，中国内地游客出境旅游总支出分别为 1290 亿美元、1550 亿美元和 2920 亿美元，而国家统计局数据显示，同期境外游客来华旅游消费总支出仅为 517 亿美元、515 亿美元和 1176 亿美元[1]。简单计算可发现，旅游带来的逆差呈现逐年扩大趋势。

根据新华社发布的《中国跨境消费年度指数报告（2016）》，2015 年中国居民赴美旅游达到 259 万人次，同比增长 18%，2015 年中国游客在美旅游总支出达到 269 亿美元，中国游客平均每天为美国市场创造约 7400 万美元（约合 4.9 亿元人民币）的收入。截至 2015 年，中国已超过巴西成为美国第五大客源国，旅游行业占据了美国对中国服务类产品出口的 59%[2]。

中国的入境旅游收入非常少，据统计，2016 年大概只有五百亿美金。中国人在境外消费了多少钱？是两千五百多亿。所以中国一进一出，在旅游上的逆差大概是两千亿左右。比较之下，美国的入境收入是两千多亿，出境消费是一千多

---

[1] 数据来源：http://usa.people.com.cn/n1/2016/0908/c241376-28701417.html。

[2] 数据来源：http://usa.people.com.cn/n1/2016/0908/c241376-28701417.html。

亿美金，所以美国在这方面的顺差是一千多亿[①]。

但是从旅游的一些基础要素看，如安全度、道路建设、出行便利性，酒店、餐厅等各项旅行设施等，中国其实不差。所以这里面的市场空白点与市场空间，是值得大家思考的。由于中文热，我看到了美籍华人家庭对于国内诸如"寻根之旅"夏令营的强烈需求。当然市场做得好的话，也可以吸引更多的老美家庭。

这些是我看到的一些"跨境创业"的趋势与空间，还有很多值得探讨的市场空间。以跨境医疗为例，到底是美国的设备和医生团队到中国去，还是中国的患者来美国？这两个方向目前都有跨境创业者正在探索，当然目前存在一些政策上的困难，两边都还不具备大规模拓展的条件。但保守来说，其实已经都存在了小规模、高利润的服务市场，时间放长远看，也还是具备了一定的服务商业机会的。

在相当长的一段时期内，中美两强会处于既竞争又互为市场的状况，小吵不断，但日子又必须过下去。所以对于跨境创业来说，既存在巨大的增量的蓝海空间，又必须时不时地面对各种贸易战，所以看清趋势可能比发现一个单独的市场机会，更加重要。

这些趋势包括了，是会继续"出口的黄金期"，还是开启进口的"黄金十年"；是继续在商品的海洋内厮杀，还是看到跨境服务的巨大空间。

无论最终的趋势方向如何，站在中美之间，"跨境创业"的机会，远远大于挑战。

---

① 数据来源：https://www.guancha.cn/LiangJianZhang/2018_06_04_458841_s.shtml。

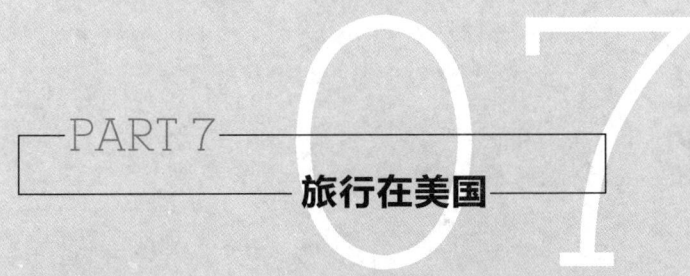

PART 7 旅行在美国

# 1. 是美国，也是世界

我要买一把放在门口的长条椅，于是驱车跟着导航的地址进入了 110 号路和 10 号路交叉的一条名叫 Maple Ave 的街区。很明显这是一条墨西哥人开的商业街，街道两旁的商品琳琅满目，堆放着各种日用品，以服装鞋帽为主。由于我找寻适合的长条椅已经很久了，而且从这家古家具店的网上照片看是可以买到的，所以即使旁边停车场标出每小时 15 美元的停车费，我还是停车下来进去选购。这是我第一次步入这种非常接地气的繁华的墨西哥商业街区，虽然我对这个区毫不熟悉，但仅凭每小时 15 美元的停车费，我也能判断出这个区的繁荣度。因为即使是在洛杉矶市区，大部分停车场的停车费也就是每小时 5—10 美元。

我带着新奇顺便逛了逛这个街区，商品的摆放像极了中国早年的农贸市场，不是为了美观，完全只是为了说明货源很充足。琳琅满目有时也显示出一种凌乱，空气中飘散着各种气味，而且每隔 20 米气味都会各不相同。喧嚣的墨西哥音乐随着我的移动而忽左忽右，这就是极其标准的美国的墨西哥人区。这里的街区、商店、音乐、气味以及熙熙攘攘的人流，让你有一种置身于真实的墨西哥城的感觉。

从这里沿着 110 路往北，不到十分钟的车程，就到了著名的"唐人街"。现在说的华人生活区已经和我们所说的"唐人街"几乎没什么关系了。我在洛杉矶生活了四年多，其实是一步都没走进过"唐人街"的。随着华人数量的壮大，称为华人生活区的地方也在不断扩大，从 20 年前的以圣盖博（San Gabriel）为中心的区域，包括阿卡迪亚（Arcadia，号称华人的贝弗利）、Monterey Park（号称小台北）、圣马力诺（San Marino，加州第一学区）等十几个城市，到 10 年前的以罗兰岗（Rowland Heights，著名的月子中心集中区）为中心的区域，包括核桃（Walnut，著名的核桃学区）、钻石吧（Diamond Bar）、奇诺（Chino）等近十个城市，再到这几年崛起的以尔湾（Irvine）为中心的橙县生活区。

华人生活区这些年呈现出来的比较显著的特点是：学区好、治安好、经济发达、华人配套设施完善、房价高且稳定。在美国成熟的华人生活区内，不仅可以买到中国各个地方的土特产，吃到中国各类最正宗的菜系，甚至连使用英文的机会都没有。街区中文招牌林立，银行门口都会贴出"我们说中文"的字样，如果你只是在华人区内生活，我敢说在生活上，就像是完全回到了中国一样。

离洛杉矶市区"唐人街"车程5分钟的地方，就是"小东京"。这里有最正宗的日式料理，日本超市的食材也是严格执行日本的食品标准。离开"小东京"往西15分钟，你会来到著名的加利福尼亚大学洛杉矶分校，这里其实是韩国人的天下，这里的韩国城的韩国人集中度甚至超过了华人区和日本人区。在这里，当年洛杉矶大骚乱时，韩国人曾集体持枪围着自己的社区与黑人枪战，这次枪战也让这个韩国城一战成名，直到今日，这里仍是治安最好的社区之一。

所以我常常感叹，这里其实不是美国，而是个小世界。这里聚集了世界各色人种，各种民族、各类宗教、各种文化既相互交融，又彼此独立，这里的华人既过圣诞节、感恩节，也过春节。有一年的正月初一，我们一家人在坦普尔市的一家中餐馆喝早茶时，居然看到了非常正宗的舞狮表演。整个表演是中国广东那一带很传统的舞狮仪式，这些在国内甚至都很少见到。每年的3月17日，孩子们还过爱尔兰人的圣帕特里克节（St. Patrick's Day），我们把这个节日称为"绿帽子节"。

都说美国是个大熔炉，但煮的这锅汤却并没有炖成一样的颜色，无论生活习惯还是民族文化，依旧"白是白、黄是黄、黑是黑"。犹太人依旧保持着他们忧患、勤勉、精明以及卓越的学习精神，墨西哥人也依旧保持着他们乐观、松散的生活态度以及大家庭的生活方式，黑人依旧在舞蹈、音乐、体育上占据绝对优势，而亚洲人无论身处何方，对于子女教育那种深入骨髓的巨大期许和严格要求都没有丝毫要落下的意思。

我们来美国之前以为只有华人妈妈才被称为"虎妈"，到这里才发现韩国妈妈比华人妈妈更加凶猛，而印度妈妈也是不得了的，看来亚洲人对于教育都有那种拼掉这一代，培养好下一代的猛力。当来自亚洲的孩子们下午放学后进入各种专业培训机构继续学习时，来自南美洲各民族的孩子们早就布满了各个社区的公园了。看了这么久，好像能够和亚洲妈妈有得一拼的，也只有犹太妈妈了。

"只有民族的，才是世界的。"这句话我是到了美国才有深刻体会的。世界不是一个单纯的概念，而是各个国家、各个民族、各种文化以一种复杂的方式存在，既不断交融又保持各自独立。比如，华人的中餐今天在洛杉矶的存在方式，是更加趋同于西餐了，还是更加保持正宗风格呢？答案是都有，在美国既吃得到类似"熊猫快餐"这种迎合西方口味的新中餐，又能吃到中国各种传统正宗的菜系，诸如粤菜、上海菜、川菜、湘菜等，其正宗程度有时甚至超过了这个菜系的本土餐厅。

一个健康的世界是个生态，一个健康的竞争关系更要像个生态。树林中要有高大挺拔的乔木，也需要有低矮茂密的灌木以及各种草地和花卉，拥有不同的品种才可以组成一个健康的缤纷的生态。如果整片树林都是白桦林，那么竞争一定比高低错落的多样化的生态环境激烈得多。

所以我常常和朋友说，美国就像这样健康的生态，各色人种根据自己种族的优势来参与到这个体系中。田径、篮球、音乐有黑人，国防、军事有德裔日耳曼民族，犹太人经营金融业和珠宝，华人经营餐厅和超市，墨西哥人白天在华人公司快快乐乐地上班，从华人那里领出工资，晚上回出租屋睡觉，再把白天的工资交还给华人房东。多么平衡的世界啊！

相对于美国中西部来说，目前的美国的东西海岸更像是这个高低错落的生态。无论是在东海岸的纽约，还是在西海岸的西雅图、旧金山、洛杉矶，都汇聚了世界各国的精英，这些来到美国的新旧移民们共同创造了一个个世界的中心。曾经有人做过这样一个假设，把全球除了好莱坞之外的影视精英集中起来，和好莱坞做个比拼，问是否有胜算？答案是不可能的，因为世界各地的电影精英，只有在本土混出名气了，才有可能踏足好莱坞，所以好莱坞的明星也是世界的。正如好莱坞作为影视、娱乐、时尚世界的中心一样,纽约的华尔街属于证券金融世界的中心,北加州的帕洛阿尔托(Palo Alto)现在则被IT人士称为"宇宙中心",而这些地方既属于美国,又属于全世界。

所以我常常感叹,很多时候看美国,它不仅仅是个国家,更像是小世界。在这里,并存着各色人种、各个民族、各种文化,他们以一种复杂的方式存在,他们既不断交流又各自保持独立。这里既是存在千差万别的美国,更是缤纷多彩的世界。

# 2. 出国旅行千万要注意的几个小习惯

写这篇文章时，不由得想起我们之前亲身经历过的一件事情。当时我们在一家不太熟悉的中餐馆用餐，那天那家中餐馆正好有一个中国旅游团也在用餐，从比较大声的交谈中可以听出是来自国内某个省的地方口音。

我们出门时，Yuna 脚步快走在最前面，正好前面的同胞也出门，他在前，Yuna 紧随其后。在美国待久的人都习惯了，前面那个人出门后，都会留意一下后面是否有人。如果发现紧随其后还有人要出来，一定会用手扶住门，让后面的人先出来，或者让后者用手扶住门后，才松手离开，这种场景在美国百分之百是这样的。所以没有人会想到前面那位先生出门后会直接松手，更何况后面还是一个只有 8 岁的孩子。但是很遗憾，那位先生没有回头，直接松手了。

Yuna 毫无防备地走到了门口，这个时候反弹回来的门眼看就要砸到 Yuna 的头上，叶子一个箭步过去把门按住了。我在叶子身后，看到这个场景时也呆住了。说实话，这种场景在美国是很难见到的，我也不清楚如果当时 Yuna 真的被门砸到，前面那位先生在这边要承担怎样的责任！

叶子对那位先生肯定是百般吐槽，被我问到她怎么能那么眼疾手快时，她说她其实早就注意到这群人出门时，都是不扶门的，所以她之前就有防备心理。Yuna 走在前面时，她就立刻紧随其后看情况保护了。

这事过后，我们很快也就淡忘了，因为我们知道在国内是有这样的习惯的。但是我在想，如果这些习惯也被国人带出境外，其实会给当地人留下极为不好的印象的。而事实上，近年来，各类这样的事情在不同的国家总在不断上演。

所以我觉得有必要写一写那些我们觉得是习惯，但出门后会给当地人带来困扰的小问题。

首先是"排队"的问题。这个问题可能很多读者会不屑，说国内现在也都排队的，这里值得提醒的是，国外（主要是欧美国家）的排队和国内是不一样的，如果在美国排队，队伍中人与人之间的间隔是极为稀疏的。有时你选好商品，直奔收银台时，看到前面只有一位顾客，等他结束后，你立刻一个箭步把东西放上收银台时，会被收银员提醒"排队"。这个时候你才发现你的侧面有几个顾客组成了一条稀稀拉拉的队伍。所以给大家的建议是，直奔收银台之前，要看一圈收银台外面的人，大部分的收银台外面会有提醒"这里排队"。如果没有明显的队伍，你就只能从非常不规则的站位中，去询问"你在排队吗"，然后找到队伍的末梢自觉地排过去。当然，如果这时候收银员向你打招呼"我能帮助你吗"，你就可以放心上前了。

给大家讲个真实的段子。我在国内时，曾经有一位在法国待了20年的同事，之后回国和我们一起工作。在单位食堂午餐的时候，他就难以接受国内的排队方式，人与人距离那么近，如果前后是男女生，可能还保持几厘米的距离，如果都是男生，那就直接贴上去了。有一次他对后面嘻嘻笑的男生（隔壁公司的，他不认识）失态地大喊："我又不是同性恋，你为什么贴上我？"这个段子虽然是我这位同事自我解嘲时说的，但是也说明了两种不同的排队方式。

第二是在公众场合"不要大声喧哗"。估计又有读者开始皱眉头了，不过这个问题是大家常常会犯的。主要原因是国外的"大声喧哗"，其实差不多就是我们国内正常说话的音量。

其实在美国，这个问题还算好，因为相对来说，美国人也都大大咧咧。但是如果大家去欧洲、日本，千万要注意公共场合中自己的音量，要比国内声调低3格后才是当地的正常音量。不久前，我才和一位日本朋友确认过，日本的地铁内默认是不允许打手机的，也并不是法律明文要求，但是一旦你接了电话，全车厢都会注意到你。在国内人们并不关注这些细节，甚至在国内电梯里，人们也会大声地讲电话，在密闭的空间中，甚至连电话那一头的声音都很清晰。有人会说我不在意自己的隐私被人听到啊，但这样做其实是妨碍到别人的感受了。

其实也不仅仅是日本或欧洲。我清楚地记得十年前我们在吴哥窟的巴肯山看日落，那个山头当时黑压压地坐了快有一千人，但是传过来的声音全部都是普通话，就是因为国人说话声音相对太大了。如果是带上父母和孩子一起外出旅行，那么要着重提醒父母注意说话时的音量，国内爷爷奶奶与孩子们之间的交流，就常常放大音量，这种音量在相对安静的国外景区内其实显得分外刺耳。

第三是记得"垃圾回收"。我想近几年来国人也在慢慢养成不乱丢垃圾的习惯。但还是要提醒一下，很多人在城市大街上养成了习惯，但是一旦到了野外，就觉得无所谓了。特别是到了美国的国家公园，当方圆一平方英里只有你一个人的时候，还会不会约束自己的行为呢？美国的国家公园也很特殊，其他的配套设施都齐备了，但是在公园长长的徒步道上经常是一个垃圾桶都没有的，甚至在整个国家公园中就只有游客中心的门口才有大垃圾桶。这样一方面是为了保护生态环境（国家公园甚至不允许建基站），另一方面也是为了防止野生动物去翻垃圾桶（很多国家公园的垃圾桶都是防熊的）。

这里值得提醒的是，在一些自助式的餐厅，比如星巴克、麦当劳，用餐结束时，走的时候切记清理你的桌面，把你的剩余食物和纸张丢进店内垃圾桶，把盘子放在应该放的地方。大家常常没有这种收拾的意识，我经常会帮助一些来洛杉矶找我喝咖啡的朋友清理桌面，这些在国内基本是服务生的工作。很多习惯是能够一眼区分美国当地华人和国人游客的。

第四是"拍照规则"。很多朋友走出国门，觉得处处新鲜，所以捕捉各种镜头是常态。这里要提醒的是，不要当着别人的面正面拍摄对方，特别是小孩子。小孩子总是很可爱的，尤其白人或者其他肤色的孩子，他们可能是摄影爱好者们喜欢的人物题材，但未经对方父母同意，是不可以拍摄孩子的。在你的博文或者朋友圈中秀出照片，也要加以注意。如果是没有征得对方同意的人物肖像照，最好是以侧面或者背影的形式呈现，不要出现孩子的肖像。

这里顺便提醒一件与拍照相关的小事儿，就是别人正在拍照的时候，你不要大大咧咧地从拍摄的中间走过，正确的做法是停在相机拍不到的位置，等别人拍摄结束后快速通过。如果已经走到镜头中了,要说一句"对不起",然后快速通过。

第五是"尊重服务员"。提醒这一点可能大家感觉很有"新意"。这也是非常值得大家注意的地方,美国讲究人人平等,这里就包含了消费者和服务人员之间的关系,这个平等的关系甚至可以延伸到给你开车的司机、为你服务的房产经纪或者保险经纪、宾馆的清洁工等。

"顾客是上帝",这句话不会出现在美国。相反地,美国有句话叫"上帝之下,众生平等"。当然作为消费者,服务人员是会尊重你的,但同样地,你也必须尊重服务人员,否则他们可以拒绝为你服务。之所以提醒这一点,是因为我是看到了这两边的差异,在国内我们常常看到一些在餐厅对服务员呼来喝去的人,这在欧美人看来,实际上反映了消费者的素质不高,更不会显示他的高贵地位。每个人都希望别人尊重自己,但不需要以压低他人的方式。

我们行走欧美时,其实自己也会有所感受,那些服务人员对你的微笑是真诚的"朋友"式的。当然他们也希望能够给予消费者一种良好的感受,这样他们就能够拿到更多的小费,但无论你给多少小费,你也不能觉得自己高于他们。我早年在欧美旅行时,就感受到了这一点,后来一句台词替我说出了这种感觉:"站着,把钱赚了。"

延伸一下,在美国"服务"是有偿的,因为存在差异,所以有必要提醒。律师、会计师不会没事儿陪你聊天,所以第一次交流是免费的(好的律师还必须走推荐人的渠道),从第二次开始都是按小时或者按事件收费的。房产经纪可能也不会像国内那样不停地载着你去看房子,我看到有些朋友想在美国购房,与房产经纪联系时的口气是:"来,发几套房子来看一看",没有明确的要求,又带着这种上帝口吻,这也是美国一些房产经纪拒绝一些客户的直接原因。

其实美国的小费文化,也是表达了一种对于服务者的尊重。帮助你泊车的小弟是需要小费打赏的,在餐厅用餐至少 10% 以上的小费是给服务员的,每天你需要放 1—2 美元在你的酒店枕头上,这是给酒店的卫生工的,这些给出去的其实也是一种尊重。

第六是注意基本的日常礼节。像类似擦肩而过的小接触,也要互相说"对不起",借过一下要说"Excuse me",如果在美国的西海岸或者南部城市（其实也就是除了纽约之外），遇到面对面来人要看着对方眼睛，说"Hello"或者"Good morning"；别人对你有帮助，要不厌其烦地说出"Thank you"或者"Thank you so much"；如果别人对你说"Thank you"，你要回应"You are welcome"；如果你是消费者，售货员或者服务员最后会说"Thank you, have a good day"，你可以回应"You too"。恰恰是因为这些都是基础礼节，所以如果你没有做出这个动作，对方就可能对你产生不好的感觉。

以上是我觉得非常有必要提醒国内朋友的，都是小细节，但也往往是很容易忽略的。在2018年的俄罗斯世界杯上，日本球迷在比赛结束后集体捡垃圾的照片，让世界对这个民族赞叹有加。其实上一届世界杯日本人就这样做了，而在日本队的每场比赛后，地上也都是干干净净的。

有些习惯目前看还是文化差异，但既然出来旅行了，就有必要知道这些"入乡随俗"的习惯。身处海外，互相提醒，每一位华人的表现其实都代表了全体华人。

# 3. 美国旅行，自驾游是最合适的方式

美国是汽车的王国，除了像纽约这种地铁发达的城市，在美国其他大部分的城市，的士是需要预约的，别指望出门招手停车。当然现在 Uber 已经几乎完全取代了的士，但是对于国内的游客来说，不要想当然地认为到了美国下载一个 Uber 的 App，就能够使用了。正常使用 Uber 之前要有个绑定美国信用卡的程序，而大部分中国游客使用的中国信用卡是绑定不上的。所以在机场租个车子在美国自驾旅行，其实是一种不错的方案。

◆ 第一次自驾游美国

在同样是左舵车、靠右行驶的北美地区和欧洲地区，其实都是适合中国旅行者自驾的区域。不过和大家一样，我刚到美国第一次摸到方向盘，开车上美国的公路时，也是战战兢兢的。这里很有必要提醒大家，不要小看在美

国开车的难度，因为美国的车速通常情况下比国内快得多，很多驾驶细节也和国内大不相同。

我第一次在美国自驾是在 2012 年。从拉斯维加斯开始，自驾了整条 89 号公路，一路向北，去了八个国家公园，从沙漠一直自驾到了美加边境的冰川。之后几年中慢慢开始带上孩子、带上父母做不同方式的家庭旅行。我们在阿拉斯加开过 29 尺的大房车，也驾驶过吉普车到夏威夷看岩浆入海，开过海景浪漫的加州 1 号公路，也常常换上雪链盘旋到白雪覆盖的高山悬崖。所以在美国的旅行，自驾游是最合适的方式了。

好吧，现在让我切换到第一次在美国开车时的状态，想一想有什么经验和教训可以分享给准备来美国自驾的朋友们。

（1）驾照

中国的驾照在美国的大部分州是可以直接使用的，不必去办理什么所谓的国际驾照。其实国际驾照就是中国驾照的翻译件，使用时必须和中国驾照一起出示才行。有些租车公司会要求去办理一个驾照的公证件，其实也是起到翻译件的作用。我们第一次自驾美国时就发生了超速违章、撞车等交通事故，当时一律用的是中国驾照。

因为美国各个州法律不同，所以对于中国驾照的承认度也是不同的，详见网络上美国各个州对于中国驾照的具体规定。大部分的州是认可持有中国驾照入境 60 天内有效的，加州就是如此。如果超过 60 天，那你就得去考一本美国当地的驾照了。考试也是分笔试和路考，基本与国内是一样的，笔试时也是可以领到中文的考卷的。我的一位朋友临上飞机时发现忘记带驾照了，临时打电话让在加州的朋友报名第二天的笔试，然后他一下飞机直接参加笔试，第二天路考通过，立刻就拿到了一张临时的加州驾照。

（2）租车

一般情况下最好在国内预定好租车公司，当然现场办理效果是一样的，租车用的驾照也是国内的驾照。机场一般都有租车点，也会有专门的巴士载你过去。

租车时一般需要注意以下几点：

一是必须购买全额保险。

保险是我们一路顺利的精神支柱，根据租车条例，如果路上出现车子故障，只需给租车公司打一个电话，他们就会开着另一辆车子把坏车换回去。而且不怕路上有什么磕磕碰碰，想到是保了全险的，就不用担心什么了。

我们第一次去美国时，在黄石遭遇了撞车事故，后来还车时，因为保了全险，所以工作人员几乎没问什么为难的问题就让我们走了。只是在我们回国一个月后，美国那边来了个电话，说是帮我们处理了撞车的保险，问了一些问题，这件事儿就完整结束了。

二是异地还车费用较高，尽量安排环线出行，提车点与还车点最好一致。

第一次自驾美西那次，我们是在拉斯维加斯提车，西雅图还车，异地还车费竟然高达 393 美元。

三是如果租车行正好没有预定的车子，行规是免费升级到更好的车子。

我们也曾遇到过这种好事，而且就在第一次租车时。当时我们预定的是一辆八座的商务车，到了租车处，恰好没有我们当初订的那款车子了，就免费升级成一部雪佛兰的 Suburban，虽然也是八座，但后厢的空间大了很多。

### （3）自助加油

在美国必须习惯自助加油。除了柴油之外，汽油分为 87（普级）、89（中级）、91（高级）三种，普通的车子加 87 的就行了。美国的加油站全部都是自助加油，可以刷美国的信用卡或者储蓄卡。基本流程是插卡（立即拔出来，形成刷卡即可）、储蓄卡需要输入 PIN 密码（信用卡需要输入当地的邮政编码）、提枪插入油箱、按具体加油的号码、加油、放回油枪、主动打印小票（也可以不打印）、完成。这些流程与国内的自助加油差不多。有些加油机只

◆ 自助加油

接受规定的石油公司的卡，一旦自助加油遇到问题（大部分加油站不接受国内的信用卡），也不要多研究，直接去加油站的服务中心，付现金（刷卡）就能解决问题。

美国的汽油以加仑计价，目前是 2.90—3.20 美元 / 加仑，这边的加油站没有什么统一标价，所以加油时可以适当对比几家。东西海岸的油价通常要比中西部的油价高，我们去大峡谷时发现亚利桑那州的油价才 2.1 美元 / 加仑。

### （4）交通规则

美国的交通规则与中国大致相同，但切记在美国要严格遵守交通规则，特别是有几个注意事项，非常重要。

一是车让行人。在美国马路上，无论何种状态下，行人的路权优先。而且美国的行人已经习惯了当他要过马路时，驶进的车子要停下来，如果我们像国内的车子那样在礼让行人时仍然慢慢地蹭过去，行人一定会瞪大眼睛停下来看你。此外特别提醒一点，这也是我刚到美国时犯过的错误。有一次我在转弯时，在人行道前停车等待行人缓缓地从我面前走过，当我开始缓缓地开车想从他后面开过时，那人回头对我说："你不能这样着急，你必须让我完全走完人行道，再开动你的车子。"是的，这样才是礼让行人的完整动作。

二是必须系上安全带。记得系上安全带，特别是副驾驶位也必须要系上安全带。在美国，各个州都要求副驾驶位必须系安全带，有些严格的州，甚至要求车上全部人员必须系安全带。

三是儿童必须坐在儿童座椅上。车内如果有儿童，必须要有儿童座椅，否则警察一看见就是 480 美元没有了。小孩子也乐意坐儿童座椅，因为比普通位置坐得更加舒服。

四是开车不能接打电话。在美国，开车是不能打电话的。可以戴上耳机，但如果两个耳朵都戴上耳机也是违章的，只能戴一只耳朵的。

### （5）停车问题

总体来说，在美国停车是比较方便的，城市外围自然环境都是免费的，进入城市特别是闹市区后，有很多种停车方式。

路面没有在路崖上刷上颜色的地方，都是可以停的。而刷上不同的颜色代表着不同的停车方式，刷成红色是不能停车的，刷成黄色或者绿色的，要仔细看上面的文字标识，有些是允许停车 15 分钟，有些是写明什么时间段是可以停的，或者什么时间是不能停的。

◆ 刷着红线的地方不可以停车

◆ 旧金山特殊的停车方式

咪表、投币或者刷卡停车时，碰巧遇到已经开走的车子，而咪表还有时间，你就可以短暂停进去。

有些停车场是无人管理的，里面有个设备可以自助缴费，也有停车场是人工收费的。越是闹市区停车费越贵。

### （6）违章处理

虽然谁都不愿意违章，但是开车在路上，不经意的违章也是正常的，几个常识要了解一下：

美国的大部分城市没有十字路口监控抓拍，违章都是警察抓现行。警车有可能在你最容易违章的地方等着你，比如小镇口。所以千万要看清楚限速标识。如果你发现有警车跟着你，一定要靠边停车，不要加大油门企图甩开。之前在洛杉矶，有一位中国学生，企图凭借豪车的速度甩开警车，结果被直升机探照灯一直打着，只好停车，后果当然很严重。

停车后，摇下驾驶室的车窗，双手放在方向盘，先了解清楚警察叫停你的原因。有时并不是因为你违章，只是因为你第一次在美国开车，车速忽快忽慢，使得警察要看看你的情况，是否喝酒或者嗑药。在和警察交流时保持礼貌和微笑，听不懂英文不要装着听懂了，如果有需要可以让警察打第三方翻译电话。如果你是轻微违章，可以恳求警察放你一马，而最后警察是否开恩，就看你的人品了。

可以在网上缴纳罚单，也可以拿着罚单到银行交现金，再附上 2 美元寄送回执的钱就可以了。美国只开罚单，不会扣分。不要企图逃缴罚单，也许有人会告诉你如果收到罚单，可以不去处理，但外国游客开着租车公司的车子是逃不掉的。因为美国警方早已估计到外国游客短期入境的特殊性，所以如果发现是租车公司的车子，警察会登记租车公司的信息。如果到期没有交罚款，就会与租车公司联系，而租车公司会及时地从你交给租车公司的预授权的押金中把罚款扣掉，然后还会向你加收金额不小的手续费。

### （7）交通事故处理

如果是普通刮擦，简单的做法是当事车辆双方互相拍一下对方的保险，然后就可以开走了。有事找对方的保险公司，千万不要直接和对方去交涉理论。如果是严重些的事故，尽量拨打 911 让警察来见证一下，警察会给双方开一个单子，然后也还是各自找保险公司去处理。

### （8）必备 GPS

在美国开车必须要有个 GPS，当然手机自带的苹果地图或者谷歌地图也很好用。个人建议还是直接购买一台实用的 GPS，可以配上北美洲、亚洲、澳大利亚、欧洲的地图，大概是 700 多美元，可以带着行走世界。因为美国地方大，大部分的国家公园内是没有手机信号的，所以还是带个自己的 GPS 比较方便。

我本人是自由行的倡导者，而在美国自驾游更是一种深入了解美国生活、领略美国风景的必要方式。想象一下：手握方向盘，畅行在加州 1 号公路的美景中，这时车中响起"没有什么可以阻挡对自由的向往"的歌声，对，就是这种感觉！

# 4. 八十美元的年票，玩转美国的国家公园

我们第一次来美国旅行是自驾游。与美国的第一次照面，其实就把相当精华的内容体验了一遍。当时我们没有选择去那些传统的美东城市旅行，也没有选择悠闲的西海岸，而是选择了落基山脉附近的国家公园进行自驾游。

那是一条极为经典的自驾游线路。我们以内华达州的拉斯维加斯为起点，感受了可以把鞋子烫脱胶的炙热沙漠；沿着孤独的89号公路，领略了壮丽的大峡谷、苍凉的丹霞石林；再顺着落基山脉往北，飘过安详的冰川融水的湖面；一路向北，直到美、加边境；然后向西，陶醉在冰川与开满浪漫山花的山坡；再向西，进入美国最原始的森林，最后到达西岸名城西雅图，结束这趟旅行。

◆ 布莱斯峡谷国家公园"布莱斯点"

这条自驾路线，依次途经了内华达州、亚利桑那州、犹他州、科罗拉多州、怀俄明州、蒙大拿州、华盛顿州共计七个州，对于喜欢摄影的朋友来说，这条路线就是天堂。我依次去了锡安、布莱斯峡谷、峡谷地、拱门、大提顿、

黄石、冰川、雷尼尔山等八个国家公园，这是风格完全不同的八个国家公园，也是美国西部最美的风景了。

◆ 拱门国家公园

在这条线上，还有著名的 89 号公路，以及更加著名的 12 号景观公路，有国际摄影作品中最常出现的羚羊峡谷、马蹄湾、死马地。当然，这条线路绝对是以自然风光为主题的，沿途的三个城市只能让你打个尖儿，从糜烂奢华的拉斯维加斯，到同性恋城市西雅图，中间相对知名的人文景点只有一个摩门教的总坛——盐湖城。所以带了晚礼服和沙滩裤的朋友们，来到这里就请醒一醒吧，最好还是换上抓绒衣和牛仔裤，另外带上一根登山杖，这样至少可以挽救你一条腿。

这条路线，我走了 18 天，纵跨美西 3000 英里，走坏了一双鞋，折断了一根登山杖。挨过警察的超速罚单，撞过车，就着大提顿的雪山美景吃过早餐，看过黄石湖边十五的月亮，烤火、聊天、吃着丰盛的红酒晚餐。第一次知道可以穿着短袖玩冰川，第一次听到壁炉中松枝燃烧发出的噼里啪啦的声音，第一次入宿古堡，第一次坐在悬崖边，把脚垂下去。

◆ 百万美金公路

◆ 冰川国家公园

我对美国的美好印象很大一部分都是这次旅行留下的，这次美国的国家公园自驾游，除了领略到美国西部壮美的风光之外，美国国家公园的一整套管理体系也是让我很欣赏的。

◆ 黄石国家公园

首先基于自然保护，美国很早就成立了国家公园，第一个国家公园就是大家很熟悉的黄石国家公园，成立于 1872 年。全美负责统一管理公园的机构——美

国国家公园管理局 (National Park Service)，是 1916 年 8 月 25 日根据美国国会的相关法案成立的，现在管理着庞大的国家公园体系。

但凡能够称为国家公园的，都有着相当庞大的面积，比如大家熟悉的黄石国家公园，占地约 8956 平方公里。我记得我们当时花三天时间分了两个住宿点才逛完了黄石，不过黄石还不是最大的国家公园，美国本土面积最大的国家公园是死谷国家公园，占地 1.36 万平方公里。细心的读者会留意到"本土"二字，是的，还有一个位于阿拉斯加的兰格尔－圣埃利亚斯国家公园，其占地面积甚至超过很多美国的州。

如此庞大的自然资源，美国国家公园管理局不仅要把它们保护好，还要将它们开发出来。美国的国家公园有着很棒的公路和徒步道系统，大量的美景都是可以驾车游览的，如果你想进一步深入，那么国家公园有着无数考验你耐力的徒步道，比如我们走过的锡安国家公园最著名的徒步线路——天使降临，这条徒步道被选为美国十大徒步线路，也是最恐怖的徒步路线之一。

◆ 锡安国家公园

我的感觉是，从国家公园可以看到一些发达国家与发展中国家的差别。在国家公园中，无论地形多险峻，都是没有什么美景是你看不到的。也就是说在面积辽阔、地形复杂的国家公园内，公园的各种设施已经开发得非常全面了。有风景的地方，都修建了足够多的各种观景台，我们经常在国家公园更远处的观景台上，看到一些行动不方便者也能到达，这就是因为其交通便利，有些甚至在徒步道的基础上修建出了轮椅通道。

国家公园的导览服务也是很完善的。在公园入口的售票处，你可以领到一份统一制作的公园地图。上面除了详细的地图路线、观景点之外，还有针对这个国家公园的详细介绍。这种统一由国家公园管理局设计印制的地图，就是一个挺好的收藏品，我至今已经收集了快 20 份不同的国家公园地图。而进入国家公园不远处都会有一个游客中心，大部分的游客中心建设得都非常宽敞，里面内容也丰富，甚至一些游客中心有电影院，方便游客对这个国家公园进行更深入的了解。

◆ 雷尼尔山国家公园

仅仅是游览的管理，都是庞大的工作量。所以我常常看到美国的国家公园配备了数量众多的志愿者。他们有年轻人，也有白发苍苍的老者，年轻力壮的志愿者可能会在一些危险的徒步道上巡逻踩点。我们去过的雷尼尔山国家公园，很多徒步道常年可能被冰雪覆盖，我们在游客中心时就会被那些白发苍苍的老志愿者们提醒，那些道路已经被封了，必须依靠登山杖才能上去。

这里我谈到的游客服务，其实只是国家公园管理的一小部分。国家公园的建筑、景观设计、动植物生态环境保护、地理土壤研究、病虫害防治、地质气象观测等，都需要各方面的专家参与。

最后让我惊讶的是国家公园的门票，很多美国的公园是没有门票的，但国家公园还是有门票的，毕竟这里有最美的美国风光。门票是多少呢？一次门票最高不超过二十美元（大部分是十至十五美元），而年票仅仅八十美元。

有人说这也不便宜啊。是这样的，八十美元的年票是全美 59 个国家公园一年的联票，也就是说你在一年之内手持一张年票，可以走遍美国所有的国家公园。而且，这八十美元不是一个人的，是一辆车的。我们第一次玩国家公园时，是一辆车七个人，就只要这一张门票。还有，这一张年票是可以签署两个名字的，所以才有不少国内游客在国内转卖二手美国国家公园年票的情况。这样算下来，这个八十美元的年票，几乎就等于是免费的了。

当然，如果你是 62 岁以上的老人，你可以花十美元买到老年人的终身通票（要有身份证明），如果是残疾人，可以免费办理国家公园的通票，还有就是如果你可以在园区内当志愿者并服务 500 小时以上，你也可以获得免费的志愿者通票。

**附件：美国国家公园及其所在位置**①

（1）雷尼尔山国家公园 (Mount Rainier National Park)，华盛顿州

（2）北瀑布国家公园 (North Cascades National Park)，华盛顿州

（3）★奥林匹克国家公园 (Olympic National Park)，华盛顿州

（4）火山湖国家公园 (Crater Lake National Park)，俄勒冈州

（5）海峡岛国家公园 (Channel Islands National Park)，加利福尼亚州

（6）死亡谷国家公园 (Death Valley National Park)，加利福尼亚州和内华达州

---

① 需要指出的是美国的国家公园都有着庞大的面积，像大峡谷国家公园是跨越了内华达州、亚利桑那州和犹他州三州。我们这里参照《美国旅游地图》（中国地图出版社）标出了各个公园的大概州位。

（7）约书亚树国家公园 (Joshua Tree National Park)，加利福尼亚州

（8）国王峡谷国家公园 (King Canyon National Park)，加利福尼亚州

（9）拉森火山国家公园 (Lassen Volcanic National Park)，加利福尼亚州

（10）石峰国家公园（Pinnacles National Park），加利福尼亚州

（11）★红杉树国家公园 (Redwood National Park)，加利福尼亚州

（12）美洲杉国家公园 (Sequoia National Park)，加利福尼亚州

（13）★优胜美地国家公园 (Yosemite National Park)，加利福尼亚州

（14）大盆地国家公园 (Great Basin National Park)，内华达州

（15）★大峡谷国家公园 (Grand Canyon National Park)，内华达州、犹他州和亚利桑那州

（16）化石林国家公园 (Petrified Forest National Park)，亚利桑那州

（17）仙人掌国家公园 (Saguaro National Park)，亚利桑那州

（18）拱门国家公园 (Arches National Park)，犹他州

（19）布莱斯峡谷国家公园 (Bryce Canyon National Park)，犹他州

（20）峡谷地国家公园 (Canyonlands National Park)，犹他州

（21）圆顶礁国家公园 (Capitol Reef National Park)，犹他州

（22）锡安国家公园 (Zion National Park)，犹他州

（23）冰河国家公园 (Glacier National Park)，蒙大拿州

（24）大提顿国家公园 (Grand Teton National Park)，怀俄明州

（25）★黄石国家公园 (Yellowstone National Park)，怀俄明州、蒙大拿州和爱达荷州

（26）甘尼逊黑峡谷国家公园 (Black Canyon of the Gunnison National Park)，科罗拉多州

（27）大沙丘国家公园 (Great Sand Dunes National Park)，科罗拉多州

（28）★弗德台地国家公园 (Mesa Verde National Park)，科罗拉多州

（29）落基山国家公园 (Rocky Mountain National Park)，科罗拉多州

（30）★卡斯白洞穴国家公园 (Carlsbad Caverns National Park)，新墨西哥州

（31）大转弯国家公园 (Big Bend National Park)，得克萨斯州

（32）瓜达卢佩山国家公园 (Guadalupe Mountains National Park)，得克萨斯州

（33）恶土国家公园 (Badlands National Park)，南达科他州

（34）风洞国家公园 (Windcave National Park)，南达科他州

（35）罗斯福国家公园 (Theodore Roosevelt National Park)，北达科他州

（36）船夫国家公园（Voyageurs National Park），明尼苏达州

（37）温泉国家公园 (Hot Springs National Park)，阿肯色州

（38）★猛犸象洞穴国家公园 (Mammoth Cave National Park)，肯塔基州

（39）罗亚岛国家公园 (Isle Royale National Park)，密歇根州

（40）库雅荷加谷国家公园（Cuyahoga Valley National Park），俄亥俄州

（41）谢南多厄国家公园 (Shenandoah National Park)，弗吉尼亚州

（42）★大雾山国家公园 (Great Smoky Mountains National Park)，北卡罗来纳州和田纳西州

（43）坎格瑞国家公园 (Congaree National Park)，南卡罗来纳州

（44）比斯坎湾国家公园 (Biscayne National Park)，佛罗里达州

（45）★大沼泽国家公园 (Everglades National Park)，佛罗里达州

（46）海龟国家公园（Dry Tortugas National Park），佛罗里达州

（47）阿卡迪亚国家公园 (Acadia National Park)，缅因州

（48）迪纳利国家公园 (Denali National Park)，阿拉斯加州

（49）北极之门国家公园 (Gates of the Arctic National Park)，阿拉斯加州

（50）★冰川湾国家公园 (Glacier Bay National Park)，阿拉斯加州

（51）★卡特迈国家公园 (Katmai National Park)，阿拉斯加州

（52）基纳峡湾国家公园 (Kenai Fiords National Park)，阿拉斯加州

（53）科伯克谷国家公园 (Kobuk Valley National Park)，阿拉斯加州

（54）克拉克湖国家公园 (Lake Clark National Park)，阿拉斯加州

（55）★兰格尔－圣埃利亚斯国家公园（Wrangell-St. Elias National Park），阿拉斯加州

（56）哈雷阿卡拉国家公园 (Haleakala National Park)，夏威夷州

（57）★夏威夷火山国家公园 (Hawaii Volcanoes National Park)，夏威夷州

（58）美属萨摩亚国家公园 (American Samoa National Park)，美属萨摩亚

（59）美属维尔京岛国家公园 (Virgin Islands National Park)，美属维尔京群岛

★指世界自然遗产，共 14 个。

美国一共有 59 座国家公园，由美国内政部下辖的美国国家公园管理局负责管理。黄石是美国的第一座国家公园，于 1872 年成立。之后为 1890 年成立的美洲杉和优胜美地国家公园。

美国共有 27 个州拥有国家公园，另外还有美属萨摩亚和美属维尔京两个海外国家公园。有 9 座国家公园位于加利福尼亚州，居各州之冠。阿拉斯加州以 8 座居次。犹他州和科罗拉多州紧随其后，分别为 5 座和 4 座。

## 5. 七条线路，带你走遍美国

我们要来美国旅行几次，才能大致走遍美国呢？

有些人选择美东、美西几日游，在东海岸纽约自由女神像前拍个照打个卡，然后飞到西海岸旧金山金门大桥下拍个照，自己也就认为走遍美国了。这种方式显然是"蜻蜓点水"式的。在我看来，这种方式甚至不如把这几天的时间放在美国的一个城市及其周边做个较为深入的自驾车旅行，其效果比"蜻蜓点水"的方式要好很多。

我们来美国旅行时，自驾过那条非常经典的美西国家公园线路。来美国之后，因为住在加州，所以整个西海岸也很快玩遍了。记得才来一年时，我们和一位老移民聊天，当他得知我们已经走过美国那么多地方的时候，非常惊讶。他说这比他们来了美国 20 多年的老侨们走的地方都要多。是的，这就是我们这一代新移民的新形象，来美国的最初阶段，一边融入生活，一边开车走遍美国。

老侨当时感叹我们走过的"那么多地方"，其实指的是本篇文章要给大家介绍的前两条线路——美西 89 号公路国家公园线路和加州 1 号公路以及大环线线路。而其他的更加精彩的五条线路——美东历史文化之旅（华盛顿 DC、费城、纽约、波士顿）、一路向南（美东亚特兰大 + 佛州）、投资与美食之旅（得州 + 路易斯安那州的新奥尔良）、房车阿拉斯加之旅和夏威夷度假之旅，也是我们后来一一走过的，在本篇文章中也都会推荐。

这七条线路的具体走法是根据我走过的线路介绍而推荐的。而在这些线路中，有些我也并不是完全这样走的，比如环加州的线路，事实上我们是分解成好几段，分成几个 5—7 天的时间去慢慢享受的。因为人在加州，同时孩子又需要上学，所以我们会选择一些好的时间段并结合孩子的假日去安排，有些线路我们走了好几遍,比如优胜美地国家公园,再比如 89 号公路前段最经典的那几个国家公园。

所以这篇文章推荐的这七条线路,仅仅是告诉大家我走过的痕迹,这里既有西部国家公园的壮丽美景,也探寻了美国历史文化(文化名城集中在东海岸);既能感受冰川美景(美加边境,阿拉斯加北极海岸),也能感受到火山海岛风情(夏威夷、迈阿密);既能了解美国新兴的投资方向(硅谷硅滩,得州大开发),又能把美国的美食一网打尽。个别城市可以靠这条线路连带走到,也可以单独用短时间另外去深入,只能说这七条线路走完,才能说基本玩遍了全美。

### (1)美西 89 号公路纵贯美国国家公园

如果你要游览壮丽的美国西部风光,我推荐 89 号公路,这是美国一条非常经典的"南北景观大道",它南起亚利桑那州的菲尼克斯( Phoenix,凤凰城 ),向北沿着落基山脉,一直贯穿到与加拿大接壤的蒙大拿州(与加拿大境内的 2 号公路对接)。这条路线主要的景点是美国最经典的几个国家公园以及地方性景点。

◆ 在科罗拉多大峡谷悬崖垂脚

这是我第一次来美国时就走过的一条路线，事实上我们当时从拉斯维加斯出发，走完 89 号公路的全程之后，又向西到了西雅图才完成我们的旅行，一共是 18 天时间。

这条线路囊括了八个国家公园：锡安国家公园、布莱斯峡谷国家公园、拱门国家公园、峡谷地国家公园（这里有个"天空之眼"）、大提顿国家公园、黄石国家公园、冰川国家公园和雷尼尔山国家公园。

六个著名的美西景点：波浪谷（The Wave）[①]、鲍威尔湖（Lake Powell）、马蹄湾（Horseshoe Bend）、羚羊峡谷（Antelope Canyon）、死马点（Dead Horse Point）、12 号景观公路（百万美金公路）。

三个重要城市：起点拉斯维加斯，中间站盐湖城，终点站西雅图。

这个行程有两处可以自由调整：既可以从拉斯维加斯开始，也可以从 89 号公路的起点菲尼克斯（凤凰城）开始走，最后一站是西雅图的雷尼尔山国家公园，可以按照这个线路连带走，也可以不走西雅图。我之所以这样推荐，也是结合后面的六条线路，别丢了西雅图和拉斯维加斯这两个西海岸非常值得去的城市。

### （2）加州 1 号公路以及大环线路线

这条路线完全是展示加州的风光片，除了著名的加州 1 号海景公路之外，大环线中有两个重要的国家公园：优胜美地国家公园（Yosemite National Park）和红杉树国家公园（Redwood National Park）。如果说加州 1 号公路看的是悬崖礁石、海景公路以及各种醉人的海滩，那么北部的两个国家公园会让你看到秀丽的瀑布山谷与参天的巨木森林。

推荐线路：从洛杉矶出发，直奔红杉树国家公园[②]，然后是优胜美地国家公园（建议住在优胜美地山谷中），向西折到旧金山，除了旧金山著名的金门大桥、花街、渔人码头、艺术宫外，北部的纳帕酒庄也是可以花上半天时间过去消磨一下的。

出旧金山后，可以去斯坦福大学，如果是 IT 人士的话，免不了去"朝圣"一下。

---

① The Wave，全球每天只提供 40 张门票，被称为史上最难进入的景区。我到现场抽了两天的签，结果还是没进去。

② 公园中有个汽车开过巨树树干中间的景点，封闭了很久，现在已经开放。

然后就直接切换到经典的加州 1 号海景公路来，这条路最好是从旧金山往洛杉矶开，因为从北往南开，海始终在你的右侧，如果发现美景，你可以一脚刹车就停下来坐看海景夕阳。而如果是相反方向，靠山的这边是很难穿越双实线拐到对面停车的，特别的美景又往往出现在山路盘旋的瞬间，这会让人极其难受的。

◆ 红杉树国家公园的参天巨木

从旧金山到洛杉矶，走 5 号公路大概是 6 个小时车程，走加州 1 号公路，就是一条 2—3 天的风景路线了。这里不仅仅有 17 英里的奇松怪石、大瑟尔的渲染海景，还有赫氏城堡以及几个风情小镇，最后你会沿着 1 号公路来到洛杉矶的圣莫妮卡海滩（也是著名的 66 号公路从东到西的终点），完成加州环线的全程。

**（3）美东历史文化之旅（华盛顿 DC、费城、纽约、波士顿）**

这条路线是很多人来美国的第一条旅行路线，如果喜欢城市，那么就从这条路线开始你的美国之行。如果喜欢风景，那还是从美西国家公园开始，推荐的这几条线路排名不分先后；如果你想完整地了解美国，那就走完这七条线路。其他路线大部分不必考虑季节，但如果到了冬季，还是不推荐这条线路的，从 4 月樱花盛开到 10 月份这 6 个月的时间，是非常适合走这条路线的。

这条路线其实也是走半条东海岸的路线。从波士顿开始一路向南，越过华盛顿 DC 之后，也可以继续贯穿北卡罗来纳州、南卡罗来纳州，穿过亚特兰大，最后沿着佛罗里达州的美国国家 1 号公路，一直开到迈阿密。不过如果这样，时间至少要一个月，所以我们把这段路分成两段来走。

◆ 在费城铸币厂

我走这条路线的时候，是从南往北走，虽然只走了四个城市，但我们用了 20 天时间，依次走过了华盛顿 DC、费城、纽约、波士顿，如果有时间还可以增加一天去尼亚加拉大瀑布。这四个城市中即使最不出名的费城，也有着无数著名的历史景点，所以这条路线，我称为"美国历史文化之旅"，想要了解美国的历史，这条线是必须走的。此外，这又是一条博物馆之旅，还是世界知名学府的考察之旅，八所常春藤盟校都在这条线路上。20 天的时间长吗？我们却觉得时间安排得并不宽裕，这四个城市可看的经典景点实在太多了。

这条路线推荐使用公共交通工具，因为这四个城市的市内停车都不太方便，停车费也很贵。

**（4）一路向南，到达美国本土的最南端（美东佐治亚州的亚特兰大＋佛州）**

冬季东海岸的雪线的终点就在亚特兰大，从这个城市往南，整个冬季就很难再看到雪了。郁郁葱葱的亚特兰大，是可口可乐、美国有线电视新闻网等知名公司的总部。我们当时的路线就是在亚特兰大晃荡了三天之后，沿着美国国家 1 号公路，一路向南，从杰克逊维尔进入佛州，然后穿过拥有全球最大迪士尼乐园的奥兰多，一直到达美国本土的最南端——迈阿密的基韦斯特（Key West），而距离它 90 英里之外就是美国的宿敌——古巴了。

◆ 美国的最南端基韦斯特

这条路线可以在冬天来度假，很多美国东海岸的家庭，在漫长冬季的最后一个月终于熬不住了，就会选择来佛州的奥兰多或者迈阿密度假。这条路线中，除了奥兰多本身就是一个大乐园外,年轻人来迈阿密感受一下南美风情也是一种很棒的体验。

### (5) 投资与美食之旅 ( 得州 + 路易斯安那州的新奥尔良 )

得克萨斯州并不是一个值得旅行的州,它甚至少有国家公园,但现在无论是在华人世界,还是在美国本身,达拉斯与休斯敦这两个城市的名气都不小,原因就是得州欣欣向荣的经济发展。所以作为考察和商业目的,我们都不应该错过这个无论是人口,还是面积,甚至是 GDP 都排名美国第二大的州。

如果你觉得单纯的得州之行略显枯燥,那么隔壁的路易斯安那州有个著名的美食之都——新奥尔良。这个城市虽然常常遭受飓风的侵袭,但它确实是美国爵士乐与巫毒文化的中心,整个城市有着浓重的电影风。电影《乱世佳人》以及一系列的吸血鬼电影都出自新奥尔良。所以在考察过得州的达拉斯与休斯敦之后,花三天时间在新奥尔良享受一下法式美味以及小龙虾再回程,也是一条很不错的短期旅行线路。

得克萨斯州与路易斯安那州都位于美国南部,所以这条路线也是不分季节的,不过如果你踩着小龙虾上市的季节(每年的六七月份),那么得州烤肉外加新奥尔良的小龙虾,一定会让你大饱口福的。

### (6) 房车阿拉斯加之旅

美国的两个远离本土的州,其实都是旅游胜地,阿拉斯加也是美国面积最大的一个州。在这个州旅行,标准配置就是房车。在美国开房车最理想的地方就是阿拉斯加,我们曾经开着一辆 29 尺的房车,在阿拉斯加旅行了 10 多天。

因为带着孩子,所以我们当时

◆ 阿拉斯加之旅

选择了一条相对轻松休闲的路线，我们去的时间是 8 月份，飞机直接到安克雷奇（Anchorage），然后沿着 1 号公路往东北方向到帕尔默（Palmer），旁边有个可以攀爬的冰川，叶子穿上装备去实地走了一趟，然后继续沿着 1 号公路到格伦纳伦（Glennallen），这里可以坐小飞机俯瞰兰格尔 – 圣埃利亚斯国家公园的冰川美景。

随后从这里折向南，沿着 4 号公路前往著名的港口城市瓦尔迪兹（Valdez），这里有一条可以把房车开上船的海上线路，连车带人一起前往惠蒂尔（Whitter）。从惠蒂尔往南可以继续前往苏厄德（Seward）与荷马（Homer），这附近有几个国家公园可以根据你的时间慢慢游玩。我们的计划是走完全程，但我们担心孩子们会晕船，所以就止步瓦尔迪兹了。

这个线路正常走完需要 25—30 天时间，即使这样，你也只是看到了阿拉斯加的一小部分，很多人选择阿拉斯加是去看极光的，那么就要冬天（每年的 10 月—第二年的 3 月）去，把自己裹成粽子，去费尔班克斯（Fairbanks）或者再往北去北极之门国家公园（Gates of the Arctic National Park）。

◆ 房车阿拉斯加之旅

### （7）夏威夷休闲之旅

夏威夷在太平洋的中间，如果是有老人的家庭，其实可以考虑中途在夏威夷休息一站，避免 12 个小时的长途飞行。很多人去夏威夷都会去檀香山，但我们没有去，我们去了夏威夷岛与可爱岛。

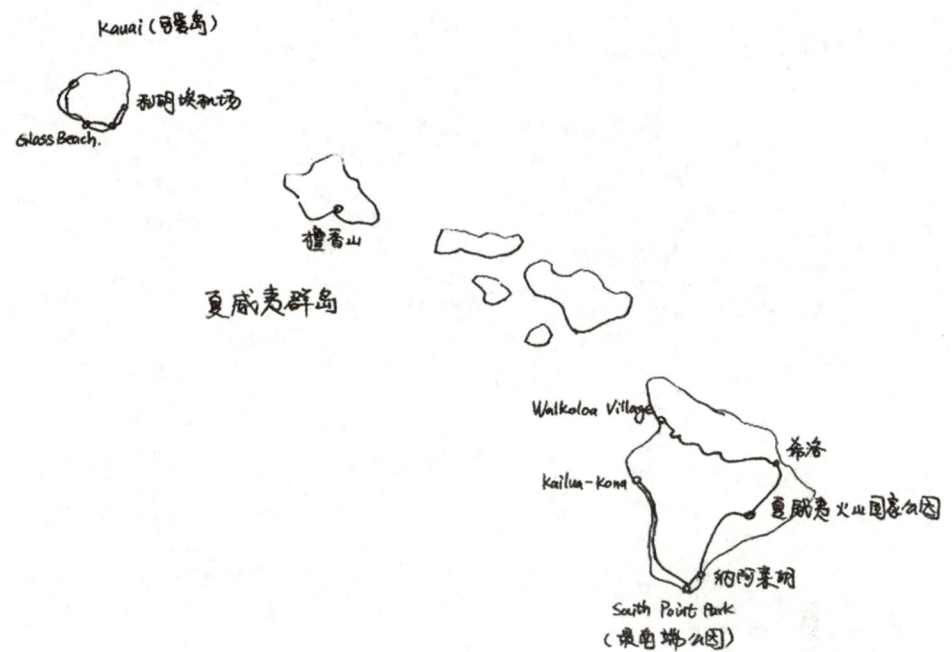

◆ 夏威夷之旅

一连串的夏威夷群岛就像在太平洋中间的一串项链，其实每个岛都很精彩，我们的路线只是代表我们自己的痕迹。不过现在想起来，这个路线是对的。我们把重心放在了游览夏威夷火山国家公园，看了这座活火山的喷发，以及岩浆入海，2018 年由于这座火山大规模喷发，美国已经宣布永久性关闭了这个国家公园。我们当时在这里住了 3 天，除了在夜色中看到的岩浆入海外，在山里盘旋的时候，我还看到了巨大的血月（一种月全食）。

所以夏威夷的路线，大家完全可以自由搭配，那么，游夏威夷应该用什么车呢？答案是吉普四驱越野车。在夏威夷的不少地方，就是写明了要四驱的车子才能开进去的（我们带着孩子很少去尝试），当时我们的吉普停在粗犷的火山岩浆旁时，感觉没有什么比这款车更加合适了的。

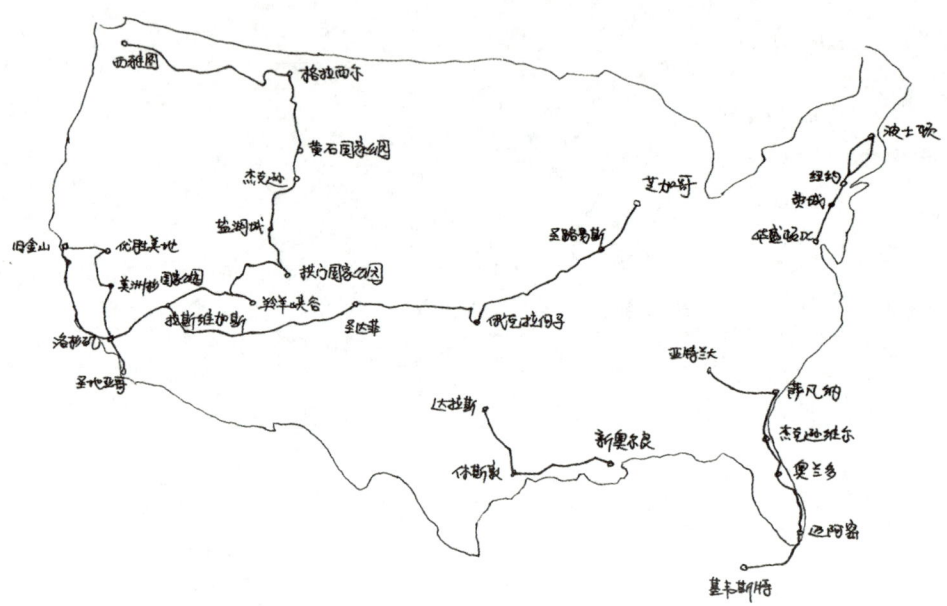

◆ 游览美国本土的六条路线图

最后必须加上一条，66 号公路横穿美国之旅，这条路线是我至今没有走过的路线，但必须加在这篇文章中。

66 号公路已经成为美国的汽车公路文化符号，所有自驾游的人没有不知道 66 号公路的。它东起芝加哥的亚当街（芝加哥也代表了五大湖地区的汽车老工业区），西至加州的圣莫妮卡海滩，横跨伊利诺伊州、密苏里州、堪萨斯州、俄克拉何马州、得克萨斯州、新墨西哥州、亚利桑那州和加利福尼亚州等八个大州，全长约 3939 公里。

这条公路以及那个"66"号路牌，不仅代表了美国鼎盛时期的汽车文化，也代表了一种精神，一种对自由的向往。不过很可惜，真实的 66 号公路已经因为过于老旧而在实际意义上退出了公路系统。当然部分路段还是存在的，只是断断续续，也有很多段与其他的道路合并了。

　　这条路线现在已经成为一种精神象征，我听过很多人说这条路线蛮荒多于风景，而精彩的部分其实也在我提到的第一条线路的开始段，也就是 89 号公路（89 号路其实也是断断续续的）与 66 号公路纵横交集之处。即便如此，也许我今后也会走一遍，毕竟芝加哥的五大湖地区和贫瘠的美国中部也是美国很重要的一部分，所以加上这条线路，才可以算"走遍全美"。

　　美国与中国一样，也是个大国，就像我在中国生活 40 年，虽然爬过西藏的珠穆朗玛峰、徒步走过新疆的喀纳斯，游览过无数的中国城市，但是也很难真正地说"走遍中国"，所以我的标题"走遍美国"也只是一个意思，告诉大家走完这八条线路，才能算大致地在地理层面了解了美国。

# 后 记
## 无限空间，自由连接

耗时半年多的时间写完了这本书，期间所花费的精力与时间，超出预期。同样是制作"内容"，图书的内容与音频节目、公众号文章是完全不同的。

大家认识我可能更多的是通过我的音频节目《随口说美国》，这个每周一期的公开节目。从 2014 年 2 月开始（是喜马拉雅上第一个以自媒体的形式说海外的节目），至今已经超过 230 期，单单在喜马拉雅平台上已经累计有 3000 万的点击量，而在同步播出的 Podcast 上应该也有相同的点击量。

当然也有可能是通过我的公众号文章知道的"自由君"这个名字，最初是作为《随口说美国》音频节目的补充的公众号"无限空间"，慢慢地也走出了自己的路。有一次我惊讶地发现，从我的文章认识我的朋友中，居然很多是没有听过我的音频节目的。有时一篇作为补充资料的公众号文章点击量已经超过 10 万＋，而作为主题的音频节目的点击量反倒是相形逊色。

同样是内容，音频节目（或者视频节目）与形成文字的文章，其实是两样东西。如果你把一篇写好的文章，由自己朗读出来，形成音频节目，其感染人的效果是不够的。而如果你简单地把很棒的一期音频节目，直接转换成文章，其实阅读起来也是不舒服的。语音的表达方式与文字的表达方式，本身就是不同的。

同样是文章，形成图书的文章与公众号上的文章，又是两样东西。我在写书之前试图把一些影响面广的公众号文章直接收录到书中，发现整个感觉就是不对，无论是从内容上还是从时效、形式上。相对来说，公众号文字少而图片或是视频多，即使是文字居多的公众号文章，也以短篇效果好，更何况公众号的时效性是很明显的。这些与捧在手上的长卷书籍相比，表现方式是很不同的。

一路走来，回看自己在"内容创作"领域的一个"无心插柳"的开始，一些是因为喜欢而固执的"坚持"，另一些是一群热心听友与读者在背后的支持与推动，让我在"内容创作"这条路上走到了今天。其实无论音频节目、公众号，还是写作本身，都不是我擅长的。我大学学的是会计专业，之后硕士学的是工商管理专业，毕业后始终在最贴地气的民营企业摸爬滚打。自己创过业，也长期担任过大企业的高管，总之前半生的一切，都让我觉得现在这个"界"跨得有点大。

承蒙听友和读者厚爱，现在《随口说美国》这个音频节目已经成为喜马拉雅平台关于"美国"的专辑中点击量最高的，而这个专辑也被公认为网上能够找到的关于"美国生活"的最全信息。从 2016 年起，听友们就开始在微信群中自发成立《随口说美国》在各地的听友会，从 2018 年初我回国时在上海举办的听友们的线下聚会开始，随后的半年内这种火焰就燃遍全球。先是《随口说美国》在中国的 50 多个城市听友群自发举行了线下聚会，然后这种热情迅速影响了身处美国的听友们，时至今日，美国主要的各个城市也都有了自己的《随口说美国》听友会，并举办了多场的线下聚会。

无论是在上海、北京，还是在洛杉矶、纽约，每一次站在听友聚会的台上，我都感慨万千。《随口说美国》到底是因为什么得到大家的认可呢？在一次听友会上一位听友的发言，给我留下深刻印象。他说："如果不是因为你的内容，我才不想听你的节目呢。"我知道他吐槽的是音频节目中我的福建口音，很明显我不标准的普通话，是这档节目的"短板"。但是为什么更多的人最后克服了我的口音，而留下来听了这么多年的节目呢？那位听友说到了点子上，因为内容。

其实我与《随口说美国》的案例，在 2016 年"内容为王"的风口时就被不少人作为案例。在各种论坛上提到"一个福建主播"，最后凭借着新颖而独有的"内容"在喜马拉雅平台上"火"了。"内容"当然是大家认可这个节目的很重要的因素，不过在自媒体时代，大家开始越来越关注创作"内容"背后的那个"人"。

无论是文字还是音频，如果"内容是有温度的"，那么这个"温度"就来自内容背后的那个人。听友和读者其实是可以穿透作品本身，去感受创作者的内心的。所以我有时会感叹，大家想听的是"美国"，更是"在美国的自由君"。

作为一个在中美两边穿梭的跨境创业者，我的所见所闻以及这五年来的感触与成长，现在应该已经超过了"美国"这个内容本身，成为大家各自心中那份"勇敢"与"坚持"的映射。

"人生是一趟旅程，精彩的是沿途的风景""每一次自我突破，都源于一个勇敢的开始""活成喜欢的自己"，我在节目中的那些"感叹"，反而是超越了"美国"这个内容本身，成为大家最常讨论的话题。

记得 2018 年年初在北京的听友会上，一位听友说了他为什么关注我。他说他与我年纪相仿，又有着和我极为相似的工作与家庭背景，2012 年的时候，他也曾经有一个机会去实现"美国梦"，但是当时他没有选择去。于是他一直默默地关注我，其实他是想看看和他非常相似的这个"我"，到底在美国能够过成什么样子。他说他相信"平行空间"，而我就是"平行空间"中的另外一个他。

这番话其实是把《随口说美国》的听友和读者归了个类，这就是我常常提到的"物以类聚，人以群分"，《随口说美国》就像一个筛子，通过内容把三观一致的人聚集到了一起。而我们的确要感谢这个时代，只有在这个移动互联网的时代，才能够让我们无论身处何方，都可以像现在这样快速地"自由连接"。